清华大学
国际与地区研究院文库
IIAS

地区研究
新现实与新构想

【英】蒂姆·尼布洛克
杨光
周燕
主编

中国社会科学出版社

图书在版编目（CIP）数据

地区研究：新现实与新构想 /（英）蒂姆·尼布洛克，杨光，周燕主编 . —北京：中国社会科学出版社，2020.10
ISBN 978-7-5203-6781-3

Ⅰ.①地… Ⅱ.①蒂…②杨…③周… Ⅲ.①社会科学—文集 Ⅳ.①C53

中国版本图书馆 CIP 数据核字（2020）第 122723 号

出 版 人	赵剑英
责任编辑	范晨星
责任校对	王佳玉
责任印制	王　超

出　　版	中国社会科学出版社
社　　址	北京鼓楼西大街甲 158 号
邮　　编	100720
网　　址	http://www.csspw.cn
发 行 部	010-84083685
门 市 部	010-84029450
经　　销	新华书店及其他书店
印　　刷	北京明恒达印务有限公司
装　　订	廊坊市广阳区广增装订厂
版　　次	2020 年 10 月第 1 版
印　　次	2020 年 10 月第 1 次印刷
开　　本	710×1000　1/16
印　　张	13.75
插　　页	2
字　　数	219 千字
定　　价	79.00 元

凡购买中国社会科学出版社图书，如有质量问题请与本社营销中心联系调换
电话：010-84083683
版权所有　侵权必究

前　言

本书是清华大学国际与地区研究院计划出版的系列丛书的第一本。该研究院致力于在比较框架内发展地区的研究。研究院的博士生和研究人员所进行的研究涵盖了全球南方，后者按照六个地区来构想：东南亚、南亚、中亚、中东、非洲和拉丁美洲。该院博士生将首先侧重研究一个国家或地区，然后他们计划通过进行地区内、地区间和跨地区研究来发展自己的职业。研究院为实现这一目标提供了理想的环境，重点在于为所有研究人员构建一个共同的知识与研究平台。此外，研究院更关注的是交叉学科和跨学科研究，强调政治、社会、经济、环境和文化研究之间的相互联系。

研究院于2019年7月召开了首届地区研究论坛，计划每两年举办一届。参与者来自世界各地，全球南方的所有六个地区在举办的会议和研讨会中都有很优秀的代表。在论坛汇报的诸多论文中，本书的编辑者选择了9篇论文。我们认为这些论文的质量非常高，代表了地区研究特别是研究院的重要研究领域。此外，作者们按照要求将这些内容作为本书的各章节进行整理，现已呈现在读者面前。大多数章节都针对一个特定国家，但是这些主题可能与全球南方的大多数国家相关。这样做的目的是将它们作为研究院的研究者和其他国家的研究者（尤其是来自全球南方国家的研究者）在未来进行比较研究项目的纽带。因此，本书在一定程度上代表了对其他学者的呼吁和邀请，来共同推动拓展比较地区研究的边界。

我们需要感谢所有帮助推动该项目前进的人。其中至关重要的是研究院的博士生，是他们提供了形成此次倡议的理念，为2019年7月的论坛得以召开提供了实际帮助，并将他们与全球南方国家的联系带到了论坛。他们智识的洞见、热情和鼓舞塑造了国际与地区研究院以及该研究院的活动。我们还必须感谢论坛的所有参与者，无论他们的学术贡献是否在这里发表，都要感谢他们参与讨论。通过在研讨会和会议上进行的激烈讨论，我们学到了很多东西，我们相信所有人的认知都得到了加深和扩大。

我们还要感谢在本书编写、论坛举办以及研究院的日常运作中发挥了重要作用的行政人员。程遥在督促本书汇集成册的过程中起到了关键作用，她确保作者、编辑和主编在各个阶段都获得所需的材料和反馈。王子静是论坛重要的组织者，她为论坛举办的所有安排提供了支持，与所有参与者保持联系，展示了完美的工作技能和周密考虑。刘晶在办公室内提供了重要的后备支持，使其他人可以顺利开展他们的工作。亚当·李（Adam Lee）在各章节的文字和体例编辑方面提供了宝贵的帮助，他以极强的专业能力和对细节令人敬佩的把握完成了该任务。我们对他们表示衷心的感谢。

最后，我们还要致敬一个人，他的远见激发了国际与地区研究院的建立，他的支持在研究院的每个阶段发展中都具有不可估量的作用，他就是清华大学原校长陈吉宁教授。

蒂姆·尼布洛克（Tim Niblock）教授，国际与地区研究院学术委员会委员、博士后项目联合主任、主编

杨光教授，国际与地区研究院院长、中国中东学会会长、主编

周燕博士，国际与地区研究院助理研究员、牛津大学圣安东尼学院博士后研究员、主编

张静女士，国际与地区研究院副院长、博士后项目联合主任

目　　录

序　言 …………………………………………………………（1）
第一章　过去的经验，未来的远景 …………………………（5）
第二章　对地区专业知识发展所面临的挑战的思考 ………（21）
第三章　殖民时期越南人民建立统一独立国家的理论与实践
　　　　探索 …………………………………………………（39）
第四章　后殖民时期斯里兰卡的国家构建：民族主义、阶级
　　　　形成和多数霸权 …………………………………（60）
第五章　个人与社会的共生：墨西哥城露天市集的人类学考察 ……（84）
第六章　哈萨克斯坦政治中的部族因素 ……………………（100）
第七章　巴西低社会经济地位阶层学生如何进入精英大学 ………（123）
第八章　叙利亚的难民回归与重建 …………………………（156）
第九章　南非经济特区评估：历史、表现与挑战 …………（179）

序　言

蒂姆·尼布洛克[*]

前言概述了构思本书的框架。本书所依据的地区研究方法与清华大学国际与地区研究院的性质和特点吻合，是一种针对比较和跨学科研究的方法。本书的大多数章节着眼于单个国家的发展，但所追求的主题与整个全球南方息息相关，而且大多数章节的概念和内容都是跨学科的——将来自世界各地的社会科学、经济学、历史和文化的材料汇集在一起。本书的连贯性在于反映具有更广泛趋势的单个案例的观点，通过对地区内和地区间的明确比较来表现全球南方经验，为将来进行更具体的比较研究奠定了基础。本书的根本目标是寻求对影响和塑造当今全球南方国家进程的更深刻理解，因为它们正从一个由西方大都市在经济和政治领域塑造主导的世界过渡到经济和政治力量更均匀传播的世界。这创造了以符合人民利益的方式来改变他们命运的机会，也提出了新的挑战。

本书的前两章着重于地区研究这一领域：地区研究如何发展到今天、

---

[*] 蒂姆·尼布洛克是清华大学国际和地区研究院学术委员会委员和博士后研究项目主任、英国埃克塞特大学阿拉伯与伊斯兰研究院荣誉退休教授。他是阿拉伯与伊斯兰研究学院的创建院长，从1999年到2005年一直担任该职位。1993—1998年，他曾担任杜伦大学中东与伊斯兰研究中心主任，还曾在1982—1993年任教喀土穆大学和利兹大学、担任埃克塞特大学中东政治项目主任。他的研究兴趣目前聚焦在阿拉伯世界的政治经济学、海湾国家与东亚和南亚国家之间的关系。

译者：王霆懿，清华大学国际与地区研究院助理研究员、牛津大学博士后研究员。

研究方法的实用性以及将来如何最有效地发展。尼布洛克（Niblock）在"过去的经验，未来的远景"中追溯了地区研究在四个不同历史阶段的发展，概述了每个阶段的弱点和优势。他的结论是，经过20世纪90年代和21世纪初期的自我怀疑之后，地区研究现在正重新发现其自身的基本原理。在重新确定地区研究作为"了解其他社会主张、含义、结构和动态的渠道"的价值基础上，它现在正逐步发展，越来越强调跨学科和比较路径，向更多跨国家、跨地区和跨文化的合作研究开放，并且可能在全球南方的研究中尤为富有成效。

弗尼斯（Furniss）在"对地区专业知识发展所面临的挑战的思考"一文中，根据他在该领域过去40年的个人经验，提出了可作为人种志分析的内容。弗尼斯的学术经验来自英国，但是他追求的主题与发达国家的地区研究学者整体相关。其核心关切具有潜在的价值，也可能存在问题，即与居住在当地的研究人员进行合作研究。有时，发达国家的研究人员认为与本地研究人员合作使他们不必花费时间来获取语言和文化知识。但是，弗尼斯的结论是这些知识对于有效的合作研究关系而言至关重要。各方需要对目标国家的历史、政治和文化有深刻的了解，而语言流利至关重要。

接下来的第三章和第四章是基于历史的研究，涉及殖民时期和后殖民时期的发展如何影响独立后出现的国家，两者都聚焦于支撑发展的阶级因素。毕世鸿和张琼在"殖民时期越南人民建立统一独立国家的理论与实践探索"中，考察了面对殖民力量的民族主义运动的阶级基础。自19世纪末到1930年活跃的运动经常引发强烈而激进的反殖民口号，但他们缺乏动员农民和工人的意愿和能力。法国殖民统治所造成的社会分裂，使他们没有采取或实现这一战略的基础。印度支那共产党在1945年8月的八月革命中的最终成功，取决于他们在20世纪30年代后期建立了广泛的民主阵线，这既包括城市资产阶级中的民族主义分子，也包括越南农民和工人的动员力量。

西锡勒·品纳瓦拉（Sisira Pinnawala）在"后殖民时期斯里兰卡的国家构建：民族主义、阶级形成和多数霸权"中主张，有关殖民历史对斯里兰卡后殖民国家形成影响的分析常常忽略一个关键因素：阶级结构。标记着后独立政治的种族民族主义，只能通过了解其与阶级结构的联系，以及种族民族主义力量与阶级力量之间的互动和相辅相成的关系来理解。本章作者认为,斯里兰卡的种族民族主义植根于1956年以来该国政治体制中新阶级集团的崛起。这个阶级不是源自殖民地统治的传统精英,而是与乡村精英的次要阶层结盟的小资产阶级分子,使公民中的民族主义脱离了政治议程并由"僧伽罗佛教国家计划"取代。多数与少数族裔关系的问题,尤其是泰米尔人问题,正源于此。

在第五章和第六章中,关注点转向传统社会某些方面对当代国家的社会经济学和社会政治的影响。李音在"个人与社会的共生:关于墨西哥城露天市集的人类学观察"中,探讨了墨西哥传统市场形式的文化和社会意义。这些露天市集的历史可以追溯到哥伦布时期之前,其主要特征是公共空间和私人空间的重叠。尽管流行现代式的商业分销,但它们仍保留着经济作用,部分原因是它们与墨西哥社会的文化价值相融合。作者以民族志的方式描述了市场摊主及其家人生活中的某一天,揭示了这类商贩在重叠的公共和私人空间中的运作方式,反映了文化社区内部的集体自治和共生概念。

郑楠在"哈萨克斯坦政治中的部族因素"中,着重探讨了根深蒂固的部族身份可能仍会对打算摆脱这一身份的国家的政府运作和任命产生的影响。作者提醒读者,大约五个世纪以来,哈萨克人的身份围绕大、中、小玉兹三者划分形成(这里的玉兹可以定义为基于地区的部族)。大约22年来,哈萨克斯坦政府一直在努力寻求以压倒一切的哈萨克斯坦身份取代玉兹和俄罗斯身份,但是要确保中央和地方政府的职位不反映种族/家族偏见并不容易。统计分析表明,相比其他部族,具有大玉兹血统的领导人更有可能发挥影响力。尽管如此,作者还是在执政的祖国之光党(Nur–Otan)的跨部族组成中看到了未来的希望。

第七章研究了源自不断变化的全球趋势的社会组织的某些方面,以及政府应对环境变化的方式。周燕在"巴西低社会经济地位阶层学生如何进入精英大学"中,探讨了阻碍低社会经济地位阶层(SES)学生进入精英大学就读的因素,这些大学的学历有助于学生获取国家和私营企业的高级职位。自20世纪90年代以来,巴西的高等教育领域与许多南方国家一样,经历了迅速的发展,但很少有低社会经济地位阶层的学生进入精英大学。因此,社会秩序没有发生任何实质性变化。作者着重于少数取得成功的低社会经济地位阶层学生，并指出他们与众不同的关键因素。在此基础上，她就如何使其他低社会经济地位阶层学生获得就读精英大学的机会提出了建议。特别是学校，需要营造一种面向所有人的高水平学习的文化环境，并利用所有可能的机会积极传播知识。

第八章和第九章也涉及具有全球意义的领域，但更侧重政治和经济意义。易卜拉欣·阿瓦德（Ibrahim Awad）在"叙利亚的难民回归和重建"一文中，研究了一个影响全球南方广大人群福利和生存的关键问题：冲突后如何处理难民回归本国的问题，以及这如何与国家重建的需求联系。在受国内冲突影响的全球南方的一些地区，出现了一个具有普遍意义的两难困境：政治解决是难民返回的前提或结果么？实际上，重建工作将取决于那些拥有足够资源的国家的参与。就叙利亚而言，这实际上使重建首先取决于内部政治解决。

杨崇圣、王勇、安东尼·布莱克（Anthony Black）和陈美瑛在"南非经济特区评估：历史、表现与挑战"中，讨论了南非与许多全球南方国家类似的一项经济举措：建立经济特区（SEZs）。本章旨在从其他全球南方国家的经济特区经验中受益，同时将南非的经验提供给他者学习。本章强调了确保经济特区成功的三个关键条件：一个完全纳入更广泛的国家和地区经济增长的明确的经济特区战略；一个规定了有关各方作用和责任的整体法律法规框架；并且不断对提供给投资者的激励措施进行再评估，以确保他们持续参与。

总之，这些文章为正在推进的比较研究提供了非常广泛的主题，与全球南方国家密切相关。

第 一 章

过去的经验,未来的远景[*]

蒂姆·尼布洛克(Tim Niblock)

摘 要:本章旨在探讨"地区研究"领域未来将有效地聚焦于何地以及如何实现。地区研究自早期发展以来,经历了多个概念重组的阶段。每个阶段都起始于继续前行和超越既有方法路径的决心,这些方法路径曾经通行,但如今被认为不合适甚至有害。于是,推动这一领域前进的新的研究框架被确定。本章通过四个历史阶段追溯了这一领域的发展,重点介绍了导致新概念化的动力。本文建议,目前新的概念化重构进程正在推进,可以使比较政治学、比较社会学/人类学和比较经济学领域的普适性方法与地区研究较为集中的路径特点相协调。比较地区研究提供了一座桥梁,有助于加深对全球南方变化与发展过程的理解。

关键词:地区研究;比较;发展中国家;全球南方

一 导言

地区研究领域自诞生以来就一直在经历着变化与重生。曾经合适的方法路径后来被认为是有缺陷的,并导致误导性结论和错误判断。然后,关于该领域焦点的新表述被提出,在一代人中占据了主导地位(某种程度上),直至被下一代人质疑。这并非对该领域的负面评论,而是人们正

---

[*] 译者:王霆懿,清华大学国际与地区研究院助理研究员、牛津大学博士后研究员。

在不断寻求新的、更有用的、更少偏见性的方式来描述其他社会运作方式的积极证据——这是塑造它们的动力以及决定其未来的因素。这与社会科学和文化领域的一般情况并无不同，在社会科学和文化领域中，一种理论倾向于引向"后"或带连字符的版本，表明原版已被否定或改进。

为讨论后续内容，"地区研究"需要被定义。从本章所采用的视角，地区研究可被视为"一个旨在通过多学科视角来了解、分析和解释特定国家/地区文化和社会的研究领域"。①2013年，莱顿地区研究院提出的愿景有效地补充了这一定义，明确了该领域正在寻求实现的目标。在这一愿景下的地区研究包括：

> 人文和社会科学地区经验和学科的动态综合，依靠对学术环境的敏感性和批判性反思，将地区研究不仅视为前置的数据来源，而且作为挑战具有普遍性的学科理论和方法的来源。它应当是持续地跨学科，通过测试学科的边界进行积极而认真的比较，包括对原因、方式和内容进行透明比较。②

因此，地区研究是一个不可避免地挑战学科专家提出的许多理论模型和观点的领域。用维克多·霍比恩（Victor Houbien）的话来说，该领域"可以被视为反对西方世界认识论霸权的对立项目，因为它们将人类生存的特定维度作为出发点"。③而学科方法试图根据普遍性得出结论——在世界各地所有社会中都出现的趋势——地区研究专家对那些导

---

① 该定义来自于艾伦·坦斯曼（Alan Tansman）的著述"Japanese Studies: The Intangible Act of Translation", in David Stanton, ed., *The Politics of Knowledge: Area Studies and the Disciplines*, Los Angeles and London: University of California Press, 2004, p.184. 坦斯曼的定义是指对"外国文化"的解释，但对作者而言，这似乎是在该领域中引入/继续"他们与我们"的刻板印象。没有理由不让在自己地区工作的学者进行地区研究。而且，他的定义只提到"文化"，而不是各种社会。这将使该领域面临缩小的危险，而重点应放在广泛的领域上。

② 莱顿机构的愿景取自 Quality Assurance Netherlands Universities, *Research Review of Leiden Institute of Area Studies*, Utrecht: QANU, 2013, p.5. 莱顿地区研究院建立于2009年，致力于比较研究，也是本文所推荐的地区研究发展。

③ Vincent Houben, "New Area Studies, Translation and Mid-Range Concepts", in Katja Mielke and Anna-Katharina Hornidge, eds., *Area Studies at the Crossroads: Knowledge Production after the Mobility Turn*, New York: Palgrave Macmillan, 2017, p.204.

致与众不同的特定情况发生的方面（及对其进行的研究）比较敏感。地区研究方法的危险在于，将其他社会视为好像受到"先进"社会奇异的规范和偏见支配。学科研究方法的危险在于，其所确认的普遍存在趋势实际上是基于其最了解的发达社会中发生的事情。[①] 本章将论述，我们现在已经到了需要避免以上这些结果的探索新方法的阶段。

上述对地区研究的定义以及对该领域研究方法的讨论，让人们可以认为该领域存在的时间比通常认为的更长远。通过将历史、文化、经济、地理、社会和政治因素结合在一起的观点来理解社会和文化的尝试，远早于现代社会科学的出现或现代文化理论范式的发展。与其说地区研究是西方社会科学发展的产物，不如说它反映了人类很长时间以来对了解社会如何运作以及社会之间差异的关注。

因此，在下面的内容中，地区研究的起源和发展是从长远视角出发的——开始于西方社会科学发展之前的某个时间。尽管主要参考西欧地区研究的起源，但也会参考中国和阿拉伯世界的作者——他们试图通过将历史、语言、文化、社会和经济因素相结合来理解社会。其他文化传统中也存在这样的作者，但在此并不多做讨论。

二　地区研究：从早期起源到 1945 年

本节涵盖了地区研究发展的两个历史阶段。第一阶段的特点是"独立于政府的个体学者"扮演中心角色。在欧洲，它涵盖了 14—18 世纪的时期。第二阶段是从 19 世纪初到第二次世界大战，当时各国政府开始扮演这一领域支持者的角色并在某种程度上发挥塑造这一领域的作用。

（一）独立于政府的个体学者

有一些没有学术机构正式身份、没有政府直接支持的作者，他们试

---

① Vincent Houben, "New Area Studies, Translation and Mid-Range Concepts", in Katja Mielke and Anna-Katharina Hornidge, eds., *Area Studies at the Crossroads: Knowledge Production after the Mobility Turn*, New York: Palgrave Macmillan, 2017, pp. 202–204. 文森特·霍本（Vincent Houben）在这一章中清楚地表明了普遍性学科方法与地区研究的"从内部看"方法之间不可避免的张力。

图传达对其他社会和文化的理解的历史记录是完整的。然而，基于对地区研究领域的起源和发展的考虑，很少有人认可这种来源的著作。毫无疑问，不认可的部分原因是它们缺乏现代地区研究所期望的系统结构，另一部分原因是它们可能难以与旅行写作、外交报告或促进宗教信仰传播有关的交流区分开，但这是不幸的遗漏。它们表明地区研究起源于人们对其他社会以及塑造不同行为方式、信仰和社会组织的因素的长期好奇心。地区研究不仅仅是政府地缘战略需求的产物。而这里所提及的著作确有被归为地区研究的必要特征：它们都是基于对相关群体的文化理解，获得这种理解所必需的语言知识，以及对塑造社会的主要历史、政治和经济动态的认识。

与其试图涵盖广泛的个人学者，不如给出笔者发现的一个特别有趣的案例。盎格鲁威尔士作家威廉·琼斯（William Jones，1746－1794年）的作品具有地区研究的所有必需特征。琼斯是一位著名的语言学家，从小就对波斯语、阿拉伯语和希伯来语，以及他的母语英语、威尔士语还有拉丁语和希腊语都有很好的了解。后来他获得了梵文和汉语方面的良好知识。语言知识的基础使他不仅能够撰写关于印度次大陆和中东部分地区的文学文章，而且能够描述和研究这些地区人民的历史、法律制度（伊斯兰教和印度教）、宗教思想和社会组织。当他担任东孟加拉最高司法法院的法官时，他在加尔各答建立了"亚时题刻"（Asiatick）协会。他向协会发表的主席演讲涵盖了上述所有主题，以及该地区的地理环境，甚至还包括对印度次大陆的植物研究。他将调查的对象描述为"人与自然，无论由其一表现或生产"。[1]

尽管笔者发现威廉·琼斯的作品特别令人印象深刻，但此时（或更早）在英国、法国、意大利、德国、荷兰、俄罗斯以及欧洲其余地方的其他作家也在广泛探寻理解亚洲文化和社会。然而，西方较少了解的是亚洲和阿拉伯的作者，后者的关注点也是理解他们的"外部世界"。这在

---

[1] William Jones, "Discourse on the Institution of a Society for Inquiries into the History... Antiquities, Arts, Sciences and Literature of Asia", in William Jones, *The Works of Sir William Jones*, London: G. G. Robinson et al., 1799. Discourse delivered in 1784. The text can be accessed at https://archive.org/details/worksofsirwillia01jone/page/n13.

中国比在西方要早,至少在具有重要意义的著作方面是如此。许多中国著作与印度有关,是由前往印度次大陆研究佛教传统及相关宗教文本(主要是梵文)的僧人撰写的。这些作者中最著名的也许是唐代僧人玄奘(602—664年),他违背皇帝的意愿前往"西方"(主要是穿越印度次大陆和喜马拉雅山地区),并记录那里人民的生活方式、宗教信仰、哲学、建筑和社会习俗。他精通多种印度语言,并在该地区旅行了16年。[1]

在阿拉伯世界中也有一些作者,他们很早就创作了涵盖作者本土之外世界各个方面发展的重要作品。一个显著的例子是伊本·朱拜勒(Ibn Jubayr,1145—1217年),他是安达卢西亚的阿拉伯地理学家和诗人,在更广阔的阿拉伯和地中海世界旅行,并记录了他对所访问地区的地理、文化、宗教和政治方面的观察。[2]

(二) 政府鼓励和地区研究制度化发端

在19世纪的进程中,地区研究开始采用一种更加制度化的形式,并从政府的支持中受益(或者以某些观点而言:受苦)。尽管在较早阶段就有大量的大学职位涵盖主要的亚洲语言和阿拉伯语,还有一些专门研究伊斯兰教、佛教和印度教的职位,但这些研究往往是零散的,缺乏对地区关切的整体认识。这时的趋势是将此类研究整合在一起并置于该地区更广泛的背景下,这一趋势在20世纪初期更加强化。

尽管这些进展发生在许多西欧国家,不过在英国、法国、荷兰、德国、意大利和沙皇俄国表现得尤为明显。就英国、法国、荷兰和俄罗斯而言,其研究发展与这些国家的殖民、帝国主义或扩张主义角色有关。

地区研究的制度化发展产生在两个不同的层面。机构化程度最高的是东方学会或亚洲学会,其建立是为了促进和传播有关地区的知识。法

---

[1] 我要感谢邬隽卿博士(利物浦大学)和李秉忠教授(陕西师范大学)引起我对能够归入地区研究领域的中国作者的关注。我在此仅提到了一位中国作者,但在玄奘之前或之后都存在这一重要的记述传统。玄奘最著名的作品是《大唐西域记》(大唐时代西方地区的记录)。

[2] 伊本·朱拜勒(Ibn Jubair)的主要作品是 *The Travels of Ibn Jubayr: Being the Chronicle of a Mediaeval Spanish Moor Concerning His Journey to the Egypt of Saladin, the Holy Cities of Arabia, Baghdad the City of the Caliphs, the Latin Kingdom of Jerusalem, and the Norman Kingdom of Sicily*(翻译自阿拉伯语)。其英文版发布于1952年,R. J. C. Broadbent, *Travels of Ibn Jubayr*, London: Cape, 1952。

国亚洲学会于1822年成立,并于1829年获得王家特许状(赋予其活动以国家认可的性质);1824年英国皇家亚洲学会根据皇家特许状建立(之前是早期在加尔各答建立的"亚时题刻"学会);1845年在德国(莱比锡)成立了德国东方学会;1851年在荷兰(莱顿),皇家荷兰东南亚与加勒比海研究所成立。虽然"亚洲"和"东方"表明了最初对亚洲的关注,但实际上这些机构并不一定将自身局限于亚洲大陆。就德国东方学会而言,其不仅包括广泛的阿拉伯世界,也包括非洲在内。在英国和法国有单独的机构覆盖非洲。在大多数东方/亚洲学会中,要培养的知识往往范围很广:"语言、历史、哲学、法律和社会形式、考古学以及生活在该地区的人们的物质文化形式。"①

在一个特定的学术层面上,高等教育机构正在建立专门研究亚洲和非洲国家的新部门、研究所和学院——从这些地区的语言和宗教基础扩展到涵盖人类学、社会学、历史、哲学传统和政治。这些机构中覆盖最广的是1916年成立的伦敦大学东方与非洲研究学院(简称亚非学院,SOAS),这之前是在那不勒斯、圣彼得堡②、巴黎③和柏林④成立的早期东方学院或机构。英国和法国的新机构尤其与政府的需求紧密结合,这些国家不仅需要具备相关语言技能和文化知识的人员来经营他们的海外领土,还需要适当的社会/历史/政治知识来确保对人口的有效军事和政治控制。以伦敦大学亚非学院为例,大英帝国在这一新机构成立时的支持很明显。开幕式由国王乔治五世(George V)主持,前印度总督库尔松勋

---

① 该定义引自德国东方学会(Deutsche Morgenlandisce Gesellshaft)。参见 Holger Preissler: "Die Anfänge der Deutschen Morgenländischen Gesellschaft", *Zeitschrift der Deutschen Morgenländischen Gesellschaft*, Vol. 145, No. 2, 1995。相似的地区研究学科名录可以在大多数其他学会的文章中发现。19世纪和20世纪初,这些名录越来越长,清晰地包括社会人类学和其他学科。

② 1854年圣彼得堡大学建立了一所东方学院,其前身是1818年建立的俄罗斯亚洲博物馆。

③ 国立现代东方语言学院(The École Nationale des Langues Orientales Vivantes)建立于1914年,其基础是建立于1795年的东方语言专院,但是从纯粹语言学习扩展到关注更广泛的领域。至1971年,国立现代东方语言学院成为国立东方语言文化学院(INALCO)。

④ 有一本有关欧洲和北美的东方和亚洲研究发展的精彩著作集,可见于 Albert Tzeng, William Richter and Ekaterina Koldunova, eds., *Framing Asian Studies: Geopolitics and Institutions*, Singapore: ISEAS Yusof Ishak Institute, 2018。

爵（Lord Curzon）和许多内阁部长及官员出席。①

在此期间，地区研究领域稳步发展，在语言学、社会人类学、宗教和文化研究（伊斯兰教、佛教、印度教等）中与地区相关的领域大幅度增长。实际上，此前其中一些学科领域几乎不存在。

然而，对这一阶段地区研究的批评是众所周知的。学者们在一种背景下工作：其研究对象主要是殖民地主体，或受帝国权力主导和支配影响领土上的居民。这是内在的问题。学术研究中使用的数据、追求知识和产出的心态、研究人员在研究过程中的行为方式、相关的方法、赋予知识吸收者的价值观、研究和写作主题的选择，都受到殖民/帝国背景的影响。所查阅的文献和档案材料主要是通过殖民和帝国控制的体系获得，并且依赖于这些体系。而由这一制度创造的学术机构内部发展起来的概念和价值，反过来又巩固了其统治权力结构。关于亚洲和非洲的大多数讨论都是以"他们/我们"二分法为背景的，并且其中许多在大意和内容上明显是种族主义。②

这些现象当然已经通过爱德华·赛义德（Edward Said）和其他人的著作而广为人知。③ 尽管在此无须进一步阐述，但仍需认清其对地区研究发展的显著影响。20 世纪 50—90 年代的地区研究中，最恒定的主题以及最激烈辩论的源头是如何回应这一学术遗产。一方面，存在既定的路径和方法研究，使学者们能够定位，然后从"东方主义者"的方法和态度中解放自己。另一方面，一些学者采用防御姿态，认为新的批判可能会危及该领域的生存。更重要的是，东方主义的问题不仅仅是历史背景和

---

① 有关 SOAS 在这一时期发展的描述和分析可以参见 Ian Brown, *The School of Oriental and African Studies: Imperial Training and the Expansion of Learning*, Cambridge: Cambridge University Press, 2016。

② 法国作家约瑟夫·欧内斯特·雷南（Joseph-Ernest Renan, 1823—1892 年）对表达这样的观点尤为开放，将这些观点置于欧洲人对世界上其他非西方民族实现其崇高的文明开化使命的语境下，而后者在实践中可能不希望达到欧洲人的文明水平。他说："劣等或堕落种族被优等种族重构，是事物天定秩序的一部分。"参见 *La Reforme Intellectuelle et Morale*（Paris, 1871）。

③ Edward Said, *Orientalism*, New York: Pantheon Books, 1978. 这里并不是在说赛义德的方法可以不受批评。罗杰·欧文（Roger Owen）精巧平衡的评估"爱德华·赛义德和东方主义的两种批判"，提供了有用的整体性评估和概述，参见 https://www.mei.edu/publications/edward-said-and-two-critiques-orientalism。

解释的事情。随着时间的流逝，人们对新东方主义的意识与日俱增，其中"他们/我们"二分法的概念部分是由于西方对伊斯兰国家的军事干预及其产生的后果而引起的。新的偏见开始充斥民众、政府和学术界的一些地方。

三 1945—2000年，地区研究的扩张时期以及之后被质疑价值

本节涵盖了地区研究发展中两个截然不同的历史阶段。第一阶段的特征是扩张、多样性和增长，第二阶段是自我怀疑和该领域的一些收缩（尤其是在美国）。为了方便起见，为这些阶段划定了特定时间段，但是知识分子/意识形态的趋势和态度发展变化当然不能完全按时间顺序定义。

（一）1945—1990年，前所未有的扩张时代

毫无疑问，直至现在，地区研究领域发展最快的时期，① 是第二次世界大战之后并一直持续到大约1990年。这一扩张的主要动力是美国，其核心动机源于美国方面开始承担的全球角色。第二次世界大战使美国处于既有能力也有意图塑造新的全球秩序的位置，这需要对其他国家的详细知识和理解。尽管美国的决策者已经相当熟悉西欧和拉丁美洲国家，但对苏联或大多数亚洲和非洲却并不了解，需要新的基于对文化、语言和社会了解的专业知识。亚洲和非洲的去殖民化进程进一步增加了此类需求。到1940年，美国的大学"生产了不超过60个研究当代非西方世界的博士"。② 而对非洲和亚洲的学术兴趣主要集中在古代。现在需要在这一研究领域取得重大进展。

最初是私人基金会，主要是福特基金会、洛克菲勒基金会和纽约卡

---

① 正如后文所述，当前中国以及某种程度上其他亚洲国家的地区研究正在迅速发展，预示未来几年也将经历类似的快速发展。

② David L. Stanton, "Introduction", in David L. Stanton, ed., *The Politics of Knowledge: Area Studies and the Disciplines*, Berkeley: University of California Press, 2004, p.6.

内基集团，主动促进了新计划、研究项目以及教学和研究机构的发展。福特基金会是这一领域的最大捐助者，其于1950年建立了国外地区奖学金项目（FAFP），自那时到1972年该项目提供培训并资助了大约2050名从事地区研究的博士生（包括人文和社会科学）。① 1972年，国外地区奖学金项目移交给了由美国社会科学研究委员会（SSRC）和美国学术团体委员会（ACLS）联合发起的跨学科委员会。1957年之后，美国教育部为约125所大学的地区研究培训和研究计划提供了资金。②

尽管扩张地区研究的主要动力无疑来自美国，但此时该研究领域也在西欧得到扩展。苏联、东欧国家和中国政府也在建立新的地区研究机构，部分是在一流大学中（尤其是语言教学方面），但更为突出的是在科学/社会科学学院架构下受国家支持的研究。

地区研究大部分扩张的重点，是将其与这一时期正在发展的新兴社会科学/文化理论和方法联系起来。除了其他方面的考虑，还提供了一种有效的手段，使该领域与地区研究发展中固有的帝国/殖民阶段的东方主义观念相分离。在这一阶段，关于地区研究的不同分支之间存在"内在的张力"已经有很多文章：重视加强语言学习，密切关注历史和文化传统，强调更广泛的学科观点，以及基于全球意义的理论框架。主张后者的人常常在谴责东方主义传统时表现出好战态度，他们怀疑东方主义的思想观念在以地区为焦点的同事中延续，尤其是那些主要关注宗教或语言的同事。而强调特定地区具体动态的人，将他们的方法视为拆解"以美国和欧洲为中心的世界愿景"的关键手段，这些愿景通常被嵌入"核心的社会科学和人文学科，以及决策者和广大公众之中"。③

但实际上，这种"张力"有创造性的一面。首先，对东方主义的批判让地区研究专家曾经使用的方法不断受到审问。这对该领域有学术益处，同时又为对抗新形式的东方主义思想（新东方主义）的发展奠定了

---

① David L. Stanton, "Introduction", in David L. Stanton, ed., *The Politics of Knowledge: Area Studies and the Disciplines*, Berkeley: University of California Press, 2004, p. 6.

② David L. Stanton, "Introduction", in David L. Stanton, ed., *The Politics of Knowledge: Area Studies and the Disciplines*, Berkeley: University of California Press, 2004, p. 11.

③ David L. Stanton, "Introduction", in David L. Stanton, ed., *The Politics of Knowledge: Area Studies and the Disciplines*, Berkeley: University of California Press, 2004, p. 2.

基础——可参见前文提到的新东方主义。①

其次，对单独国家和地区的深入研究仍然是地区研究的核心内容，但现在通过将所进行的研究置于新的理论方法框架内而使研究得以深入和加强——这些框架是在社会科学和人文科学更广泛的领域内发展的。因此，从20世纪50年代开始，行为主义、功能主义、结构主义、后结构主义、女权主义、建构主义和政治经济学的观点和技术都被广泛用来为地区研究提供分析框架。他们为地区研究专家提供了摆脱东方主义观点的途径，找到了将他们与具有普遍意义的辩论阐述联系起来的分析框架。

（二）1990—2000年，对该领域价值的质疑

20世纪90年代初国际关系的急剧变化对地区研究领域，特别在美国产生了重大影响，且该趋势现在已经更加凸显。自1991年苏联解体、东欧向自由资本主义和政治"民主化"同步过渡，以及1991年海湾战争中伊拉克失败之后，西方世界盛行的凯旋主义激发了与地区研究方法背道而驰的意识形态和地缘政治理念的发展——至少在美国的地区研究领域是如此。当只有一种政治制度（西方自由主义民主制度）和只有一种经济制度（自由市场资本主义）被认为最终可行时，文化和历史的特殊性就不再那么重要。全球化的力量将在适当时候清除不符合必要规范的系统。

从方法论上讲，一些批评认为地区研究不如学科研究更为科学和有用。阿米塔夫·阿查里亚（Amitav Acharya）描述了这一时期针对地区研究专家的态度：

> 他们的工作被形容为"非理论的""新闻式的"和"糊涂的"。

---

① 参见 D. Tuastad, "Neo - Orientalism and the New Barbarism Thesis: aspects of symbolic violence in the Middle East conflict (s)", *Third World Quarterly*, Vol. 24, No. 4, 2003, pp. 591 - 599. 新东方主义的兴起也是爱德华·赛义德（Edward Said）死后才发表的最后一部作品的主题。Edward Said, "Orientalism Once More", *Development and Change*, Vol. 35, No. 1, 2004, pp. 869 - 879. 伊拉克和阿富汗的情况发展以及"反恐战争"，对新东方主义的发展及批评都至关重要。参见 Maryam Khalid, "Gender, Orientalism and Representation of the 'Other' in the War on Terror", *Global Change, Peace and Security*, Vol. 23, No. 1, 2011, pp. 15 - 29。

他们的错误是因为不了解统计数据,"对严格的论证方法表示抗拒",没有产生"科学知识",成为"照相机"而不是"思想家"。相比之下,用社会科学研究委员会前主席大卫·费瑟曼(David Featherman)的话说,学科化社会科学更"普遍被接受且对全球有用"。①

侧重"普遍"方法(试图得出一般性行为类型的解释),而不是"个性"方法(寻求通过特殊背景理解行为,例如加入对独特的文化或主观因素的考量等)。理性选择理论曾在这一时期大力强调学术话语论述,其中心论点是社会行为是由个人决定(每个人的决定都是基于相似的利益基础做出)引起的,这隐含地淡化了文化、语言和历史考量的作用。②

在美国,地区研究的支出被大幅削减。在欧洲或世界其他地方并没有发生这种情况,③ 但是有关该领域的价值和有效性的问题也出现在当地的某些论述中。

四 重新探寻地区研究的原理和比较地区研究的概念

自从20世纪90年代批评第一次被提出以来,地区研究的价值和有效性就一直在以不同的方式被重新确定,并发展出各种新方法来应对这些批评。关于该研究领域优缺点的讨论一直在持续,并且由于提出的新方法而不断得到改进。而自2000年以来,辩论从简单地重申地区研究的价值,发展到既重申地区研究的价值又对批评做出积极回应。新的地区研

---

① Amitav Acharya, *International Relations and Area Studies: Towards a New Synthesis?*, Singapore: Institute of Defence and Security Studies, Nanyang Technological University, 2006, p. 2. 前两句话引用的术语取自 Christopher Shea, "Political Scientists Clash over Value of Area Studies", *Chronicle of Higher Education*, A. 12 - A. 13; 而对 David Featherman 的引用取自 David Ludden, "Area Studies in the Age of Globalization", University of Pennsylvania, 参见 http://www.sas.upenn.edu/-dludden/areast2.htm。

② 有关地区研究理性选择理论的强烈批评,请参见 Chalmers Johnson and E. B. Keene, "A Disaster in the Making: Rational Choice and Asian Studies", *The National Interest*, Summer, No. 36, 1994, pp. 14 - 22。

③ 直至2009年国际金融危机之后,欧洲才大幅削减地区研究经费。那时美国对地区研究资助的态度已经转向了更加积极的方向。

究概念逐渐形成,并融合了不限于特定文化或地理区域的具有深厚文化、历史和地域知识的比较研究。

地区研究回归的部分原因是全球发展的结果。"基地"组织于2001年9月11日对美国发动恐怖袭击,随后引发了关于如何应对宗教极端主义(以及是否和如何促进伊斯兰世界的"自由民主")的争论、阿富汗战争冲突、反恐战争、2003年海湾战争以及后来的西亚北非动荡与随之而来的冲突,所有这些使美国政界——以及某种程度上其他国家政界——都将注意力集中在能说当地语言并了解有关民族的文化和历史经验的专家身上。资金开始转移至地区研究领域,学生也对该领域产生兴趣。

然而,比这更重要的是发生在该领域自身内部的再思考,而不仅仅是表面的政府态度改变。这并非是对在20世纪90年代成为主流且更广泛的比较主义方法价值的否认,而是基于对地区研究提供一个不同理解维度的范式的肯定。普遍式(或"大样本",large – Number①)方法一般注重定量材料,无疑会加深对全球趋势的理解。但为了解事件在各个国家的发生方式和原因就需要关注具体情况,重点是了解所研究民族的主观经验。简而言之,"薄"(普遍式)方法得益于其立足的大量案例,但在应用于个别国家时其解释能力有限;而在地区研究中展现的"厚"方法的优势在于它能够利用广泛的理论概念,以便洞察产生特定结果的过程。②

在这一发展中的视野下,地区研究专家需要摆脱受其最熟稔的地理区域或文化专长领域限制的论述。最丰富的比较以及最有趣的结果,可能是借鉴了不同地区或文化的国家经验。与其他地区专家合作的项目变得既有价值又必要。

---

① 在理论文献中,此类研究通常被称为"大样本研究"(large – N studies),较少国家集团之间的比较被称为"小样本国家研究"(small – N studies)。

② 这一观察结果是对最近的一些书籍和文章中提出的一些想法的总结。这些书籍和文章探索了地区研究的替代路径。其中尤为重要的是 Ariel Ahram, Patrick Kollner, and Rudra Sil, eds., *Comparative Area Studies: Methodological Rationales and Cross – Regional Applications*, Oxford: Oxford University Press, 2018; 以及 Katja Mielke and Anna – Katharina Hornidge, eds., *Area Studies at the Crossroads: Knowledge Production after the Mobility Turn*, New York: Palgrave Macmillan, 2017; Albert Tzeng et al., eds., *Framing Asian Studies: Geopolitics and Institutions*, Singapore: ISEAS Publishing, 2018。

自2000年以来，地区研究发展的另一个侧面并没有在西方引起太多关注，即地区研究已经真正成为国际性的。它已不再是专注于和吸引来自非西方国家参与者的西方追求，而成为各地学术发展不可或缺的一部分。实际上在过去几年中，该领域发展最快的可能是在亚洲。在中国，尤其是在过去的五年中新的研究中心和教学计划如雨后春笋般涌现，研究人员开始涵盖大多数不同地区。[1] 尽管其他地区的增长可能没那么剧烈，但也确立了某种学术存在。[2]

五 结论

考虑到地区研究的长期优势和最近产生的新视角，本章提出了一个该研究领域发展的有效基础，包含五方面要素。第一，地区研究作为构建对其他社会的假设、含义、结构和动态理解的渠道仍然具有至关重要的价值。为此需要一种紧密的前后关联的多学科方法，其中要考虑社会、语言、经济、政治、历史和文化因素的各种影响。对于任何一位研究者而言，很可能不可避免地起步于将重点放在一个特定区域内的单个国家或国家集团上，以便掌握深入的文化和语言知识。

第二，对单个国家或地区的研究，应与社会科学或文化理论中具有更广泛意义的主题联系起来。这不仅能够确保研究聚焦在对增进知识具有真正意义的问题上，提供有价值的比较维度，而且还能使分析摆脱狭隘主义和东方主义内在固有的"他们与我们"观点。

第三，地区研究必须能够超越以地区为基础的论调，从不同地区和文化领域的论述经验中获得洞见。此建议不涉及全球研究，因为对特定地区或文化的深入了解仍是必须的。相反，该建议是针对中层水平的比较，即由具有不同地区专业知识的专家进行建设性比较。这种比较需要

---

[1] 对于专注中东的作者而言，通过参加中国一些主要的中东研究会议，已经认识到中东研究领域在中国的迅速发展。由上海外国语大学召开的两年一度的中东与亚洲论坛，其参与范围、涉及领域和人员规模尤为令人印象深刻。第六届论坛于2018年9月举行。

[2] 该趋势的部分证据参见 Albert Tzeng et al., eds., *Framing Asian Studies: Geopolitics and Institutions*, Singapore: ISEAS Publishing, 2018。尽管这本书并没有专门聚焦亚洲对这一领域的贡献，但确实为亚洲地区的专业化发展提供了一些见解。

一个对两个或多个目标国家具有明确意义的有力主题核心。[①] 对每个国家和地区的深入背景了解和多学科知识是必须的。

第四，上述比较地区研究方向演进明显强化了对协作研究的需求，因为不可能让一位专家同时拥有相同水平的关于两个不同地区的文化、语言和社会科学知识。研究对象地区/国家的研究人员与外部研究人员之间的合作也是必要的。不同观点之间的相互作用将有助于分析。

第五，如果被比较的国家/地区面临可对比的发展或地缘政治挑战，则进行有效比较的概率就会增加。本章建议，将那些认为自身正在由西方霸权下塑造的全球体系中兴起，并且现在正以不同的方式寻求与这一体系相处，或是尝试改变乃至挑战该体系的假设和动力的国家作为比较对象，可能更有成果。

参考文献

Acharya, Amitav, "International Relations and Area Studies", publication No. 2 in the "State of Security and International Studies", Singapore: Institute of Defence and Security Studies, Nanyang Technological University, 2006.

Ahram, Ariel, Patrick Kollner and Rudra Sil, eds., *Comparative Area Studies: Methodological Rationales and Cross – Regional Applications*, Oxford: Oxford University Press, 2018.

British Academy Review, "The Value of Area Studies", Issue 17, 2011.

Broadbent, R. J. C, *Travels of Ibn* Jubayr, London: Cape, 1952.

Brown, Ian, The School of Oriental and African Studies: Imperial Training and the Expansion of Learning, *Cambridge: Cambridge University Press*, 2016.

Houben, Vincent, "New Area Studies, Translation and Mid – Range Concepts", in Katja Mielke and Anna – Katharina Hornidge, eds., *Area Studies at the Crossroads: Knowledge Production after the Mobility* Turn, New York: Palgrave Macmillan, 2017.

[①] 该方法行之有效地见于 Ariel Ahram, Patrick Kollner, and Rudra Sil, eds., *Comparative Area Studies: Methodological Rationales and Cross – Regional Applications*, Oxford: Oxford University Press, 2018。

Johnson, Chalmers, and E. B. Keene, "A Disaster in the Making: Rational Choice and Asian Studies", *The National Interest*, No. 36, 1994.

Jones, William, "Discourse on the Institution of a Society for Inquiries into the History… Antiquities, Arts, Sciences and Literature of Asia", in William Jones, *The Work of Sir William Jones*, London: G. G. Robinson et al., 1799, see https://archive.org/details/worksofsirwillia01jone/page/n13.

Khalid, Maryam, "Gender, Orientalism and Representation of the 'Other' in the War on Terror", *Global Change, Peace and Security*, Vol. 23, No. 1, 2011.

Ludden, David, "Area Studies in the Age of Globalization", 2019, see http://www.sas.upenn.edu/-dludden/areast2.htm.

Mielke, Katje and Anna-Katharina Hornidge, eds., *Area Studies at the Crossroads: Knowledge Production after the Mobility Turn*, New York: Palgrave Macmillan, 2017.

Owen, Roger, "Edward Said and the Two Criitiques of Orientalism", See https://www.mei.edu/publications/edward-said-and-two-critiques-orientalism.

Quality Assurance Netherlands Universities, *Research Review of Leiden Institute of Area Studies*, Utrecht: QANU, 2013.

Renan, Joseph-Ernest, *La Reforme Intellectuelle et Morale*, Paris: Levy, 1871.

Said, Edward, *Orientalism*, New York: Pantheon Books, 1978.

Said, Edward, "Orientalism Once More", *Development and Change*, Vol. 35, No. 1, 2004.

Stanton, David, ed., *The Politics of Knowledge: Area Studies and the Disciplines*, Los Angeles and London: University of California Press, 2004.

Tansman, Alan, "Japanese Studies: The Intangible Act of Translation", in David Stanton, ed., *The Politics of Knowledge: Area Studies and the Disciplines*, Los Angeles and London: University of California Press, 2004.

Tuastad, D., "Neo-Orientalism and the New Barbarism Thesis: Aspects of Symbolic Violence in the Middle East Conflict (s)", in *Third World Quarterly*, Vol. 24, No. 4, 2003.

Tzeng, Albert, William Richter and Ekaterina Koldunova, eds., *Framing Asian Studies*: *Geopolitics and Institutions*, Singapore: ISEAS Yusof Ishak Institute, 2018.

第 二 章

对地区专业知识发展所面临的挑战的思考

格雷厄姆·弗尼斯（Graham Furniss）[*]

摘　要：地区研究既是一门新兴学科，又有着一定的历史渊源。20世纪60年代，美国政府曾意识到自己缺乏对世界上许多社会和文化知识的了解。为了应对来自外部世界的挑战，政府开始推动本国高校研究可以在政策制定中借鉴的专业知识。当时，为了深入理解那些使用特定语言的社群，初出茅庐的地区专家们需要同时具备多项技能。从多学科的角度来看，语言能力无疑是其中的关键。这种对地区研究的早期假定，意味着来自美国的研究者要学习一种其他地区的文化，所以他们有必要接受语言培训。但随后的政治争议则破坏了专业知识的发展与美国政府政策之间的联系。尽管地区研究一直致力于从多学科的角度来理解特定地理区域内的社会，但随着时间的流逝，有关地区研究如何进行的假定也发生了根本性的变化。在这个过程中，还产生了一些新的问题。随着研究能力不断进步，同时有着不同社会和文化背景的人在全球范围内的

---

[*] 格雷厄姆·弗尼斯是英国伦敦大学东方与非洲研究学院（SOAS）的荣休教授，也是英国国家学术院院士。在其学术生涯中，他曾任 SOAS 的非洲地区研究中心主任和英国国家学术院的非洲专家组主席，并曾担任 SOAS 的研究主管。他曾是英联邦奖学金委员会的委员，并领导撰写了一系列有关英国和非洲在人文与社会科学领域合作问题的研究报告。他在伦敦大学获得了博士学位，研究领域为尼日利亚北部的豪萨族（Hausa）的口头和书面文学作品。

译者：肖齐家，清华大学国际与地区研究院博士研究生。

迁移越来越多，人们对如何推动地区专业知识进步的观念也发生了变化。通过伙伴关系与分工合作，学者们可以将语言技能、文化理解以及不同的学科视角结合在一起，而不再需要某个人同时具备所有的研究技能。由此衍生出了一些新的观点：如果所研究地区的语言正是某些团队成员的母语，那么语言培训自然就不那么重要了；不同的研究者将会给团队带来不同的优势；团队研究也比个人行为更加可靠；等等。本章反映了研究者在合作中遇到的一些问题，且当不同大学系统间的研究文化存在差异的时候，这些问题会更加明显。

关键词：地区研究；语言技能；多学科的理解；研究能力；伙伴关系；分工合作；团队工作；研究文化；大学系统

Rashinsaniya fi dare duhu. 豪萨谚语，意为"无知比黑夜还要黑暗"。

一 背景

寻求对"他者"文化的理解由来已久。这种追寻已经深嵌于各类人文和社会科学学科以及各种专门机构的发展进程之中。虽然笔者不会细述这些制度层面的历史事实，但有一条是需要读者们记住的。那就是在第二次世界大战期间以及结束后的几年中，美国地区研究的发展与美国外交政策的需求有着紧密的联系。

关注亚洲、中东和非洲的社会与文化，理解其历史、政治和文化的背景知识，对塑造美国在世界中的角色至关重要。[1] 在冷战时期，美国通过《国防教育法》和对各个大学的语言与地区研究项目的投资，将大量的人力和财力投入到了文化知识的生产中。除来自政府的直接资助外，福特和洛克菲勒等一众基金会，也将大量的资金投向了地区研究。[2] 在欧洲，人们在殖民体系瓦解后对非洲和亚洲的语言、社会和文化的持续关

---

[1] 参见 Matthias Duller, "History of Area Studies", *International Encyclopedia of the Social and Behavioural Sciences*, second edition, 2015, pp. 951–952。

[2] 有关美国地区研究历史的详尽讨论，可参见 David L Szanton, "The Origin, Nature and Challenges of Area Studies in the United States", in David L. Szanton ed., *The Politics of Knowledge: Area Studies and the Disciplines*, Berkeley: University of California Press, 2004。

注，意味着地区研究已从培养殖民地行政人员的机制，转变成为民族解放运动和后殖民社会的建设服务。与冷战时期的美国一样，苏联也在20世纪60年代新建了许多致力于世界历史研究、美国和加拿大研究以及非洲和拉丁美洲研究的机构。为了对抗西方阵营，它们为苏联提供了很多研究参考与政策建议。①

在美国，人们曾认为地区研究在很大程度上是为外交政策服务的。这一看法很快就遭到了国内舆论的猛烈抨击。随着美国国内反对越战和其他干预行动的声音愈发高涨，对地区研究的批评也达到了高峰。在某些人看来，政府的外交政策无疑是受东方主义对"他者"的想象所驱动的，而地区研究正是这些政策的延伸。② 而对另一些人来说，地区研究不过是一种研究的途径。通过它，人们可以对某些地理区域进行细致而充分的了解，从而减轻本民族文化中的仇外心理和对其他文化的无知。当时的地区研究有三大基本要素：大量的田野考察工作，对当地文化的熟识，以及过硬的语言能力。除此之外，地区研究还从其他人文和社会科学学科借鉴了一系列理论和研究方法，包括人类学、政治学、文化研究、历史学和经济学，等等。③

后一种观点中隐含的异质性，本身就成了理论家们批评的对象。因为，如果把地区研究归为一种学科的话，那它显然不具备单一性的理论内核。关于地区研究性质的争论也由此展开。一些人主张先为地区研究建立广泛意义上的理论体系，然后再将注意力放在较为具体的比较研究上，以此来定义这一学科。④ 但也有人认为，只有对不断发展的理论体系进行检验，才能推动知识的增长。对于执后一种观点的人而言，地区研究在人类知识的推进中，只能扮演"二等公民"的角色。

---

① 参见 Mathias Duller, "History of Area Studies", *International Encyclopedia of the Social and Behavioural Sciences*, second edition, 2015, pp. 949 – 951。

② Ibid., pp. 952 – 953.

③ 有关地区研究的"危机"及其与文化研究的关系的讨论，可参见 Ivan Karp, "Does theory travel? Area Studies and Cultural Studies", *Africa Today*, Vol. 44, No. 3, 1997, pp. 281 – 295。

④ 对比较地区研究方法的概述，参见 Ariel I. Ahram, Patrick Koellner and Rudra Sil, eds., *Comparative Area Studies: Methodological Rationales and Cross – Regional Applications*, Oxford University Press, 2018. 另可参见 Patrick Chabal, "Area Studies and Comparative Politics: Africa in Context", *Africa Spectrum*, Vol. 40, No. 3, 2005, pp. 471 – 484。

当上述这些普遍主义与特殊主义的趋势正为正当性而争夺不休的时候，学术界本身也在发生巨大的变化。在西方，越来越多的研究者（不管是职业学者还是学生）都来自其所研究的文化，因而非常熟悉当地的语言和文化知识。他们的这些知识储备和新的理论视角，不仅有助于人们深入理解非西方世界的社会与文化，同时也为理论的进步做出了贡献（如阿皮亚、巴巴和斯皮瓦克等人的研究）。同时，非洲、亚洲和中东的大学与研究机构——有些是新的，有些则建成已久——也开始在培养研究者和重新定位研究议题（包括地区研究的议题）上扮演越来越重要的角色。这些机构曾主要受西方学术界的影响，但现在它们已经具备了将全世界的研究人员和学术争辩整合在一起的能力。

后来的这些发展促使人们开始重新思考地区研究的实践方式。在早期，地区研究意味着来自外部世界的研究者凭借其与当地社会的长期接触、过硬的语言能力和对人文与社会科学知识的熟悉，独自开展兼具本土性与特殊性的研究项目。但渐渐地，这不再是地区研究的主流方式了。正如很多学者亲身感受到的那样，他们没有时间或资金来进行如此长时间的艰苦训练。取而代之的是地区研究"团队"的概念。在团队中，尽管没有人能同时具备所有的研究技能，但当所有成员的能力放在一起，他们能够实现完美的互补——一位是理论家，一位是方法论专家，一位是能说当地语言的本地人，一位专攻该地区的历史，还有一位则对该地区的政治十分了解。就这样，"团队"拥有了研究者所需的所有技能。

二 对自身经验的反思

在本章的剩余部分中，笔者将结合自己学术生涯中的一些轶事和经验，谈谈这种地区研究模式的优缺点。对一个已经退休近五年的人将要谈到的内容，也许读者不太确定自己会有多大兴趣。保险起见，就让笔者来稍微介绍一下，笔者的这些经验都是怎么得来的。

笔者自己的研究领域是非洲的口头和书面文学，其中绝大多数都涉及尼日利亚和尼日尔南部的豪萨族的语言和文化。这么看来，笔者认为自己也算是"老派"地区研究者的代表了。在笔者的职业生涯中，笔者在研究和成果发表上和许多学者进行过合作。在地区研究领域，笔者从人类学家理查德·法登身上学到了很多东西。理查德·法登有很多头衔：理论家、文化人类学家、北尼日利亚某地的民族志专家，同时也是一位艺术史学家。我们一起编写过两本书。①

2005 年，笔者还是英国非洲研究协会的主席，那年恰逢《非洲报告》出版。这份报告有一句响亮的口号："非洲对非洲问题的答案。"② 当研究者开始探索这一口号对英国的非洲研究人员，以及对英国和非洲的大学在人文与社会科学领域的合作有何意义时，笔者正担任着英国国家学术院的非洲专家组主席。③ 随后，英国国家学术院（BA）和英联邦大学协会（ACU）开展了一项联合研究，调查非洲大学的研究人员在开展研究时，主要面临着哪些障碍。④ 调研结束后，我们共发布了三份 ACU/BA 报告。越往后发表的报告，就越关注青年研究者和他们面临的问题。⑤ 前两份报告中提出的建议，被纳入了一项名为 CIRCLE 的南南合作计划中。这份后来推出的培训计划共开展了五年，笔者也是该计划的指导委员会的成员。

在担任英国国家学术院非洲专家组主席期间，笔者参与了一系列研究经费的审批和拨付工作。凭借这些经费，英国的非洲研究人员得以与他们在非洲大学的同事建立人员上的往来与研究上的合作关系。凭借这样的经历，笔者能够看到这些关系是如何发挥作用的——当然，有时也能看到它们为什么没有起作用。作为 SOAS 的研究主管，笔者同样能够观察到在以非洲、中东和亚洲地区为主要研究对象的人文和社会科学项目

---

① Richard Fardon and Graham Furniss, eds., *African Languages, Development and the State*, London: Routledge, 1994; Richard Fardon and Graham Furniss, eds., *African Broadcast Cultures: Radio in Transition*, London: James Currey, 2000.

② Graham Furniss, "Higher Education in Africa: The Commission for Africa", *Review of African Political Economy*, Vol. 104, No. 5, 2005, pp. 446 – 449.

③ Graham Furniss, "The Future of UK – African Collaboration in Humanities and Social Science Research", *African Research and Documentation*, Vol. 102, 2007, pp. 3 – 12.

④ 第一份报告是在调研和讨论的基础上写就的，这些讨论一直持续到我们在内罗毕举办的一场会议上。参见 Association of Commonwealth Universities and the British Academy, *The Nairobi Report: Frameworks for Africa – UK Research Collaboration in the Social Sciences and Humanities*, 2009。

⑤ 第二份报告主要关注青年研究者的境遇。参见 Association of Commonwealth Universities and the British Academy, *Foundations for the Future: Supporting the Early Careers of African Researchers*, 2011。

中，那些研究合作是为何成功或失败的。但笔者想再强调一下，笔者的观点主要基于一些学术轶事，所以肯定会有些片面。同样，笔者的评价并不仅仅关注"地区研究"的本质和实践问题。对研究合作这一现象的观察，使笔者开始思考共享性的研究文化的概念、"技能互补"的团队研究模式中隐含的缺陷，以及学术事业中权力的平衡。所有这些问题都是在地区研究中出现过的。而且在这个学科里，它们的存在或许更加普遍。

三 作为关键要素的语言技能

在英语中，人们常说"不同的马适合不同的跑道"。同样，将对象置于适当的语境之中，对于我们理解"地区研究"的含义非常重要。很显然，并非所有涉及特定地理区域的研究都算是"地区研究"。在学术界，"地区研究"一词通常用于人文和社会科学的研究，而不是科学、工程学或医学等领域的成果。有人可能会提出异议，比如理解当地的文化背景，对于科学和医学领域的研究工作也很重要。但显然，研究者即使一点都不懂当地语言，也完全可以进行 DNA 或植物病理学的研究。所以说，这完全取决于研究项目的性质和目的。

笔者记得曾与同事们讨论过如何在某个非洲国家开展研究工作。当时，有一位经济学家非常希望将语言能力纳入到他们的技能储备中，因为他们要研究经济决策的过程、人们的动机、对经济优势的看法和对当地经济绩效的评价。但一位来自同一经济学系的同事表示，他们根本不需要这种语言能力，因为他们的研究主要依赖于政府和非政府组织公布的统计数据和计量经济学的标准分析方法。而且，全世界的经济学家最终也只会用英语来阅读他们的研究成果。所以，尽管"地区研究"在一定程度上是由语言能力（包括随之产生的文化理解）以及跨学科的视角来定义的，然而，是否有必要熟悉当地文化，最后仍取决于研究项目本身的性质，而不应只考虑它是否属于"地区研究"。

这次的讨论也许可以从侧面反映出一种趋势：在研究合作中，全能型的研究者不再是不可或缺的了。研究团队可以通过整合不同成员的某些互补的技能，达到同样的目的。基于笔者在上一节中提到过的理由，笔者对这次讨论的如下看法或许是片面的。笔者认为，有效的地区研究模式不止有一种。就笔者通过非正式的方式观察到的大多数地区研究合作项目而言，它们的研究过程和成果都是成功的。在下文中，笔者将列举出一些研究人员在项目的进行过程中常会遇到的问题。此外，笔者还将谈到在三份 ACU/BA 报告的撰写过程中，笔者在非洲大学的会议上目睹的辩论和讨论的情况。在那里，人们探讨的问题包括开展高水平的研究所面临的阻碍以及国际合作模式中隐含的缺陷等。

四　研究文化

所有的大学，本质上都存在一定的等级。上位者负责对级别较低的人进行测试，然后将其中的一些（如果不是全部）吸纳到更高的级别当中。学生被授予学士学位或博士学位，教师从讲师晋升为高级讲师等，都是大学等级制的体现。与这种制度等机制并行的，还有智识声誉的等级制。这两个领域的情况可能是完全一致的，但也有可能对不上号。比如，一流讲师的追随者可能遍布大学内外，而他们的上级却不为人知，或者不怎么受人尊重。大学内部的竞争可以刺激学术进步与创新，但竞争也可以表现为破坏性地压制异议，或者禁止讨论某些同事的研究工作等。对异议的压制需要一种单一性的制度框架，以便上位者在其中施展权力。这在以各部门相互竞争为标志的自治性大学中是很难见到的。在笔者熟悉的研究领域里，关注各个地理区域的专家都在同一个机构中工作。当该领域里拥有实权的领导者觉得他人对自己的研究工作构成挑战时，便会在机构内禁止人们讨论此人的研究工作，哪怕对方有着与之不同的区域关切。从中我们可以看到竞争的弊端，以及等级制权力在研究机构中的滥用。

但大学的意义完全在于研究者能够自由地进行辩论、质疑数据的真实性、提出替代性的解释、对研究方法提出批评，以及讨论理论的各种含义，等等。正如人们常说的那样，激烈的辩论才是推动研究进步的关键因素。那么，当开放性与批判性思维遭遇等级制、权威性和对遵从的要求时，它们最终会归于一种怎样的平衡状态呢？其实，大多数的研究机构会通过开放一些可以进行批评和质询的场所（例如研讨室、演讲厅或学术集会），以及精心维系晋升和奖励机制的方式，来达到研究人员的批判性与体制的权威结构之间的平衡——尽管这种平衡有时并不稳定。

非洲的许多大学里都曾对这些问题进行过探讨。有一次，当一些青年研究者正讨论他们在院系中遇到的困难时，一位级别较高的加纳教授的突然发言让笔者感到十分震惊。在仔细倾听了他们的辛酸往事，诸如如何缺少机构内高级研究人员的支持，如何被剥削、被窃取想法和数据、被故意隐瞒机会，以及被拒绝共享信息的经历之后，这位教授突然站起来宣称，祸害非洲大学的根源是一些"银背大猩猩"。接着，他刻画了一个年长的、不再从事研究工作的男性系主任的角色。他既不允许别人挑战他的研究领域，也不能容忍任何挑战到他的智力领导权的讨论，因为这些讨论最终将会威胁到他的权力。有人指出，这种"银背大猩猩"的角色不只在非洲的大学中存在，在世界各地的大学中都有可能发现他们。这位教授的此番回应，为的是指出非洲文化所具有的尊重年长者的特性，这种尊重同时也加剧了"银背大猩猩"们可能造成的危害。这两者间是否真的存在因果关系，笔者无法确定。但是，我们一定都看到过大学里的小团体现象。这些小团体可以迅速地将持有不同理论视角或方法的"广教派"转变为独占性的"高教派"。他们通过维持一种教条主义的理论纯正性，将非信徒从教会追随者的圈子中驱逐出去。

这些有关特定研究文化的问题，构成了地区研究团队出现时的背景。这些潜在的研究团队成员对研究文化的认同是否一致？他们将如何调节不同资历的团队成员之间的紧张关系？遵从的极限在哪里？应当如何保护激烈的挑战和批评所需的空间？他们是否有相同的理论思想？是否都能熟练掌握研究所需的方法和技能？通常情况下，一个研究团队是由导师及其学生组成的。由于导师曾在学生的培养过程中发挥了重要的作用，因此双方相契合的概率是非常大的。但是，如果团队中的成员有着完全不同的培养背景，又采用了截然不同的研究方法，对文化的理解也处在不同的水平上，这时应该怎么办呢？这样的团队聚在一起的可能性或许很小，因为成员的选择通常由团队自行决定。但资助者有时也会对团队的构成产生影响。一些资助者会专门要求来自特定国家或地区的研究者一同参与项目。但在加入团队之前，他们可能一点都不了解彼此的背景。笔者也见过这样一些合作项目，其中来自英国的研究者似乎习惯于拿着理论和一套标准的方法论,然后指望非洲的合作伙伴能够主动帮他们协调田野调查工作,收集数据,并乐于在团队中扮演地位较低的角色。不用说,这些项目的进展是不会顺利的。但资助的存在又常常会诱使人们加入各种令人不舒服的临时性研究团队。

有意思的是,有时随着项目的进行,团队成员间的权力关系也会产生变化。笔者知道这样一个研究项目,它最初是由英国某大学的一位社会科学家发起的。根据计划,他将和赞比亚的一位同事进行合作。一开始,这个项目主要是由英国学者推动,因为项目本身就是由他先前所做的一些工作扩展而来的。但从第三年的报告来看,项目的权力发生了明显的转移。这位英国学者现在是一系列相关研究项目的顾问,但推动整个项目的人变成了来自南部非洲几所大学的一群社会科学家。他们正负责制定议程,提出研究问题,并在不同的项目中进行比较。主流的研究项目,似乎应该是由英国的分析家和理论家们把握理论和研究方法,然后由"经过培训的"非洲合作伙伴收集数据。但这个项目显然不属于此类。

同样有趣的是,2011年,穆罕默德·曼达尼(Mahmood Mamdani)在就任乌干达马凯雷雷大学社会研究中心的主任时,也曾在中心内部的一场讨论中谈到过对设置议程和设定研究问题一事的看法。① 研究中心本身是有工作人员的,但他们很少出现在中心里。为了赚钱,他们中的许多人在为各种各样的机构、非政府组织以及政府的某些部门提供咨询服务。曼达尼想把他的同事们凝聚在一起,共同辩论、探讨、展示、批评和修正各自的研究,同时根据研究人员自己认为重要的问题来制定研究计划,而不是根据外部机构的临时性需求来设定议程。他给出的解决方案听起来很简单,那就是建立两个交替的、每个人都可以参加的研讨会。其中一个研讨会需要每个参与某项研究的中心成员向大家介绍他的研究计划。而在另一个研讨会上,每位成员则需要提供一份他们感兴趣的,或者认为有意义的文献,并在讲解后引领大家进行小组讨论。我记得,这个中心当时也不鼓励成员承接外部的咨询工作,因为这会影响他们的

---

① Mahmood Mamdani, "The Importance of Research in a University", *Pambazuka News*, April 21, 2011, https://www.pambazuka.org/resources/importance-research-university.

本职工作。① 笔者不知道这个方案最终的效果究竟如何，但对于我们了解如何识别研究文化的缺位状态，如何在研究机构中建立辩论的文化，以及如何将基础研究与外部需求分开并保持下来，这是一次很有意思的讨论。

下面笔者将说回研究文化的问题。研究文化为建立"技能互补"型的地区研究模式奠定了基础。② 了解不同研究文化间的差异，是理解团队中每个成员提出的制约因素和成见的先决条件。如果成员来自不同的文化背景，研究文化的冲突便有可能导致一些问题。例如，"遵从"的想法可能会限制某些成员的批判能力；对权威结构的认知可能会产生压制性的工作模式，即使这从来都不是项目"领导"自己想要得到的结果；另外，如果成员都基于自身的假设来理解他人的观点或经验，团队中便容易出现许多误解甚至争执，等等。

这些问题甚至会在团队成员还没开始接触他们打算研究的"地区"之前出现。所谓"接触"，意味着实地考察的开端。人类学家曾对田野调查的危险性和潜在的困难进行了长期而艰苦的思索。其中一些问题同翻译和翻译人员密切相关。当研究人员因为不懂得当地语言而不得不通过翻译开展工作时，可能会对研究对象产生严重的误解，这早已不是什么新鲜的故事了。团队合作的模式，则可以通过将翻译的角色留给来自当地大学或散居国外的研究者，来避免"圈外人"在现场提问或收集数据的情况。在对当地语言的掌握的意义上，这些研究者显然可以被算作"圈内人"。

当然，这不仅是语言问题。对文化的误解也会导致严重的后果。笔者还在尼日利亚的时候，曾听到过一个故事。这个故事可能未必是真的，但在当地流传甚广。据说，一个非政府组织曾与尼日利亚北部某地区的农民接触，称他们培育了一种新型的短茎的黍。这种黍成熟得很早，一

---

① 对马凯雷雷社会研究中心相关经验的不同看法，参见 Semeneh Ayalew, Noosim Naimasiah and Sabatho Nyamsenda, "Saving Makerere Institute of Social Research?", *Pambazuka News*, April 28, 2016, https://www.pambazuka.org/education/saving-makerere-institute-social-research。

② 关于本节中提到的部分问题，有学者进行过深入的探讨。可参见 Shinichi Ichimura, "Interdisciplinary Research and Area Studies", *Journal of Southeast Asian Studies*, Vol. 6, No. 2, 1975, pp. 112–120。

年可以两熟，还不容易被暴风雨打坏。当地农民听了之后说："那很棒啊，我们愿意种。"第二年，非政府组织的人回来时看到，当地人果然种了新品种的黍。每个人看起来也都很高兴。很快，又一年过去了。当该组织的人再次回到这里时，却发现所有的农民又都种回了长茎黍，这令他们非常困惑。当他们询问原因时，农民告诉他们说，黍的长茎可以用来做篱笆、屋顶和其他各种东西。没有长长的茎秆，他们就没法翻修篱笆和屋顶了。这则简单的故事告诉我们这样一个道理：理解一种现象背后的文化含义并非易事。当人们尝试透过特定语言的词汇、理解与知识系统，来理解某些含义之间精微的差别时，也可以体会到相同的道理。

当同一个地区研究团队中，有一部分人能够听懂当地语言中包含的概念、差异、含义和世界观，而另一部分人无法理解使用当地语言进行的辩论和表达时，会发生什么呢？最好的情况也许是，前者可以将这些地方性知识教给后者。但就人的本性而言，即便团队中的同事强调了这些知识的重要性，人们还是很难重视起自己并不熟知的事物。因此，学术界可能存在一种将地方性知识边缘化为脚注或背景的趋势——这无论是在字面意义上还是在比喻意义上都是成立的。有时，人们还会在含义不明或不便之处故意忽略或压制它。也许这些地方性知识是无关紧要的，但不理解其含义的人永远无法判断它是否有用。而且，当这些知识开始在研究中占据中心位置时，那么对研究项目的方向、启示和结论的控制权将不可避免地从文化意义上的"圈外人"转移到"圈内人"那里，因为前者必须要依赖后者的翻译才能开展研究。这种重要的转变或许是可取的，但只有在参与研究的各方之间存在密切信任的关系时，这种转变才能真正发生。

五　权力的平衡

为了使地区研究团队以一种可持续的方式发展下去，团队成员需要彼此欣赏、信任和了解，并且尊重彼此对"地区"的不同理解。这些研究者们最好还能对理论的性质、方法论的正当性以及数据的性质怀有共同的预期。除此之外，他们也许还应该达成一个共识，那就是要将地方性的概念整合到更加广阔的理论框架中，因为团队中的一员不断地努力为其他人翻译本土概念和价值,本身就是一种可以增进分权的权力调节机制。

从最早有地区研究的概念和实践的时候起,地区研究的一个重要特点就是研究者对特定地理区域的长期关注。这样看来,"技能互补"式的地区研究团队也应该一起工作更久才是。与此同时,这些合作伙伴还需要彼此欣赏和信任。有些团体是在成员彼此缺乏预先了解的情况下,为了赶上短期赞助的申请截止时间而临时聚成的。也许在项目进行了两年后,他们便会因为剥削、厌恶、不尊重或是新殖民主义的心态而分崩离析。但这不是一个地区研究团队应有的状态。随着时间的推移,由于团队成员之间相互信任,对相应的地理区域也保持了长期关注,团队成员的能力结构也会从"互补"演化为"重叠"。也就是说,在这个阶段,原本不懂当地语言的研究者已经具备了这项技能,并能通过语言理解本地人看待问题的视角,了解到表面现象背后的历史。而已经具备语言优势的研究者则可以凭借其运用适当的研究方法处理各种理论问题的经验,同时凭借对当地语言文化的理解提出创新性的研究问题的能力,来领导相关的地区研究团队。尽管每个人都可以在团队中发挥出自己的优势,但所有的地区研究团队都应当致力于培养成员的语言能力,以使他们对当地文化的理解更加深入。

六 青年研究者的经验

当"非洲发展新伙伴计划(NEPAD)"和《非洲报告》都宣称,人们需要的是"非洲对非洲问题的答案"时,许多像我们这样在英国从事非洲地区研究工作的人都在问,这个口号究竟意味着什么?它对英非合作将产生怎样的实际影响?在英国的非洲研究者中,有许多是在英国大学工作的非洲学者。他们不仅与流散在国外的其他非洲学术同仁有着经常性的往来,还与他们来英国之前就曾为之工作过的当地大学有着密切的联系。同样,有许多欧洲学者和一些美国学者在非洲的大学里生活并工作了很多年,同时和当地的前同事们保持了工作上和私人间的关系。包括研究生在内,还有几个世代的非洲人曾在英国接受过培训。他们现在正在非洲国家的大学里工作。其中一些回到了自己的祖国,一些留在了其他的非洲国家。所有这些人，或多或少都为寻找"非洲对非洲问题的答案"作出过贡献。但就学者的工作条件而言，英国的大学和一些非洲大学之间显然存在巨大的差异。笔者听说，非洲的大学面临着十分复杂的情况：缺乏研究所需的资源，如时间、设备和金钱等；巨大的教学负担；青黄不接的人员结构（有时系里只有一位老教授和少数几名中年教授，年轻教员则普遍资质不足）；电脑、出版物和互联网时常难以获得；人才外流到政府和咨询工作，等等。[①] 不同的大学、国家和体系之间也存在巨大的差异。有些不仅成功了，还能参与国际竞争；有些则彻底崩溃了。笔者记得，20世纪80年代，笔者在尼日利亚的卡诺（Kano）曾遇到过一位朋友，他也是笔者以前的学生。他告诉笔者，当地的大学已经几个月没有付给他薪水了。为了补贴家用，他只好一边开出租车，一边经营养鸡场。用他的话说："他们假装付钱给我，所以我假装工作！"所幸这一情况后来有所改善，谢天谢地！

　　这对于在地区研究或其他领域中开展合作来说，有什么启示呢？首先，笔者那位在卡诺工作的同事非常希望加入一个国际研究项目。这样，他和他所在的系都能拿到一笔钱。虽然他已经有段时间没怎么关注最新的文献资料了，但他知道，自己可以凭借在当地的资源和联系，在国际研究团队中扮演重要的角色。当时，他所在的大学管理非常混乱，研究系统也已经崩溃了。所以他觉得，如果要参加合作项目，最好是绕开大学靠自己申请。他还告诉笔者，由于很少有外部机构来接触他的大学，他很难通过学校维护自己的人脉关系网络，或是从那里及时得到有关资金和会议的消息。笔者还发现，他一直在尝试与尼日利亚国内其他大学的研究者联系并合作，而没有选择国外的大学。他认为，在他的研究领域里，南南合作是培养具有批判性视角的研究者的关键。即便如此，他还是觉得目前的情况是可以忍受的，他也将继续留在那所大学里工作。但与之相比，那些青年研究人员的情况要糟糕得多。他的这些经验并不

---

① 对于这些问题，研究者曾进行了广泛的调研和讨论。参见 Wisdom J. Tettey, "Challenges of Developing and Retaining the Next Generation of Academics: Deficits in Academic Staff Capacity in African Universities", Partnership for Higher Education in Africa, 2010, http://www.foundation-partnership.org/pubs/pdf/tettey_deficits.pdf。

能代表尼日利亚所有的120所大学的情况。例如，艾哈迈杜·贝洛大学或伊巴丹大学的管理结构和研究系统要好很多。此外，尼日利亚的许多私立大学和新建的州立大学都更专注于教学，而非科研。

青年研究者遭遇的这些问题，在前面提到的ACU/BA报告中都有所体现。此外，报告还借鉴了非洲其他英语国家的大学的经验。在第二份针对青年研究者的报告中，我们就刚刚获得博士学位的青年研究者可能遇到的问题，为研究机构提供了如下建议：

第一，组织网络、会议和研究共同体，为青年研究者提供与世界各地的同行保持联系的平台和机会。

第二，为青年研究者提供指导和支持，帮助他们把博士学位论文修改成可供发表的成果，并确保他们能够发表第一篇经过同行评议的文章。

第三，让青年研究者有充足的时间来确定研究议程和设计研究项目，并有足够的资金将这些议程变为现实。

第四，提供适当规模的种子资金，支持青年研究者继续从事博士期间的研究工作，或探索新的想法。

第五，改善博士生的培养机制，以便他们日后为本系的研究工作做出贡献。

第六，在研究机构内促成一种支持性的背景和氛围。在这种环境下，研究机构和其中级别较高的学者愿意督促年轻人进步，鼓励他们开展研究，推动并指导他们的研究合作。

所有的这些问题，对笔者那位在卡诺工作的同事以及他的同僚们来说，都是很重要的。而且，其中的很多问题和金钱或资源关系并不大，但与研究机构的治理模式、管理方式和领导层密切相关。笔者从跟他的这些谈话中得到的经验是，如果笔者想与他（或其他人）一起在一个有着多学科背景的研究团队中工作，不管这个团队从事的是不是"地区研究"，那么笔者必须能够理解并解决这些涉及他的工作环境和研究目标的问题。尽管这些问题有时并不容易解决，但在讨论它们的时候，我们在过去十年里建立的信任和成功的合作经历至少能够帮上些忙。在考虑地区研究工作的具体形式时，我们不仅要关注团队成员之间的关系以及他们的认知方式和知识背景的相似程度，还需要对研究机构的研究文化和制度环境有所了解。在这些问题上，不同团队的情况可能大不相同。

这三篇包含了相关争论和行动建议的报告，特别是那些关于支持青年研究人员的内容，是否会对现实产生影响呢？作为前两份报告的共同赞助方，ACU 得以将报告中的相关建议纳入了由英国国际发展部（DFID）资助的一项为期 5 年的计划中。该计划被称为 CIRCLE，旨在帮助非洲的大学在气候变化领域开展高水平的原创研究。按照 DFID 的评价标准，该计划最终需要培训一定数量的研究人员，并发表一些经过同行评议的文章。从本质上来说，CIRCLE 计划是一个南南合作项目，由位于内罗毕的非洲科学院和位于伦敦的 ACU 共同管理。参与该计划的研究人员主要是来自非洲各个大学的致力于气候变化研究的青年学者。在整个研究过程中，他们会被派往开普敦、内罗毕和亚的斯亚贝巴等地，并在一些成熟的气候变化专家团队中工作一年。这些经历将为他们提供一定的研究经验和动力。这样，当他们再回到自己的大学工作时，就可以独立开展这类研究了。为期一年的研究访问只是 CIRCLE 计划的一个环节。将专注研究人员发展和机构能力建设的英国相关部门纳入到双边研究机构的工作中，可以帮助这些研究机构建立或加强对研究人员的保障机制，并确保最终回到本国工作的青年学者也能够从自己的大学内部获得相应的支持。此外，通过在双边研究机构中建立导师制度，并委托国际知名专家监督这些年轻人的工作，为其提供反馈，同时把他们的研究成果通过学术网络推广出去，也能够帮助青年研究者在国际学术界立足。

目前，CIRCLE 计划已经结束了。从发表的同行评议文章和培养的研究人员的数量上看，它都已经超出了预期的目标。与此相关的经验在 ACU 和 BA 资助的第三份报告里也有所体现。[①] 十年之后，这些为增强研究保障机制所做的努力，会在当地的大学里落地生根吗？在气候变化研究领域所做的这些尝试，会外溢到其他领域吗？在当初的这些青年研究者中，有多少人最终会成为国际知名的研究专家，引领各自领域的发展，并为研究资助设定议程呢？观察这些进程，一定很有意思。通过深入了

[①] Association of Commonwealth Universities and the British Academy, *The Next Generation: Ideas and Experience in African Researcher Support*, 2016.

解目标研究人员的工作环境，CIRCLE 成功地将机构和个人对研究者的支持整合到了计划当中。笔者认为，当我们考虑如何将地区研究团队整合在一起，以及如何评估和减轻其中的风险时，也会遇到相同或相似的问题。从 CIRCLE 的例子中可以看出，这类计划之所以能取得成功，关键有两点。一是通过采取一系列措施，减少参与合作的研究人员之间的失衡；二是加强本地机构对研究人员的支持。从事地区研究工作的团队也需要清楚地认识到，团队成员之间是存在着权力的不平衡分布的。同时，他们也有必要对彼此的背景有所了解。在笔者看来，这一过程的核心是增强他们建立对其研究的社会与文化的共同理解的能力，而这种共同理解要通过对当地语言的掌握来实现。语言能力的不均等，或许会导致团队成员之间的误解和不平等，从而给地区研究所生产的知识的质量造成不好的影响。

七　结语

绕了一圈之后，我们似乎又回到了起点。在"技能重叠"型的地区研究观念中，掌握研究"地区"的语言又成了一件重要的事，它也是维持"圈内人"与"圈外人"间权力平衡关系的关键。笔者之所以说是绕了一个圈，是因为在最早有关地区研究模式的构想中，外来研究者只有能够流利使用当地语言，才能够通晓当地的情况，并对其历史、文化和政治产生深刻的理解和认识。所以笔者认为，这种合作性的地区研究模式若要取得长远的成功，仍必须重视对这些研究技能和经验的培养。

参考文献

Ahram, Ariel I., Patrick Koellner, and Rudra Sil, eds., *Comparative Area Studies: Methodological Rationales and Cross-Regional Applications*, Oxford University Press, 2018.

Association of Commonwealth Universities and the British Academy, *The Nairobi Report: Frameworks for Africa-UK Research Collaboration in the Social Sciences and Humanities*, 2009.

Association of Commonwealth Universities and the British Academy, *Foundations for the Future: Supporting the Early Careers of African Researchers*, 2011.

Association of Commonwealth Universities and the British Academy, *The Next Generation: Ideas and Experience in African Researcher Support*, 2016.

Ayalew, Semeneh, Noosim Naimasiah, and Sabatho Nyamsenda, "Saving Makerere Institute of Social Research?", *Pambazuka News*, April 28, 2016, https://www.pambazuka.org/education/saving-makerere-institute-social-research.

Chabal, Patrick, "Area Studies and Comparative Politics: Africa in Context", *Africa Spectrum*, Vol. 40, No. 3, 2005.

Duller, Matthias, "History of Area Studies", in *International Encyclopedia of the Social and Behavioural Sciences*, second edition, 2015.

Fardon, Richard, and Graham Furniss, eds., *African Languages, Development and the State*, London: Routledge, 1994.

Fardon, Richard and Graham Furniss, eds., *African Broadcast Cultures: Radio in Transition*, London: James Currey, 2000.

Furniss, Graham, "Higher Education in Africa: the Commission for Africa", *Review of African Political Economy*, Vol. 104, No. 5, 2005.

Furniss, Graham, "The Future of UK - African Collaboration in Humanities and Social Science Research", *African Research and Documentation*, Vol. 102, 2007.

Ichimura, Shinichi, "Interdisciplinary Research and area Studies", *Journal of Southeast Asian Studies*, Vol. 6, No. 2, 1975.

Karp, Ivan, "Does theory travel? Area Studies and Cultural Studies", *Africa Today*, Vol. 44, No. 3, 1997.

Mamdani, Mahmood, "The Importance of Research in a University", *Pambazuka News*, April 21, 2011, https://www.pambazuka.org/resources/importance-research-university.

Szanton, David L., "The Origin, Nature and Challenges of Area Studies in the United States", in David L. Szanton, ed., *The Politics of Knowledge: Area*

Studies and the Disciplines, Berkeley: University of California Press, 2004.

Tettey, Wisdom J. , "Challenges of Developing and Retaining the Next Generation of Academics: Deficits in Academic Staff Capacity in African Universities", Partnership for Higher Education in Africa, 2010, http://www.foundation-partnership.org/pubs/pdf/tettey_deficits.pdf.

第三章

殖民时期越南人民建立统一独立国家的理论与实践探索

毕世鸿　张　琼[*]

摘　要：法国在越南建立殖民统治之后，越南社会各阶层就如何建立统一、独立的国家进行了诸多探索。封建思想的束缚、领导者的个人素质、法国殖民统治造成的社会分裂、城市和农村的二元结构、薄弱的经济基础、武器装备和通信技术的落后等因素都严重制约了越南统一独立国家的构建。在争取国家独立的早期阶段，越南资产阶级被证明无力推翻法国殖民统治。是印度支那共产党领导的无产阶级革命和群众运动最终建立了广泛的民族统一战线，引领越南走向独立。

在斗争后期，印度支那共产党的理论与实践探索深受中国辛亥革命经验的影响，也得到了中国共产党提供的援助。积极寻求但不过分依赖国际援助，争取国际团结和他国的支持，成为印度支那共产党构建民族独立国家的基础。

关键词：越南；殖民统治；胡志明；统一独立国家

---

[*] 毕世鸿，云南大学国际关系研究院教授，南开大学日本研究院博士，研究方向为国际关系与东南亚地区研究。

张琼，遂宁市安居第一高级中学历史教师，毕业于云南大学国际关系研究院，获历史学硕士学位，研究方向为东亚国际关系史。

译者：管浩，清华大学国际与地区研究院博士研究生。

一 导言

越南自 10 世纪以来，长期保持相对独立的封建国家统治形式。法国殖民者的入侵和之后的殖民统治打断了越南民族国家的发展进程，导致越南的经济与社会未能按照其内在规律发展。越南被迫对外来势力的需求作出回应。在反抗法国殖民统治和日本占领的过程中，越南民族国家才逐渐形成。

在殖民地时期（1858—1945 年），越南民众一直在努力摆脱殖民统治以建立统一独立国家，为之开展了艰苦卓绝的斗争。若要理解殖民时期越南人民是如何在艰苦的条件下打败法国殖民者和日本入侵者赢得解放的，有必要分析越南各阶层在这一过程中的理论和实践探索。

许多学者就殖民时期越南构建民族独立国家的探索进行了研究。威廉·杜伊克尔（William J. Duiker）总结了越南人民对法国殖民统治的反应，论述了 20 世纪初期越南民族主义的崛起。戴可来与于向东就法属时期越南追求独立的改良运动进行了颇有价值的研究。陈鸿瑜对越南民族主义者领导的抗法民族运动进行了深入研究。时殷弘论述了胡志明在越南构建民族独立国家的革命运动中所发挥的领导作用。约翰·麦克阿里斯特（John T. McAlister）论述了越南独立的殖民统治背景及其对越南民主主义起源的重要意义。他也分析了殖民时期越南社会、政治等方面的变化，讨论了为何越南民族主义政党失败而共产主义者取得了成功。大卫·马尔（David G. Marr）论述了法属殖民时期越南反抗殖民统治的各派势力。[1]

另一部分学者主要关注法国、日本对越南入侵和统治的情况。如梁志明对法属印支殖民统治体制的基本特征及其影响进行了研究。王士录

---

[1] William J. Duiker, *The Rise of Nationalism in Vietnam, 1900–1941*, New York: Cornell University Press, 1976；戴可来、于向东：《越南历史与现状研究》，香港社会科学出版社 2006 年版；陈鸿瑜：《越南近现代史》，台湾编译馆 2009 年版；时殷弘：《胡志明与越南革命》，《暨南学报（哲学社会科学版）》1996 年第 2 期；John T. McAlister, Jr., *Vietnam: The Origins of Revolution*, New York: Alfred A. Knopf, Inc., 1969; David G. Marr, *Vietnamese Anticolonialism, 1885–1925*, Berkeley: University of California Press, 1971。

对太平洋战争期间日本对越南的统治及其影响进行了深入研究。基斯·泰勒（K. W. Taylor）分析了法属殖民时期越南社会的变化，讨论了共产主义在越南的发展。陈辉燎系统地研究了殖民时期越南的社会状况及各阶层人民的反法斗争。①

上述成果为本研究提供了有益的启发，但目前学界对越南民族国家构建的研究主要集中在越南革新开放之后，对殖民时期越南民族探索独立国家构建的研究相对较少。本章试图探索越南统一独立国家的构建是如何为殖民时期的各种事件所塑造的，并探讨阶级因素与越南追求独立的斗争及其胜利之间的关系。在研究法国、日本对越南的入侵及统治的基础上，本章会论述越南反殖民运动中的理论基础和实践探索，从阶级层面分析其重要意义。越南统一独立国家的构建是在怎样的背景下发展起来的，哪些因素影响了构建的过程，以及这些因素的特点，都需要加以说明。这些工作有助于阐明印度支那共产党是如何领导八月革命并取得胜利，最终实现了越南的民族独立。共产主义者的胜利也使越南遭到以美国为首的西方资本主义阵营的敌视，导致越南陷入长达三十年的南北分裂局面，但本章不会涉及这部分内容。

二 法国和日本在越南的殖民统治

1789 年大革命之后，法国完成了资产阶级革命，与英国一道迅速发展成为资本主义强国。为了寻求东方的市场和原材料产地，法国积极对外扩张。而此时阮朝统治下的越南则实行"闭关自守"政策，驱逐传教士且不与外界通商。1858 年，法国殖民者对越南发起武装侵略，进攻岘港。1867 年，越南南圻六省完全沦为法国殖民地。1874 年，越南与法国签订《第二次西贡条约》，越南开放红河进入云南的通道，开放归仁、海

---

① 梁志明：《论法国在印支殖民统治体制的基本特征及其影响》，《世界历史》1999 年第 6 期；王士录：《二十世纪前半期越南与日本关系述略》，《东南亚》1996 年第 2 期；Keith W. Taylor, *A History of the Vietnamese*, Cambridge: Cambridge University Press, 2013；［越］陈辉燎：《越南人民抗法八十年史》（第 1 卷），范宏科、吕谷译，生活·读书·新知三联书店 1973 年版；［越］陈辉燎：《越南人民抗法八十年史》（第 2 卷），北京大学东语系越南语专业译，生活·读书·新知三联书店 1974 年版。

防、河内为通商口岸,允许法国在通商口岸派驻领事,并由法国军队保护领事馆的安全。19 世纪 80 年代,法国加紧侵略北圻。1883 年,法越签订《第一次顺化条约》,越南承认法国统治越南全境。1885 年,清政府与法国签订《中法会订越南条约》,清政府承认法国对越南的保护权,越南完全沦为法国的殖民地。

1887 年,法国在越南设立统治机构与第一任印度支那总督,逐渐建立起一整套殖民统治体系。总督由法国政府任命,向法国殖民地部负责,拥有统治越南全境的权力。驻各地的法国官员和越南本土官吏都向总督负责。法国在总督集权制下实行"分而治之"的殖民统治方式,将越南分成南圻、中圻和北圻三个不同区域,实施不同的殖民统治方式。① 在经济方面,法国殖民当局向越南人征收重税。除了人头税与土地税外,法国殖民者还对酒、盐、烟草实行专卖,并建立了赌场,征收赌场税。1887 年,仅在南圻地区,法国就征收了 250 万金法郎的赌场税。② 为了进一步控制越南民众并巩固自己在越南的统治,法国殖民当局实施服务于文化同化政策的法越教育,将法国的思想价值观灌输给越南人民,破坏其原有的传统文化,消除其民族意识。③

法国在越南的殖民统治对越南民族国家的构建产生了深远的影响,其中既有破坏性的消极一面,也有建设性的积极一面。一方面,法国"分而治之,以越制越"的做法引发了越南人民内部尖锐的矛盾。越南社会中一部分人从法国的政策中获益,其他人则没有,这严重分化了越南各阶层,使越南人民难以团结一致对抗外国侵略。通过控制关税等手段,法国使越南人民背负了沉重的经济负担,并且抑制了越南国内的经济发

---

① 法国在南圻地区设立统督为首的殖民政权,每省设置一名法籍官员,直接对越南人民实行统治。1886 年起,法国殖民当局在中圻和北圻设立总公使,总公使之下北圻设统使、中圻设钦使,实施间接统治。殖民当局在不同的地区采取不同的制度,使越南人民误以为一个地区的制度要比另一个地区的制度宽松,从而欺骗、分化越南人民。

② [越]陈辉燎:《越南人民抗法八十年史》(第 1 卷),范宏科、吕谷译,生活·读书·新知三联书店 1973 年版,第 143—146 页。

③ 法越教育是法属时期越南人接受的殖民地教育,法越教育与传统的儒学教育之间不存在任何渊源关系,它是殖民主义条件下法国教育对越南本土教育进行强行替代与移植的结果,加剧了越南社会阶层的裂变与民族文化的沦丧。参见陈立《论法国殖民统治下的越南教育》,《世界历史》2005 年第 5 期。

展。同时，在殖民统治的过程中，法国通过威逼利诱等方式在越南培植了大批亲法势力。这使得法国在第二次世界大战后能够轻易地恢复在越南的殖民统治，并导致了后来越南的南北分裂。以上这些都严重阻碍了越南统一独立国家的构建。另一方面，法国的入侵和统治客观上也产生了一些积极的影响，如带来了先进的思想文化和科学技术，冲击了腐朽的封建统治体系。这些因素在客观上推动了越南社会的进步。

明治维新之后，日本也走上了快速发展的道路。但国内市场狭小、资源稀缺等因素严重阻碍了日本资本主义的发展，因此日本渐渐走上了对外扩张的道路。1940 年 9 月，在德国法西斯的帮助下，日本与越南的法国殖民当局签署条约，日军进入印度支那北部。1941 年 7 月，日法签订共同防御协定，法国殖民政府承诺向日军提供法属印度支那南部的军事基地，并给予日军在当地自由活动的权利。[①] 根据日法之间的协定，日本进入越南后，并没有建立自己的统治机构，而是承认法国殖民政权，利用其对越南进行间接统治。

虽然此时越南表面上处于日本与法国的共同统治之下，但实际上日本已经有效地掌握了统治权。日本主要通过货币、金融和贸易手段获取所需的战略物资。统计显示，1939 年日本的消费和货物转运税为 2065.5 万元，1945 年升至 5826.5 万元；1939 年盐、酒、鸦片、火柴、鞭炮、香烟等税仅为 2469.4 万元，1945 年升至 8700 万元。[②]

然而在第二次世界大战后期，法国殖民当局对日本越来越不配合。为了保证"南方共荣圈"[③]的战略通道，日本在 1945 年 3 月发动政变，推翻了法国殖民政府，直接统治法属印度支那。日本声称越南已经脱离了法国殖民统治，获得了"独立"，建立了所谓的"越南帝国"，并推举阮福晪为皇帝，即保大帝。1945 年 4 月，日本组建以陈重金为首的亲日

---

① 毕世鸿：《太平洋战争期间日本对东南亚的经济统制》，社会科学文献出版社 2012 年版，第 69 页。
② 金旭东：《越南简史》，中国国际友好联络会和平与发展中心，1989 年，第 159 页。
③ "南方共荣圈"是 1941 年日本占领东南亚各地后开始频繁使用的政治口号，其地理范围大致包括法属印度支那、泰国、荷属东印度、马来亚、缅甸、菲律宾、新几内亚东部、所罗门群岛、东帝汶等地。日本的主要意图是将上述地区的丰富物产与日本本土的需求结合起来，借此实现以日本为领导的"东亚协同体""大东亚共荣圈"等构想。参见毕世鸿《日本海上帝国迷梦与"南方共荣圈"的幻灭》，《东北师大学报》2017 年第 5 期。

傀儡政府，开始对越南进行残酷掠夺。1945年春季，越南北部红河三角洲发生大饥荒，估计有40万—200万人死于饥饿。① 幸运的是，日本在越南的直接统治仅持续了5个月就全面崩溃。

日本在越南的统治对越南统一独立国家的构建产生了深远影响。首先，法国和日本都使用了多种手段来欺骗越南人民，并且积极培植自己的势力，这使得越南国内的革命形势愈加复杂，并且分化了越南民族主义者和革命力量。其次，日本与法国殖民者建立了联盟，这给越南人民带来了双重压迫，这反过来促使越南人民团结起来，增强了越南的民族凝聚力。日本法西斯打败法国殖民者，使得越南人民意识到法国殖民统治的脆弱本质，进一步增强了越南人民夺取民族独立的信心。虽然日本在越南的统治时间很短，但却在客观上为越南构建统一独立国家创造了条件。

三 19世纪末至1930年越南人民对法、日统治的反抗

在法国殖民统治时期和日本军政府统治时期，越南封建朝廷无力抵抗，只能一再妥协。从19世纪末到1930年，越南资产阶级革命政党、封建地主、知识分子和其他各阶层在民族危亡的紧要关头，都开始寻求摆脱殖民统治、构建统一独立国家的方案。

19世纪，面对法国殖民者的入侵，以阮长祚为代表的越南封建士大夫为了维护封建王权统治，主张与入侵者妥协。他们这样做是为了保持和平并推动全面的社会改革，学习西方的先进科学技术，使国家富强，抵御外来侵略。然而这种改革主张没有获得封建统治者的支持，并遭到了国内保守势力的强烈抵制。

1885年，越南完全沦为法国殖民地。摄政王尊室说护送年幼的咸宜帝阮福明逃到山区，并发布"勤王诏"，号召人民群众反抗法国侵略。这

---

① ［日］阿曾村邦昭编著：『ベトナム：国家と民族』（下卷），古今书院2013年版，第325—327页。

一行为与随之而来的一系列反法起义被称为"勤王运动"。①

在这场运动中，出于对王室的忠诚，全国各地的士绅、退休官吏和农民武装发动了多场武装斗争。其中最具代表性、动员农民最多的是分别由潘廷逢和黄花探领导的起义。然而这些反抗运动大多是孤立的，缺乏总体战略，没有有效的沟通和真正的协作，也没有统一的指挥系统和共同的行动纲领，没能够充分发动群众，最终都被法国殖民者镇压。

"勤王诏"意在恢复并加强封建王权，并号召越南民众效忠王室。当咸宜帝发布诏书时，越南人民出于对封建王朝的忠诚而积极反抗法国殖民者。然而在勤王运动发生后，法国殖民当局扶植了咸宜帝之兄阮福昇为傀儡皇帝，即同庆帝，摇摆不定的反抗力量于是相继臣服于法国殖民统治。在殖民当局和反动封建统治者的镇压下，大多数朝廷官员都认为抵抗只会导致无谓的流血。一些越南精英也认为阮朝朝廷早已名誉扫地，根本不值得拯救。由于上述各种因素，勤王运动在19世纪末失败。

勤王运动可以被看作越南构建独立国家努力的第一个阶段。面对法国殖民者的入侵，大多数越南封建地主认为应当向西方学习，实行全面改革，以维护自己的利益，但这一主张受到了保守势力的抵制。虽然地方爱国士绅和农民大众积极支持勤王运动，但他们的抵抗活动首先是为了维护封建统治，而且也未能打败法国侵略者，推翻殖民统治。② 封建地主阶级改革意识与能力的缺乏，加上勤王运动的失败，标志着传统的封建体系已经成为无源之水、无本之木，难以承担反抗法国殖民侵略者的任务。越南的封建体制必须彻底改革。

随着勤王运动的失败，越南封建统治阶级实际上已经被推翻。虽然一些幸存者仍然在乡村继续从事反法活动，但大多数参与勤王运动的爱国者都被杀害。20世纪初，伴随着新的理论和实践基础，越南统一独立国家的构建进入第二阶段。通过赴法国、日本、中国学习等各种方式，越南的近代知识分子开始接触西方先进的意识形态、文化和政治制度，

---

① 中国史学会主编：《中国近代史资料丛刊：中法战争（7）》，新知识出版社1955年版，第474页。

② William J. Duiker, *The Rise of Nationalism in Vietnam, 1900–1941*, New York: Cornell University Press, 1976, pp. 29–30.

也接触到了中国的改良思想和孙中山的革命思想。他们开始主张通过国外的思想、实践和组织方式，来达到救国的目的。在这一批近代知识分子的领导下，越南掀起了救国的新高潮。

近代知识分子阶层发起的第一个重大运动是潘佩珠等人领导的东游运动。1904 年，潘佩珠与邓蔡坤、阮尚贤等爱国者以及强柢等王室成员成立了越南维新会，主张暴力抗法救国，建立君主立宪制度。在获取清政府援助的愿望破灭后，潘佩珠和他的同仁们将注意力转向日本。1905 年年初，维新会派出以潘佩珠为首的代表团，赴日本寻求军事援助。在日本，潘佩珠与梁启超建立了联系，在后者的介绍下，潘佩珠结识了日本政治家大隈重信和犬养毅，但日本方面只承诺接收越南学生赴日学习、训练。面对这样的局面，梁启超建议维新会成员撰文向全世界揭露法国在越南实行的种族灭绝政策所造成的灾难，以博取各国的同情。此外梁启超还建议维新会应当鼓励越南青年求学海外，以提振民气，开发民智。[1]

根据这些建议，潘佩珠开始著书立说，呼吁越南人民团结一致，驱除法国殖民者，并且号召越南青年赴日学习，掀起"东游运动"。一批越南学生进入东京振武学校[2]、东亚同文书院[3]等机构学习。1908 年，在日本学习的越南学生人数增至 200 多人。[4] 但是，"东游运动"在法国殖民当局的严厉管制下最终失败。

1909 年，潘佩珠被迫离开日本，转移到中国、泰国继续活动。东游运动为越南培养了诸多人才，而潘佩珠的思想主张也逐渐转向民主。在去日本之前，当被问及维新会是主张君主政治还是民主政治时，潘佩珠回答："吾党目的，惟在驱逐法人，还我独立，至于君主或民主，又另一

---

[1] David G. Marr, *Vietnamese Anticolonialism, 1885–1925*, Berkeley: University of California Press, 1971, p. 114.

[2] 东京振武学校是位于日本东京的军事预科学校，于 1896 年由日本陆军支持建立，目标是为中国学生提供基本的军事训练。该学校很多学生在辛亥革命中和中华民国建立初期扮演了重要角色。1914 年，东京振武学校关闭。

[3] 东亚同文书院（1939 升格为东亚同文书院大学）于 1900 年在上海建立，1939 年培养从事与中国商业、政治相关工作的日本青年。

[4] William J. Duiker, *The Rise of Nationalism in Vietnam, 1900–1941*, New York: Cornell University Press, 1976, p. 45.

问题，但依吾国历来之历史与现在之明智，则君主为宜。"① 而在到达日本之后，潘佩珠改变了看法，认为"君主主义已置于脑后……余因多与中国革命党人相周旋，民主之思想日益浓厚"。② 在他1907年所著的《新越南》一书中，潘佩珠表达了对民主的渴望，希望越南成为一个建立在西方模式之上的现代民族国家，拥有议会、普选权、公平的法律，王权受到本国宪法的限制。虽然此时潘佩珠已经倾向西方民主政体，但他彻底放弃君主制是在中国辛亥革命发生后。虽然潘佩珠认识到了团结各阶层越南人民的重要性，但是他从未找到有效达成这一目标的方法。

在此期间，潘佩珠以日本思想家福泽谕吉建立的庆应义塾为模板，在越南创办了"东京义塾"。"东京义塾"旨在培养越南人对商业、工业、实用科学技术的兴趣；传播、推广国语字；增强越南人的民族自豪感与自尊心。③"东京义塾"出版了机关报《登鼓丛报》，公开宣传爱国诗文和思想，以激发民众的爱国热情。这引起了法国殖民当局的不安。在创办九个月后，"东京义塾"被强制关闭，法国殖民当局逮捕、杀害了其主要领导者，并禁止民众收藏其出版物。虽然持续时间很短，但"东京义塾"在传播新思想和启蒙等方面发挥了重要的作用，推动了越南民众的觉醒。

近代知识分子阶层发起的第二个重大运动是潘周桢等人在中圻发起的维新运动。潘周桢主张利用法国在越南开展政治与社会改革，推翻腐朽的封建统治，建立民主政府。他相信越南当时的首要任务不是建立独立的民族国家，而是振民气、开民智、厚民生。④ 在潘周桢等人的宣传下，维新运动在越南民众中产生了巨大的反响。1908年，中圻爆发了反强制劳役、反苛捐杂税的示威游行活动，民众要求殖民当局减少徭役和赋税。但是殖民当局镇压了这次运动，并将潘周桢流放昆仑岛。

---

① 徐善福：《潘佩珠研究（下）》，《暨南大学学报》（哲学社会科学版）1980 年第 4 期，第 35 页。
② 同上书，第 36 页。
③ William J. Duiker, *The Rise of Nationalism in Vietnam, 1900–1941*, New York: Cornell University Press, 1976, p. 57.
④ 阮秋红：《清末中国戊戌维新运动与越南爱国革命运动关系初探》，《群文天地》2012 年第 21 期，第 302—307 页。

这一阶层发起的第三个重要活动是越南光复会的建立与活动。受到辛亥革命和西方民主思想的影响，潘佩珠逐渐接受了民主共和制。1912年年初，他建议将维新会改组为越南光复会，政治纲领为"驱除法贼、恢复越南、建立越南共和国"①，最终目标为推翻法国殖民统治，建立独立的越南共和国。越南光复会提出推翻君主制，建立共和政体的民主革命纲领，表明越南民族主义者在思想上向前迈进了一大步。他们明确将自己的任务设定为建立一个共和政体。然而由于越南光复会未能提出一个解决越南农民土地改革问题的纲领，没有能够动员广大农民参与革命事业。因此，越南光复会注定失败，许多革命武装分子被法国殖民当局逮捕、杀害，潘佩珠和强柢也被缺席宣判死刑。越南光复会逐渐走向瓦解。

值得注意的是，第一次世界大战后，法国殖民者在越南推行法语教育。这使得很多越南知识分子接触到西方文明。法国殖民当局的改革承诺吸引了这批知识分子中的一部分人，使他们相信法国可以成为在越南进行社会改革的工具。

在越南革命中，出现了新的思想和新的斗争形式。很多爱国人士在资产阶级的支持下，开展活动或组建政党，探索建立统一独立国家的路径。这些资产阶级政党中影响力最大的是立宪党和越南国民党。

立宪党的领导者是裴光炤，主要的支持者是大地主、企业家、商人和退休官员，在南圻有着较大的影响力，是一个代表温和民族主义观点的政治组织。②立宪党的成员通过报纸和杂志公开表达他们对自己有限的政治权利、政治自由和商业权利的不满。他们呼吁法国殖民当局进行改革，赋予越南人与法国人一样的西方式的民主、自由和政治权利。裴光炤声称如果法国想要完整地保护其在太平洋地区的富裕殖民地，就必须进行改革，如果殖民当局拒绝改革，15年内法国就会失去越南。③

1927年，阮太学建立了越南国民党。该党最初主张"首先进行民族

---

① 余定邦：《东南亚近代史》，贵州人民出版社1996年版，第247页。
② William J. Duiker, *The Rise of Nationalism in Vietnam, 1900 – 1941*, New York: Cornell University Press, 1976, p. 135.
③ Ibid., p. 147.

革命，然后进行世界革命"，目标是"打倒君主专制，建立越南共和国"。① 1928 年，阮太学提出"民主社会主义"，称该党的方针是"推动民族革命，建立直接的民主，援助各被压迫民族"。1929 年 2 月，越南国民党又提出"民族革命、政治革命、社会革命"的目标。② 该党提出要秘密招募成员，以扩大革命组织；接着要训练士兵，培养军事干部，储备武器和弹药，为武装起义做准备。下一个阶段为发动武装起义，推翻法国殖民统治。最后建立共和政府。③ 然而，该党没有严格甄别新招募的党员，大批亲法特务和投机分子渗入党内。1929 年，越南国民党组织一次对殖民地劳工贩子厄维·巴桑的刺杀后，法国殖民当局立刻按照掌握的名单逮捕了 229 名该党党员。大批党员脱党，党组织受到严重破坏。④ 越南国民党孤注一掷，在 1930 年发动安沛起义。起义失败，包括阮太学在内，领导起义的干部几乎全部被杀，该党从此迅速衰落。

综上所述，在越南建立统一独立国家斗争的第二阶段，以近代爱国知识分子为代表的越南资产阶级基本遵循了一条君主立宪和民主共和的道路。他们传播了西方民主思想，扮演了启蒙的角色，为建立越南统一独立国家发挥了积极的作用，在第一次世界大战后提出了反帝国主义、反封建主义的观点。然而，越南资产阶级被传统意识形态和文化束缚太深，他们表达的反帝反封建思想既不够强大，也不够清晰。越南的封建文化深受儒家思想影响，信奉君主权威，强调社会秩序，并且重视忠诚与爱国，因此越南封建统治的生命力很强。虽然很多知识分子意识到了封建文化的落后，但儒家思想的影响难以被完全消除，他们也没有找到有效传播反帝反封建观念的方式。例如，虽然阮长祚认识到了西方文明中的一些积极方面，他仍然没能意识到越南落后的根源在于其封建体制。同样，潘佩珠在一开始也没有反对君主制度，而是支持君主立宪制。

---

① 阮秋红：《辛亥革命与越南民族解放运动的关系研究》，博士学位论文，湖南师范大学，2014 年，第 103 页。

② [越]陈辉燎：《越南人民抗法八十年史》（第 1 卷），范宏科、吕谷译，生活·读书·新知三联书店 1973 年版，第 396—397 页。

③ Eugene J. Johnston, "Evolution of Vietnamese Nationalism", Ph. D. dissertation, University of Montana, 1973, p. 68.

④ John T. McAlister. Jr, "*Vietnam: The Origins of Revolution*", New York: Alfred A. Knopf, Inc., 1969, p. 88.

由于本身的弱点和传统观念的束缚,越南资产阶级并未像其他一些国家的资产阶级那样走上更为激进的道路,他们也缺乏发动一场全国性斗争所需要的经验。与此同时,越南民族资产阶级这一阶层是被法国殖民者、封建地主创造出来的,因此不可避免地和后两者存在联系。越南的资产阶级不适合领导越南人民完成资产阶级民族革命,他们刚刚开始活动,就遭到法国殖民当局的镇压,资产阶级民族主义民主运动很快陷入低潮。

另一个问题在于,一些民族主义者,受到了冒险主义思想的影响,过于急躁地采取了行动,招致失败。这些重大挫折和倒退延缓了更为广阔的越南民族独立运动的出现。例如,中国辛亥革命后,潘佩珠向中国寻求帮助,中国方面建议他选拔优秀的越南青年到中国接受培训,为越南革命培养、积累需要的人才。然而此时的潘佩珠已经失去了耐心,将越南的命运交给了运气。[1] 他组织了一次暗杀行动,导致很多越南爱国者被逮捕,使越南光复会受到了毁灭性的打击。越南国民党也因为执意发动武装起义,受到了致命打击。民族独立运动领导者的冒险主义决策导致越南革命力量遭受了无谓的损失,阻碍了越南争取民族独立的进程。

四 印度支那共产党构建越南统一独立国家的理论探索与实践

第一次世界大战之后,越南无产阶级逐渐登上历史舞台,越南统一独立国家的理论构建与实践探索也进入了第三阶段。本节将关注印度支那共产党如何争取民众支持,并为统一独立国家的构建创造基础。这一阶段其他政党的作用将不会被重点关注,因为本节关注的是最终获得成功的运动,即代表无产阶级利益的运动。

1925 年,胡志明在广州建立越南革命青年同志会,为越南共产党的成立做了准备。在那之后,这一组织的成员和进步人士先后成立了印度支那共产党、安南共产党、印度支那共产主义联盟。1930 年 2 月,共产

---

[1] William J. Duiker, *The Rise of Nationalism in Vietnam, 1900–1941*, New York: Cornell University Press, 1976, p. 71.

国际委托胡志明将这三个组织合并组成越南共产党。10月,越南共产党改名为印度支那共产党,该党提出了"巩固和发展组织,广泛争取群众,反对帝国主义战争"等一系列争取民族独立的政策主张,并最终领导越南人民取得独立。①

1929年爆发的世界经济危机波及越南,大批农民破产,工人失业,反殖民统治情绪日益高涨。根据共产国际的指示,印度支那共产党组织了乂安河静苏维埃运动。1930—1931年,苏维埃组织了一系列针对法国殖民机构和封建阶层的起义、冲击和游行。到1930年9月,殖民当局在乂安、河静两省的很多机构都被瓦解。印度支那共产党在当地建立工农苏维埃,实行人民民主自由政策,把土地分给农民,鼓励民众学习国语字,废除颓风败俗。②但在"左"倾思想的影响下,印度支那共产党提出了"知、富、地、豪,彻底挖根"的错误口号,提出党在农村的阶级路线是"一定要巩固好贫雇农的力量,团结中农",而富农"不能参加红色农会,更谈不到担任什么执委职务"。③这一问题做法导致印度支那共产党未能团结更多的阶层。因此,殖民当局成功镇压了这次运动。印度支那共产党的组织受到严重破坏,革命运动也进入低潮时期。

面对这一局面,胡志明撰写了印度支那共产党的新纲领,将马克思列宁主义与越南的具体实践结合了起来,强调有必要团结所有爱国力量,包括无产阶级领导下的农民、中小地主、民族资产阶级,才能达成民族的解放。④

1930年10月,印度支那共产党中央委员会召开第一次会议,指出:

> 越南革命必须经过两个阶段。第一个阶段是在工人阶级的领导下进行资产阶级民主革命,打倒帝国主义和封建主义,实现民族独立和耕者有其田……党必须实现工农联盟,运用群众的革命暴力进

---

① [越]陈辉燎:《越南人民抗法八十年史》(第2卷),北京大学东语系越南语专业译,生活·读书·新知三联书店1974年版,第39页。
② [越]中央宣教部、党史研究委员会编:《越南劳动党三十年来的斗争》(第1册),越南外文出版社1960年版,第21页。
③ 同上书,第23页。
④ 时殷弘:《胡志明与越南革命》,《暨南学报》(哲学社会科学版)1996年第2期。

行起义夺取政权。在完成上述任务后，革命将转入第二阶段，不经过资本主义的发展阶段而直接走上社会主义。①

这一论述准确地反映了越南殖民地半封建社会的性质，强调了无产阶级的领导地位，满足了越南人民的迫切需求，为越南革命指明了方向。但此时印度支那共产党对于殖民地半封建社会的越南的主要矛盾认识还不够清楚。

1935年共产国际称，现在全世界工人阶级最危险的敌人不是一般的帝国主义，而是帝国主义集团中最为反动的法西斯分子，并提出"统一自己的队伍，同各阶级、各阶层人民组织广泛的统一战线，反对法西斯主义和战争"的主张。②印度支那共产党据此制定了新的斗争路线。与此同时，法国左翼人民阵线政府上台执政，赦免了许多越南的政治犯，在一定程度上暂时缓解了法越之间的矛盾。对此胡志明指出：

> 这个时候，党不可以提出过高的要求（民族独立、议会等）……对资产阶级必须竭力吸取他们参加阵线，尽力避免把他们推到敌人的队伍；对托洛茨基派，不能有任何联盟、任何让步；为了发展和巩固力量，印支民主阵线必须和法国人民阵线取得密切联系。③

印度支那共产党指出，此时主要的敌人是法国垄断资本家以及与全世界法西斯有着密切联系的殖民地反动派，次要敌人是国内各个反动派、日本法西斯分子和托洛茨基分子。④面对新的斗争形势，印度支那共产党主张建立最广泛的民主阵线，利用合法、半合法的形式在群众中间开展宣传、教育工作，充分利用报纸、杂志和其他媒介在人民群众中传播革命思想。通过这些努力，反抗法国殖民当局的群众运动日益发展，印度

---

① ［越］《越南劳动党的四十五年活动》，越南外文出版社1976年版，第15—16页。
② ［越］中央宣教部、党史研究委员会编：《越南劳动党三十年来的斗争》（第1册），越南外文出版社1960年版，第32页。
③ 《胡志明选集》（第1卷），人民出版社1962年版，第196—197页。
④ ［越］陈辉燎：《越南人民抗法八十年史》（第2卷），北京大学东语系越南语专业译，生活·读书·新知三联书店1974年版，第196—197页。

支那共产党的组织也得到了巩固和发展，党的领导干部得到了补充，党员人数大大增加。①

1938年年底至1939年，法国人民阵线政府开始右倾，法国殖民当局利用这个机会镇压越南革命活动，抓捕、杀害了许多革命者。面对急剧恶化的局面，印度支那共产党指出：

> 民主阵线适合于以前的环境，但不适合于今天了。今天要成立印支反帝民族统一战线……反帝民族统一战线是革命战线，是具有反帝倾向的各民族、各阶级、各党派和人士的联盟。②

1939年11月，印度支那共产党一届六中全会决定建立以工农联盟为基础的广泛的民族反帝统一战线，以革命方式为民主独立而斗争。③ 1941年5月，胡志明回到越南，组织召开印度支那共产党中央委员会第八次会议。会议上，党的领导指出，现阶段印度支那革命是民族解放革命，首要任务是解决民族解放问题，然后再"继续完成资产阶级民权革命任务和建立无产阶级政权"。④ 这次会议决定成立越南独立同盟会（越盟），建立越南民族统一战线，以推翻法、日的统治，实现民族独立。之后，胡志明在越南北部各地领导建立革命根据地，广泛发动群众参与到革命中来，并采取农村包围城市的游击战术，为建立统一独立国家做准备。

面对日益高涨的革命局势，法国与日本侵略者转而宣传改良思想，以迷惑越南民众。为应对这一做法，印度支那共产党公布了"越南文化纲领"，提出要鼓励发展具有民族、科学、大众特点的越南新文化。纲领中指出当前的任务是"反对法西斯、封建、落后、奴役的文化以及愚惑人民的文化"⑤。1943年斯大林格勒战役后，第二次世界大战的局面开始

---

① ［越］中央宣教部、党史研究委员会编：《越南劳动党三十年来的斗争》（第1册），越南外文出版社1960年版，第35—36页。
② 同上书，第43页。
③ 时殷弘：《胡志明与越南革命》，《暨南学报》（哲学社会科学版）1996年第2期。
④ John T. McAlister. Jr, *Vietnam*：*The Origins of Revolution*, New York：Alfred A. Knopf, Inc., 1969, pp. 112 – 113.
⑤ ［越］中央宣教部、党史研究委员会编：《越南劳动党三十年来的斗争》（第1册），越南外文出版社1960年版，第53页。

有利于同盟国，这大大鼓励了越南人民。印度支那共产党指出，应当巩固和扩大民族统一战线，准备起义。① 1944 年 12 月，胡志明集结了各地武装力量并建立了越南解放军宣传队。他挑选干部和队员组成主力武装部队，并在全国范围内培养武装干部，以加强协同作战。② 在胡志明的领导下，越南解放军宣传队迅速发展，在各地建立了根据地。

1945 年 3 月，驻印度支那日军发动政变推翻法国殖民统治，扶植保大帝为"越南皇帝"。然而，此时的日军只能够控制主要城市和交通干线，越南广大的农村地区成为越盟行动的根据地。印度支那共产党据此发布《日法火并与我们的行动》，指出越南不断深化的政治危机、严重的饥荒和世界大战，都进入了它们的"最后阶段"，革命的条件已经成熟，号召越南人民准备发动"总起义"。③ 8 月 15 日日本投降后，印度支那共产党发动了八月革命，领导越南人民在一个月内成功夺取了政权。8 月 30 日，保大帝退位。9 月 2 日，胡志明在河内发表独立宣言，宣告"越南享有自由和独立的权利，而且事实上已经成为一个自由和独立的国家。越南全民族坚决地用全部精力、生命和财产来维护这个自由、独立的权利"④。

在越南探索构建独立国家的第三个阶段，无产阶级承担了领导越南人民实现民族独立的重任。印度支那共产党了解完全依靠外来援助驱逐法国殖民者和与法国合作进行改良的方式在越南都行不通。唯有团结广大人民群众，越南才能够推翻帝国主义与封建主义的统治。在马列主义的指导下，以胡志明为首的印度支那共产党从越南实际出发，提出了符合越南国情的指导思想，团结所有一切可以团结的力量，建立起广泛的民族统一战线，最终实现了越南爱国者取得国家独立的愿望。

与前两个阶段的领导力量相比，胡志明领导下的印度支那共产党与越盟制定了符合越南国情的思想理论和实践路线，在构建民族统一独立

---

① ［越］中央宣教部、党史研究委员会编：《越南劳动党三十年来的斗争》（第 1 册），越南外文出版社 1960 年版，第 51—52 页。

② 《胡志明选集》（第 1 卷），人民出版社 1962 年版，第 201—202 页。

③ ［越］中央宣教部、党史研究委员会编：《越南劳动党三十年来的斗争》（第 1 册），越南外文出版社 1960 年版，第 59—60 页。

④ ［越］《胡志明选集》（第 2 卷），越南外文出版社 1962 年版，第 3—4 页。

国家的事业中发挥了决定性作用。胡志明与他的同仁们深刻理解越南历史文化传统，了解广大人民群众的基本诉求，将马列主义和越南民族解放运动的实际相结合，避免了教条主义，成功动员农民参与到争取民族独立的革命中。为了最大程度争取越南各阶层的支持，印度支那共产党尽可能地隐蔽其在越盟中的实际领导作用。与此同时，胡志明与印度支那共产党准确理解国际形势，巧妙地把武装斗争和寻求外交支持结合起来，在对抗和妥协之间保持了平衡，并通过这一做法把握了日军发动政变到日本投降期间的机会窗口，这也最终使他们赢得了八月革命的胜利。①

五　结论

法国开始对越南进行殖民后，越南各阶层都在探索如何反抗法国殖民者，建立统一独立国家，并进行了诸多尝试。越南不少有识之士开始关注国际局势，总结失败教训，寻找救国之道。阮长祚等人"最先在越南播种文明开化种子"②，虽然因为保守派的抵制，新思想的传播非常有限，但这些新思想仍然推动了越南知识分子的觉醒。在法国的殖民统治下，越南人民受到沉重压迫，面对日益深重的民族危机，越南爱国知识分子将大量新思想、新文化传入越南，促进了越南人民民族意识的进一步觉醒。胡志明领导的印度支那共产党在思想准备、理论构建、实践指导和具体行动等方面，做了更为广泛、深入的工作，并建立了能够团结各方力量的统一战线，开展了社会、政治、经济改革。由于民族意识的逐步觉醒，加上印度支那共产党的努力，越南人民踏上了构建现代统一独立国家的正确道路。

除了越南人民自身的努力外，越南构建民族国家的理论与实践探索也深受中国革命的影响。很多西方的进步思想通过中国传入越南，中国的革命经验也给越南提供了借鉴。鸦片战争之后，一些中国进步人士创

---

①　时殷弘：《胡志明与越南革命》，《暨南学报》（哲学社会科学版）1996年第2期。
②　杜ศ阳：《19世纪越南改革思想研究——以阮长祚为中心》，博士学位论文，中山大学，2010年，第106页。

办学校、翻译书籍，这些新书被介绍到越南，推动了越南革命思想的形成。胡志明在1924—1927年、1930—1933年、1938—1941年、1942—1944年，曾多次在中国组织革命活动，培养革命干部，与中国共产党建立了深厚的友谊。中国共产党也为印度支那共产党领导越南人民争取民族独立的事业提供了大量援助。胡志明的理论与思想，如农村包围城市、建立革命根据地和人民武装力量等，也受到了中国革命实践经验的启发。胡志明在中国进行的争取越南民族独立的革命活动，印证了中越两党、两国人民之间"同志加兄弟"的亲密关系。①

来自国际的援助与支持是越南构建统一独立国家的重要外部因素。在殖民时期，越南难以靠自己的力量取得民族独立。面对这一现实，越南非常重视争取外援。在法国入侵越南之初，顺化朝廷就曾向清政府寻求援助："下国久赖封植，今削弱已甚，何能自保？惟仰天朝恩全。""下国自度以力拒法，总难深持，惟欲仰求天朝，明认下国为藩属，代向法人理论"。② 在意识到依靠清政府无望后，潘佩珠转而求助日本，他曾提出："惟日本为黄种新进之国，战俄而胜，野心方张，往以利害动之，彼必乐为我助，纵秦兵不出，而购械借资，必易为力。"③ 在中国辛亥革命胜利后，潘佩珠又转向中国求助："中国为全亚洲之兄长，欲举全亚洲之兄长之责，当以扶植亚洲诸弱小国家为独一无二之天职。"④ 在越南共产党成立前，胡志明就提出："必须建立革命政党，对内动员和组织民众，对外与世界被压迫民族和无产阶级取得联系。"⑤ 胡志明相信越南革命是世界革命的一部分，只有与世界革命保持紧密的互动，越南革命才能成功。⑥ 因此印度支那共产党积极寻求共产国际、苏联与中国的援助，并获得了支持。

接受外来援助是一个较为复杂的话题。部分越南民族主义者过于依

---

① 张易生：《越南八月革命前胡志明同志在中国的革命活动》，《世界历史》1980年第2期。
② 余定邦：《东南亚近代史》，贵州人民出版社1996年版，第162页。
③ 刘先飞：《东游运动与潘佩珠日本认识的转变》，《东南亚研究》2011年第5期。
④ [越]潘佩珠：《潘佩珠年表》，文史地出版社1958年版，第163页。
⑤ [越]《胡志明选集》（第2卷），越南外文出版社1962年版，第267—268页。
⑥ 李家忠：《胡志明的大团结思想》，《东南亚纵横》2013年第8期。

赖外来援助，反而忽视了本国民众的重要性。法国入侵越南之初，顺化朝廷没有动员人民抵抗侵略，而是向清政府寻求帮助。而当时的中国内忧外患，根本无力提供有效的援助。潘佩珠向日本求助，希望借助日本的支持驱逐法国殖民者，但日本也没有提供实质上的帮助，恰恰相反，日本反而打压潘佩珠的活动。潘周桢等人则寄希望于法国在越南推行改革，推翻越南封建王权，建立西方式的民主共和国，但却没有意识到法国殖民者和越南朝廷的相互勾结。在中国辛亥革命胜利后，潘佩珠又寄希望于中国，但彼时的中国仍然难以提供实质性援助。在无产阶级革命者领导革命之初，也曾盲目听从共产国际的指示，没有充分考虑越南国情，导致了革命运动严重受挫。因此，不认清国内国外的斗争形势，不团结越南民众，是无法取得革命胜利的。

1945年9月，胡志明宣布了越南民主共和国的诞生。经过无数爱国志士的奋斗，越南人民终于实现了民族独立，在印度支那共产党的领导下驱除了法国殖民者和日本侵略者，成功建立了独立的越南民族国家。但随之而来的是以美国为首的西方阵营的长期敌视和30年的南北分裂。然而，1945年越南作为一个独立国家短暂统一的历史背景，对于今天的越南国家建构仍然至关重要。

总而言之，越南统一独立国家是在反抗殖民主义、封建主义的民族民主运动中构建起来的。这个过程中遭遇的艰难险阻是其他东南亚国家难以比拟的。法国的殖民统治及其在越南人民内部造成的分裂、封建思想的束缚、领导者的个人素质、薄弱的经济基础、武器装备及通信技术的落后等因素，都决定了越南探索构建民族独立国家是一个漫长和曲折的过程。

参考文献

［日］阿曾村邦昭：『ベトナム：国家と民族』（下卷），古今书院2013年版。

《胡志明选集》（第1卷），人民出版社1962年版。

［越］《胡志明选集》（第2卷），越南外文出版社1962年版。

［越］陈辉燎：《越南人民抗法八十年史》（第2卷），生活·读书·新知三联书店1974年版。

［越］陈辉燎:《越南人民抗法八十年史》(第1卷),范宏科、吕谷译,生活·读书·新知三联书店1973年版。

［越］党史研究委员会编:《越南劳动党的四十五年活动》,越南外文出版社1976年版。

［越］潘佩珠:《潘佩珠年表》,文史地出版社1958年版。

［越］阮秋红:《清末中国戊戌维新运动与越南爱国革命运动关系初探》,《群文天地》2012年第21期。

［越］阮秋红:《辛亥革命与越南民族解放运动的关系研究》,博士学位论文,湖南师范大学,2014年。

［越］中央宣教部、党史研究委员会编:《越南劳动党三十年来的斗争》(第1册),越南外文出版社1960年版。

Duiker, William J., *The Rise of Nationalism in Vietnam*, 1900 – 1941, New York: Cornell University Press, 1976.

Duiker, William J., *The Communist Road to Power in Vietnam*, New York: Westview Press, 1996.

Fisher, Christopher T., "Nation Building and the Vietnam War", *Pacific Historical Review*, Vol. 74, No. 3, 2005.

Johnston, Eugene J., Evolution of Vietnamese Nationalism, Ph. D. dissertation, University of Montana, 1973.

Marr, David G., *Vietnamese Anticolonialism*, 1885 – 1925, Berkeley: University of California Press, 1971.

McAlister, John T., Jr., *Vietnam: The Origins of Revolution*, New York: Alfred A. Knopf, Inc, 1969.

McLeod, Mark W., "Nationalism and Religion in Vietnam: Phan Boi Chau and the Catholic Question", *The International History Review*, Vol. 14, No. 4, 1992.

Roszko, Edyta, "From Spiritual Homes to National Shrines: Religious Traditions and Nation – Building in Vietnam", *East Asia*, Vol. 29, No. 1, 2012.

Sutherland, Claire, "Introduction: Nation – building in China and Vietnam", *East Asia*, Vol. 29, No. 1, 2012.

Taylor, Keith W., *A History of the Vietnamese*, Cambridge: Cambridge University Press，2013.

毕世鸿：《日本海上帝国迷梦与"南方共荣圈"的幻灭》，《东北师大学报》2017年第5期。

毕世鸿：《太平洋战争期间日本对东南亚的经济统制》，社会科学文献出版社2012年版。

陈鸿瑜：《越南近现代史》，台湾编译馆2009年版。

陈立：《论法国殖民统治下的越南教育》，《世界历史》2005年第5期。

戴可来、于向东：《越南历史与现状研究》，香港社会科学出版社2006年版。

杜仲阳：《19世纪越南改革思想研究——以阮长祚为中心》，博士学位论文，中山大学，2010年。

金旭东：《越南简史》，中国国际友好联络会和平与发展中心，1989年。

李家忠：《胡志明的大团结思想》，《东南亚纵横》2013年第8期。

梁志明：《论法国在印支殖民统治体制的基本特征及其影响》，《世界历史》1999年第6期。

刘先飞：《东游运动与潘佩珠日本认识的转变》，《东南亚研究》2011年第5期。

时殷弘：《胡志明与越南革命》，《暨南学报》（哲学社会科学版）1996年第2期。

徐善福：《潘佩珠研究（下）》，《暨南大学学报》（哲学社会科学版）1980年第4期。

余定邦：《东南亚近代史》，贵州人民出版社1996年版。

张易生：《越南八月革命前胡志明同志在中国的革命活动》，《世界历史》1980年第2期。

中国史学会主编：《中国近代史资料丛刊：中法战争（7）》，新知识出版社1955年版。

第 四 章

后殖民时期斯里兰卡的国家构建：民族主义、阶级形成和多数霸权

西锡勒·品纳瓦拉（Sisira Pinnawala）[*]

摘　要："后殖民"一词既表述一种时间范畴的现象，又具有空间范畴的地缘政治含义，它描述的是欧洲帝国殖民地独立后的状态，如今，这些前殖民地构成了全球南方的一部分。殖民主义和新殖民主义的共性使后殖民政体共享特定的地区特征、经验和问题。这些国家把后殖民国家概念化并作为国家构建的核心就是属于其中一种共有经验，而经济停滞、贫困、失业和由国内冲突以及身份冲突引起的政治不稳定等问题也是如此。既有研究对国家构建过程进行了不同程度的讨论，从国家的历史特性到引导这些国家走向繁荣的意识形态，再到有意识地致力于建立多数群体对少数群体的霸权。学者们在分析后殖民国家时所关注的意识形态通常都集中于各种形式的狭义忠诚，尤其是民族主义的形成。通过仔细审视不同的解释就会发现，用殖民历史经验和民族主义来解释后殖民国家构建存在着不足，其忽视了社会形态的一个重要方面，即阶级形成，而阶级形成又是与这些后殖民国家的历史紧密联系的。本章试图理

---

[*] 西锡勒·品纳瓦拉是斯里兰卡探路者基金会（Pathfinder Foundation）高级研究员、佩拉德尼亚大学（University of Peradeniya）社会学系教授和人文社会科学研究生院顾问。曾在美国康奈尔大学和平研究项目做富布莱特高级研究学者，曾任斯里兰卡探路者基金会主任，澳大利亚国立大学博士，主要研究领域：南亚研究、族群关系、冲突与和平、民主体制与政府治理。

译者：何演，清华大学国际与地区研究院博士研究生。

解斯里兰卡后殖民时期国家构建中民族主义与阶级形成之间的互动关系，特别是少数群体与多数群体的政治关系，以及少数群体的政治参与问题。

关键词： 后殖民国家；多数群体—少数群体关系；斯里兰卡

一 导言

"后殖民"一词在不同的论述中被赋予不同的解释，并且在不同的学科背景下有着不同的含义。广义上，"后殖民"既指一个时间段，也指一个特殊的国家群体，这些国家都有被欧洲殖民统治的历史。因此，"后殖民"成为：

（1）一种时间上的特定现象，其含义是指存在殖民主义历史和新殖民主义现实的一些国家；

（2）一种地缘政治空间，其含义是指出现经济停滞、高失业率、贫困和政治不稳定的社会，以及被认为是全球南方一部分的地区。

毫无疑问，后殖民国家是一种由自身动力或特点所决定的具有特定地域特征的社会政治类型。虽然各国都有着不同的具体动力，例如在本土文化孕育而成的意识形态的驱动下和在原始忠诚的推动下形成的独特社会形态，但是这些国家有一条共同的主线，即通过经济和政治改革、西方模式教育、正式统一的成文法体系以及宗教皈依等方式，殖民进程重新定义了其本土核心价值。殖民因素使得这些国家转变成今天的形态。伴随着殖民进程中的社会变革，历史经验共性、国家具体结构关系、意识形态动力以及独立后国内外政治发展[1]等成为理解后殖民国家和地区的内容。

从上文的定义来看，一个地区既是一种地缘政治空间，也是一个囊括社会文化和历史的实体，在殖民进程下形成并转变为当今的形态。本文聚焦于理解后殖民时期斯里兰卡国家构建中的阶级和族群动力，尤其

---

[1] Hamza Alavi, "The State in Post-Colonial Societies: Pakistan and Bangladesh", *New Left Review*, No. 74, July/August 1972, pp. 59–81; John S. Saul, "The State in Post-Colonial Societies: Tanzania", *The Socialist Register*, Vol. 11, March 1974, pp. 349–374; Tariq Amin-Khan, *The Post-Colonial State in the Era of Globalization: Historical, Political and Theoretical Approaches to State Formation*, New York: Routledge 2013.

是少数族群参与国家构建的过程。文中考察了斯里兰卡独立后塑造国家体系和结构的力量，以及阶级形成和族群忠诚如何相互作用，质疑了关于斯里兰卡后殖民时期国家构建由民族主义推动的主导话语。本文认为，阶级结构与民族主义忠诚共同形成了斯里兰卡后殖民国家建设的核心动力，二者构成了相互作用和相互促进的力量，导致一个深层分裂社会的产生，而这种分裂的社会也影响着当代国家的国家结构和实践。斯里兰卡的族群冲突导致了近 30 年的内战，至今仍未寻找到长期政治解决方案，其也正是斯里兰卡国家构建过程的结果。因此，需要在此背景下理解这场冲突。

需要注意的是，本文选择的斯里兰卡案例并不代表所有后殖民国家的情况，尽管如此，斯里兰卡与其他后殖民国家之间仍然具有相似之处。除了拥有共同的殖民历史，大多数后殖民政体主要是宗主国为获取资源或侵占经济盈余而决定建立的，[1] 同时也都是由不同形式的族群分裂势力主导的。所以，在这些后殖民国家中，民族成分自然而然地成为国家构建的主要角色。而一些研究显示，尤其是涉及非洲国家形成的经验中，阶级因素一般在国家运行中独立发挥作用。[2] 然而，除斯里兰卡外，还有其他一些后殖民社会存在着族群与阶级力量相互起作用的情况，例如马来西亚。[3] 印度作为以语言为基础的联邦制国家也如此，印度教徒主义（Hindutva）意识形态的兴起存在着阶级力量和族群因素相互作用的迹象。[4]

---

[1] Hamza Alavi, "The State in Post‐Colonial Societies: Pakistan and Bangladesh", *New Left Review*, No. 74, July/August 1972, pp. 59–81.

[2] Mengisteab, Kidane, "Identity Politics, Democratisation and State Building in Ethiopia's Federal Arrangement", *African Journal on Conflict Resolution*, Vol. 7, No. 2, 2007, pp. 63–92; von Freyhold, Michaela, "The Post‐colonial State and Its' Tanzanian Version", *Review of African Political Economy*, Vol. 4, No. 8, 1977, pp. 75–89.

[3] Embong Abdul Rahman, "Ethnicity and Class: Divides and Dissent in Malaysian Studies", *Southeast Asian Studies*, Vol. 7, No. 3, 2018, pp. 281–307.

[4] Shankar Gopalakrishnan, "Neo‐Liberalism and Hindutva: Fascism, Free Markets and Restructuring of Indian Capitalism", MR Online, November 14, 2008, https://mronline.org/2008/11/14/neoliberalism-and-hindutva-fascism-free-markets-and-the-restructuring-of-indian-capitalism/.

二 后殖民国家

如上文所述，后殖民国家的起源往往可以追溯到殖民统治者的行动，他们通过行政决定从当地居民或从另一个殖民者手中夺取土地建立国家。殖民统治者任意划定这些国家的边界，无视当地的社会政治现实，将不同文化、语言和宗教的群体聚集在一起以便于管控，从而达到殖民主义剥削资源的目的。① 因此，后殖民国家与欧洲不同，欧洲国家在长期吸收、同化和延续传统的历史进程中形成了强烈的民族情感或民族意识，而殖民地国家则是在殖民统治者的军事和政治控制下由相互冲突的群体和利益集团组成的临时性政治实体。

在这种情况下，建立一个稳定且可行的国家政权以满足当地需求，是新独立国家的本土领导层所面临的重大挑战。他们的国民说着不同的语言，信仰不同的宗教，生活在独特文化圈中，殖民统治者不仅将这些相异、甚至往往相互冲突的群体置于单一的行政实体之下，而且还利用这些群体之间现有的分化偏见为自己谋取利益。从著名的"分而治之"政策可以看到，统治者对某些少数群体的偏袒超过多数群体，这成为后来这些国家的多数群体的主要不满之处。殖民统治者为实现治理而建立的政权以及他们所引入的治理制度，都是为了不间断的资源开采需要而推出的控制手段。这种资源开采是殖民国家的主要收入来源之一。

于是，新统治者上台执政后面临的一个主要挑战是如何改变治理体系，其中一种选择是完全摒弃，另一种选择则是沿袭并做修改。后殖民国家的经验研究表明，新统治者不仅改变了国家结构，而且通过替代某些殖民遗产来实现这一目标，例如民主治理、实行积极的民族政策（支持多数族群以纠正殖民政府时期的偏袒少数族群政策）以及采用社会主义政府体制。这些措施对相关后殖民国家的未来产生了持久而又不利的影响。在这些新发展中，有两种重要的社会形态起到了推动作

---

① Hamza Alavi, "The State in Post-Colonial Societies: Pakistan and Bangladesh", *New Left Review*, No. 74, July/August 1972, pp. 59–81.

用，一种是基于阶级划分的，另一种是由民族主义的忠诚所驱动的。后者通常是围绕着语言、文化和宗教的结合而形成的。这些力量往往成为统治者的主要障碍，他们希望改革制度，建立一个基于人人平等、公正以及真正代议制民主的新制度。然而结果是，在后殖民国家的形成阶段，统治者试图改革国家和建立可行且稳定政治结构的愿望实际上无法实现。

虽然后殖民社会的新统治者所面临的源于殖民时期的问题和挑战基本上是相似的，但他们寻求的解决办法却因国而异。这可能要归因于个别国家的内部动力，以及它们在特定时期面临的外部因素。一些国家选择走独裁的道路，包括军事统治；而另一些国家则尝试采用民主制，与严格控制和意识形态驱动的政策交织在一起。斯里兰卡属于后一种情况的案例，而非洲和拉丁美洲等地的一些国家走的是前一种道路。无论它们走的是什么方向，其结果不是产生治理结构薄弱的民主政权，就是出现法治危机和冲突。当前，这些国家的领导人面临的任务是通过加强薄弱的国家机器，将因种族民族主义而分裂的群体团结成一个基于国家民族主义精神的政治体，来阻止情况恶化并重建社会。为此，他们需要超越国家构建的狭隘视野，也即完善国家体系和结构，以进入更广阔的国家构建领域。

三　后殖民国家的构建

国家构建是致力于建设一个功能运转良好且能够履行现代国家任务的政权，其内容基本上包括制定法律和维持秩序，保卫国家安全免受内部和外部威胁，以及提供公民日常生活所需的基本服务，如卫生、教育等。于是，国家需要完成从提供者的角色到服务者的角色的一系列任务和要求。为了发挥这两个角色作用，国家需要设立必要的机构来确保其正常运转。同样至关重要的是，对于一个稳定和正常运转的国家而言，公民对国家应具有共同归属感和忠诚，这是国家合法性的两个基本层面。这也使得民族意识觉醒的出现与再现成为国家构建过程中的一个组成部分。在国家构建的话语中，后一个层面属于国家构建，其指的是建立一种政治共同体意识的过程，这种共同体意识能够将某一特定国家的人民团结在一起。虽然国家以政策、意象和仪式等方式在这一任务中发挥着核心作用,但也需要一系列非国家利益攸关方的参与,如媒体、教育工作者、社区和家庭等,来使社会化进程得以实现。因此,虽然民族构建和国家构建在分析上有所不同,但它们是密切相关的共生现象。从欧洲历史来看,这两个过程并行发生。正如一些人指出的那样,当欧洲开始建立其自己的民族国家时,民族意识觉醒就已经出现了。①

另一方面,殖民地国家是殖民统治者建立安全措施和实现行政管辖的产物,其主要利益是控制和掠夺。这种国家在制度上可以说是殖民统治者对当时欧洲国家模式的移植。殖民地国家难以回应和解决当地居民关于更多代表权的诉求,即便如此也仍未损害其实现控制和掠夺的目标。而到殖民地获得独立时,它们已经具备了一个成型国家的模样。一些分析家认为,这种国家过于发达,其代表的是殖民统治中心的阶级力量,②而不是当地的阶级现实。③后殖民国家是殖民地国家独立后的版本,尽管现在控制权掌握在本土精英手中,但仍然是殖民国家制度移植的产物。独立后,本土领导阶层试图对其进行重新调整,以满足其阶级和社区利益,这种尝试塑造了后殖民国家的性质及其国家构建。

第一批从殖民统治者手中接管国家的后殖民领导人并不急于改变国家的状态,因为他们是由殖民统治者培养的制度拥护者,其观念和意识形态受殖民思想影响深远,并不认为这是一种外来的移植。他们和殖民统治者一样,认为自己是当地群众的上级和自然领袖,④由于群众无法适应现代世界的生活方式,所以必须受到照顾和指导。此外,这些本土领导人代表着当地的国际化社会阶层,他们团结了社会上不同的族群和

---

① Sinclair Dinnen, "The Twin Processes of Nation Building and State Building", *State, Society and Governance in Melanesia*, No. 1, 2007, pp. 1 – 5.

② Colin Leys, "The 'Overdeveloped' Post Colonial State: A Re – evaluation", *Review of African Political Economy*, No. 5, 1976, pp. 39 – 48.

③ Hamza Alavi, "The State in Post – Colonial Societies: Pakistan and Bangladesh", *New Left Review*, No. 74, July/August 1972, pp. 59 – 81; John S. Saul, "The State in Post – Colonial Societies: Tanzania", *The Socialist Register*, Vol. 11, March 1974, pp. 349 – 374.

④ J. F. Ade Ajayi, "Expectations of Independence", *Daedalus*, Vol. 111, No. 2, Spring 1982, pp. 1 – 9.

宗教群体，因此他们并不是当地的社会组织代表。换言之，他们想要的是改变当地的现实，以建立一个符合他们期待的理想国家，即民族国家，而不是为了适应民族需求而重建国家。因此，早期的后殖民国家建设的特点是以民族建构为重点，他们希望通过特设行政单位①来将不同群体置于同一个政治体中进行民族构建，并将其变成类似于欧洲的民族国家。

独立后的几年里，情况开始发生变化。忠于前殖民中心的国际化领导层开始被取代，有时是被军事干预或民众叛乱等暴力方式推翻，因为当时的领导层未能满足民众需求而使得民众不满情绪高涨。新兴领导阶层的政治观念更具地方色彩，尽管他们中的大多数人仍然扎根于与他们前领导人相同的精英社会。而关键的区别在于，新兴领导人得到的社会支持以及他们所领导的政党中的第二级领导层，都来自某个特定族群或宗教群体的代表，具有高度的民族主义基础。新兴领导人一方面宣称他们正在使政府本土化，但另一方面他们又在推进自己的计划，目的是迎合阶级和社区利益来巩固自己的地位和权力。然而，这一新兴最高领导层在受到西方价值观和意识形态的熏陶后，仍然信奉民族国家的理想。因此，领导层的变化并没有对民族国家的形式产生重大影响，而只是对国家的内容产生了影响。新兴领导人希望建立一个他们所代表的民族、宗教或地域基础的民族国家，而不是他们的前任们所设想的代表不同利益和群体的包容性民族国家。这加剧了前领导层一直在控制的分裂态势，给这些国家的国家构建带来了一系列新的问题。

因此，后殖民时期的国家构建可以被看作是取决于领导层的两条不同道路。一条道路是国际化和西方化的领导层进行的国家构建，他们在独立之初接管国家，并希望以欧洲民族国家的模式建立一个新国家样式。他们进行国家构建的总体目标是像西方一样以民主的核心价值为基础建立一个世俗国家。这意味着拒绝基于身份认同的政治，即拒绝民族主义和国家—公民关系中的其他狭隘忠诚。另一条道路是新兴领导层的国家构建，其动员了迄今为止一直不活跃的本土阶级组织和社区忠诚者的力

---

① 多数的后殖民国家或者是处于前国家发展阶段（如非洲的部落居住地），或者在殖民占领前就已是自治地，甚至是完全独立的国家，如印度和斯里兰卡。

量。该路径与前者不同，前者希望建立一个包容性的民族国家，将分裂和竞争的力量联合在一起，而后者则希望以适应和迎合领导层认同的群体利益的方式重新构建国家。

四 后殖民时期斯里兰卡的国家构建

斯里兰卡自英国殖民体系中独立出来，主要是由受过西方教育的城市精英组成领导层开启谈判达成了权力的平稳过渡。① 除了主要的城市劳工和印度泰米尔种的植园工人（两者都是左翼政党支持者）之外，② 绝大多数的群众是农村阶层，他们仍然置身于反殖民主义斗争之外。在独立运动中，精英领导层由各族群和宗教团体的成员组成，共同合作参与到反殖民主义斗争中，尽管如此，在独立斗争期间和独立后的政治发展中，民族性在政治发展中发挥了一定的作用（如结成联盟）。③ 因此，在反殖民主义斗争中，对自己群体忠诚的民族主义情绪可能与僧伽罗人或泰米尔领导人的政治联盟存在相关性。然而，以族群动员为政治目的的身份政治并不是国家自由斗争的一部分，一些泰米尔领导人表示仍需要围绕

---

① Sisira Pinnawala, "From Elite Rule to Regime Control: The Crippling of Democratic Institutions and Structures in Sri Lanka", in Sisira Pinnawala and Hemali Karunaratna (eds.), *Rights and Right to Participate: Democracy, Development and Human Rights in Post Colonial Sri Lanka*, Colombo: Sri Lanka Foundation and Friedrich Ebert Stiftung, 2003, p. 179. 对该精英群体的研究有着翔实的文献依据，关于该群体及其在后殖民时期斯里兰卡社会中的角色，以及权力从该群体向更具民族主义色彩的领导群体过渡的情况，参见 James Jupp, *Sri Lanka: A Third World Democracy*, London: Frank Class, 1978; Mick Moore, "Retreat from Democracy in Sri Lanka?", The *Journal of Commonwealth & Comparative Politics*, Vol. 30, No. 1, 1992, pp. 64 – 84; Robert Oberst, "Democracy and the Persistence of Westernized Elite Dominance in Sri Lanka", *Asian Survey*, Vol. 25, No. 7, July 1985, pp. 760 – 772; Marshall R. Singer, *The Emerging Elite: A Study of Political Leadership in Ceylon*, Cambridge: MIT Press, 1964, p. 203。

② 种植园工人在1953年的联合罢工中发挥了领导作用，导致总理辞职。然而，骚乱和工人阶级运动都是由城市工人阶级全面领导的。

③ 贾夫纳协会（The Jaffna Association）成立于1900年年初，在引入50∶50比例的民族代表制方面发挥了重要作用，这被认为是早期少数民族（泰米尔族）政治诉求民族代表制的先驱。波南巴兰·阿鲁纳萨兰（Ponnambalam Arunasalam）爵士是1919年锡兰国民大会党的创始成员之一，1921年因泰米尔人在西科伦坡选区席位问题上的争议而离开锡兰国民大会党，同年8月成立泰米尔人民议会党（Tamil Mahajana Sabha）。

着广泛的国家构建来建立族群联盟。① 基于民族主义忠诚的国家构建出现于 20 世纪 50 年代中期,其作为民众政治动员的一部分,有效地将民族主义群体内的阶级组织利益与根深蒂固的民族情绪和族群隔阂结合在一起。

关于斯里兰卡后殖民时期国家构建的分析存在四种视角,一是从英国手中接管政府的西化统治精英所提倡的公民民族主义国家构建视角;② 二是主张以社会主义理想为基础的社会主义国家构建视角;三是僧伽罗佛教民族主义者广泛联盟下的僧伽罗佛教徒国家构建视角;四是斯里兰卡泰米尔领导层提倡的泰米尔民族主义国家构建视角。其中,僧伽罗佛教徒国家构建视角和泰米尔民族主义国际构建视角最为重要。前者强调占多数的僧伽罗人在国家事务中享有首要地位,而后者专注于少数民族,主张以区域自治为基础的少数民族参与国家事务安排,但后来又主张从斯里兰卡中分离。它们共同为后殖民时期斯里兰卡国家重构奠定了基础,不仅对国家本身,而且对整个政治体和国内的少数—多数群体关系产生了深远的影响。

主导公民民族主义国家构建视角的是从英国手中接管斯里兰卡的统治阶级。该视角主张将全国不同民族社区广泛团结起来,提倡建立一个具有包容性的"锡兰人"的公民民族主义身份。其领导层主要是(但不完全是)僧伽罗资产阶级,他们分属两个派别:享有殖民资本主义经济基础的买办资产阶级以及来自传统高种姓和地主背景的本土资产阶级。后者主要由低地中小种植园主、地主、官僚和地主以及商人阶级中的专业人员构成。③ 除了这两种阶级形态外,英国殖民时期产生的一些其他既

---

① P. 拉玛纳丹(P. Ramanathan)爵士于 1890 年在皇家亚洲协会(CB)的一次演讲中表示"说泰米尔语的穆斯林是泰米尔人",此观点引发争议,遭到了穆斯林社区的激烈反对。此外,20 世纪之交,贾夫纳协会在一份备忘录中提出了 50∶50 的立法会比例代表公式。此后,P. 阿鲁纳萨兰在 1920 年向米尔纳(Milner)伯爵担保,所有锡兰人都希望得到"领地代表权",而不是"群体代表权"。参见 Dagmar Hellmann‐Rajanayagam, "Chronology of Events Related to Tamils in Sri Lanka (1500–1948)", Tamil Electronic Library, 2011, http://tamillibrary.org/teli/slhist.html。

② 这里使用的术语与基拉韦拉(Keerawella)关于西化精英所提倡的国家构建视角的术语不同,他称之为"自由民族主义",笔者此处使用"公民民族主义视角"这个术语,是因为它与民族国家的思想和公民民族主义的内容相似。

③ Jayadeva Uyangoda, "Change, the State and the Question of Security", in P. V. J. Jayasekera, ed., *Security Dilemma of a Small State: Sri Lanka in the South Asian Context*, New Delhi: South Asian Publishers, 1982.

得利益集团也发挥了作用。这些利益集团包括新兴种姓形态①、族群和社会经济阶层（如受过教育的中产阶级），他们在形成政治联盟的过程中起着重要作用。

社会主义国家构建视角则主张建立一个基于收入平等和少数民族与多数僧伽罗社区平等的社会主义理想型后殖民国家。直到20世纪50年代中期僧伽罗民族主义视角出现之前，这是公民民族主义视角的主要替代方案。它在少数族群问题的立场上，要求僧伽罗多数和少数群体之间平等，使该视角对泰米尔人而言具有极大的吸引力。就阶级而言，其所倡导的社会主义国家构建吸引了大多数城市工人阶级的支持，也得到了农村选民中相当一部分贫困选民的认可。然而，这种支持基础注定不会长久。当斯里兰卡的两个主要左翼政党，即斯里兰卡平等社会党（LSSP）和锡兰共产党（CPC），在20世纪60年代中期与斯里兰卡自由党联合起来，宣扬僧伽罗民族主义的国家构建观点，传统的左翼政党就失去了其在泰米尔人中的支持。此外，斯里兰卡自由党的民主社会主义纲领使左翼政党在僧伽罗城市工人中失去了大部分支持，因为斯里兰卡自由党所提供的社会主义理想与左翼政党的社会主义理想相类似，但却挟带着具有吸引力的僧伽罗民族主义意识形态。在此种情况下，选民支持率下降，最终导致社会主义国家构建视角的终结。

第三种视角，即僧伽罗佛教徒国家构建视角，在20世纪50年代中期开始进入斯里兰卡政治中心。促成这一局面的关键因素是僧伽罗民族主义运动的出现，该运动由传统农村中产阶级领导层的一位政治领袖及其追随者主导，他们从西化的精英领导集团中脱离出来。这种夺取国家政权的运动，是由于独立后的锡兰第一届政府颁布了有争议的公民身份法，从而为其选举背景做了部分准备。该立法包括三项议会法案：规范公民身份；剥夺近代印度泰米尔人和种植园泰米尔工人的公民身份②；剥夺印度种植园工人的全部选举权，保障僧伽罗人的选举权，为僧伽罗人的政

---

① 在殖民时期，特别是英国殖民统治时期，某些种姓群体获得了社会经济地位的提高。其中，卡拉瓦种姓（渔业）和萨拉加玛种姓（肉桂业）这两个群体较为突出。

② 参见1948年《锡兰公民身份法案》、1949年《印度和巴基斯坦居民（公民）法案》和1949年《议会选举法（修正案）》。

治霸权铺平了道路。由此，选举图谱发生了改变，使得以僧伽罗民族主义为基础的政党在 1956 年成功获取政权，成为左翼政党广泛联盟的一部分。其支持阶层主要来自"五大力量"构成的新兴阶级（包括农村僧伽啰佛教社会的五个核心要素）。于是，僧伽罗佛教徒的国家构建成为当今国家构建的基础。

20 世纪 50 年代形成的僧伽罗佛教民族主义既面临着公民民族主义的压力，也面临着处于其主要对立面的泰米尔民族主义的对抗。然而，众所周知，这不仅仅是一个族群的问题，也是一个阶级的问题，其目的是动员一个试图在民族觉醒背景下掌权的社会阶层的形成。由于种植园泰米尔人群体被剥夺了选举权，以及主张泰米尔区域自治的锡兰联邦党的成立，这种情况下，民族团结已经受到了挑战。僧伽罗佛教徒国家构建的基础是，僧伽罗佛教徒占多数的五大农村力量因缺乏机会和难以获得权力产生了日益高涨的不满情绪。这些因素为索罗门·班达拉奈克（S. W. R. D. Bandaranaike）及斯里兰卡自由党（SLFP）上台执政发挥了关键作用，所以，这就是僧伽罗佛教徒国家构建的基础。① 如果不了解这一阶级形态的角色，就无法理解班达拉奈克在 20 世纪 50 年代发起的僧伽罗佛教徒国家构建及其后续发展。

关于建立在民族权利安排基础上的泰米尔民族主义国家构建视角，可以说是四种视角中最具争议的一种。它拒绝接受僧伽罗霸权主义，这种霸权或是得到促进，或是内嵌于其他三种国家构建视角之中。泰米尔国家构建视角不仅认为斯里兰卡的少数民族应有权管理自己的事务，而且还宣扬这一权利只能通过国家本身的重构才能实现。根据泰米尔民族主义的国家构建视角，对后殖民国家进行重构是其要求，这也被占多数的僧伽罗人视为一种分裂主义，而僧伽罗人自始至终都坚决反对这种尝试。虽然泰米尔人的民族权利诉求在 20 世纪 70 年代中期演变成了一场分离主义的政治斗争，导致了在北部和东部少数民族聚居区发生以建立独立国家为诉求的暴力冲突，但是历史表明其一开始并不是一种分离主义。回溯历史可以发现，在独立前和独立初期，泰米尔领导人只要求平等参

---

① 班达拉奈克是一位受过牛津大学教育的佛教徒，也是国际化精英阶层中的一员，他步入政坛时也曾是信奉公民民族主义的统一国民党的高级成员。

与和管理国家事务。①

泰米尔民族主义视角认为，在存在区域自治安排的前提下，少数族群愿意与中央政府开展合作。按照该视角的最初主张，它倡导重新设计含有区域自治安排的国家结构和模式，因为提议该模式的领导人认为，这种制度安排可以在中央和地方两级层面解决少数族群的不满。这些不满主要涉及：泰米尔语官方地位和泰米尔人受教育、就业及在其聚居区管理社会经济发展工作的权利，以及由泰米尔人在他们认为是"传统家园"的北部和东部地区殖民。直到后来泰米尔人在20世纪80年代提出"泰米尔伊拉姆"民族自决的要求，泰米尔民族主义国家构建才转变为分离主义路径。因此，确切地说，两种泰米尔民族主义国家构建的视角在过去和当下都一直存在，② 一种是S. J. V. 切瓦纳亚卡姆最初提出的泰米尔国家构建路径，该路径基于具体的不满而产生（区域自治的国家重构），另一种路径则主张在民族自决的基础上实行分离主义（建立泰米尔伊拉姆）。③ 在前者未能满足泰米尔少数民族的要求后，后者顺势而生。

经仔细研究就会发现，这些视角并不相互排斥，它们在目标和意识形态上有相似之处。支持公民民族主义路径的西化保守派精英领导人认为，斯里兰卡是一个以欧洲模式为基础的民族国家，在这种模式下，公民忠诚将高于种族或族群纽带。然而，在僧伽罗人主导的领导层及其实践中，存在着人口多数霸权的事实。此外，信仰马克思主义的领导层也

---

① 泰米尔人最初的诉求是赋予国内所有少数民族（不只是泰米尔人）平等的代表权，这一诉求首先由贾夫纳协会提出，后来由时任泰米尔大会党领导人G. G. 波南巴兰推动。即便是因抗议泰米尔大会党支持剥夺印度泰米尔人权利而脱离该党的S. J. V. 切瓦纳亚卡姆也没有要求发动分离运动，尽管他组建的政党名称是泰米尔国家党（Ilankai Thamil Arusu Katchi），但他并没有要求分离，只是要求区域自治。

② 僧伽罗人曾错误地指责G. G. 波南巴兰要求泰米尔人在议会中占50%的代表权，即50∶50比例公式。但是，他并没有要求泰米尔人有50%的代表权，而是要求所有少数民族占50%的代表权，这是众所周知的联合主义民主原则的要求。同时，该要求也不是他第一个提出的，而是由贾夫纳协会在1918年首次提出的。参见Dagmar Hellman - Rajanayagam, "Chronology of Events Related to Tamils in Sri Lanka (1500 – 1948)", Tamil Electronic Library, 2011, http://tamilelibrary.org/teli/slhist.html。

③ Sisira Pinnawala, "Rebuilding Postwar Sri Lanka and Issues of Reconciliation: Choosing between the Eelam Demand and the Eelam Project", *Parliamentary Research Journal*, Vol. 1, No. 2, 2012, pp. 1 – 15.

同样存在着矛盾，它虽然与公民民族主义国家构建路径有着共同的公民忠诚理想，但在社会公正和发展经济的政府角色问题上，却与保守派领导人存在理念分歧。需要注意的是，尽管泰米尔领导层在该国少数民族治理国家的地位和作用上存在分歧，但他们都认同公民民族主义国家构建路径的基本原则，即坚持自由主义民主价值观、公民平等①和民族国家的理念。而社会主义国家构建路径则坚决支持少数民族有权管理自己事务，②主张泰米尔语和僧伽罗语在斯里兰卡国家中应享有平等地位，这也是泰米尔人的主要诉求。当时，唯一持截然相反观点的群体是提倡僧伽罗佛教徒国家构建路径的僧伽罗民族主义领导人。然而，虽然班达拉奈克主张僧伽罗语和佛教的首要地位，但他并不是一位族群政治家，而是一个社会民主人士，他属于受过西方教育的上层阶级，持有西方自由主义价值观。③他倡导的国家构建思想在形式和方向上都是僧伽罗霸权主义，但在意识形态上与公民民族主义的视角并无太大区别。在他英年早逝后，④下一代领导人开始接管这场运动，并引导它走向了成为其标志的地方自治主义政治。

五　僧伽罗佛教国家构建：阶级和族群

斯里兰卡学者们认为，1956 年掀开了该国少数族群与多数族群关系

---

① 在统一的政治体内主张为了少数族群管理其事务而作出的自治政治安排，并不违背民族国家赖以建立的公民国家概念。

② 锡兰共产党于 1944 年 10 月 15 日召开了全政党会议，讨论了锡兰僧泰两个族群的自决权和独立问题。除泰米尔大会党、康提大会党和欧洲协会外，几乎所有党派都参加了会议。参见 Dagmar Hellmann‐Rajanayagam, "Chronology of Events Related to Tamils in Sri Lanka (1500 - 1948)", Tamil Electronic Library, 2011, http://tamilelibrary.org/teli/slhist.html。

③ 班达拉奈克是第一个在 1958 年《区域委员会法案》中提出泰米尔人自治的僧伽罗政治家，由于强硬派支持者的强烈反对，他不得不撤回了该法案。参见 Sisira Pinnawala, "From Elite Rule to Regime Control: The Crippling of Democratic Institutions and Structures in Sri Lanka", in Sisira Pinnawala and Hemali Karunaratna, eds., *Rights and Right to Participate: Democracy, Development and Human Rights in Post Colonial Sri Lanka*, Colombo: Sri Lanka Foundation and Friedrich Ebert Stiftung, 2003。

④ 1959 年 9 月 26 日，班达拉奈克遭一名佛教徒暗杀，这是曾效忠于他的人所策划的阴谋，因为他们担心班达拉奈克对少数民族太过软弱。

的新篇章，因为这一年兴起了第一次支持多数族群权利的政治运动。作为一种选举力量的僧伽罗佛教民族主义，正式始于所谓的"1956年人民革命"，这场革命使班达拉奈克上台执政。虽然班达拉奈克在1956年的选举胜利常常被认为是僧伽罗佛教霸权的开始，并被指责将族群力量置于政治舞台上，但如前所述，如果仅从动员僧伽罗族的民族力量角度来考虑班达拉奈克的政治动员力，则会将复杂的现象简单化。与创立锡兰联邦党以领导斯里兰卡泰米尔少数民族政治斗争的切瓦纳亚卡姆不同，班达拉奈克一开始只是领导了僧伽罗群体中没有国家治理发言权的一部分人。换言之，班达拉奈克让一个社会阶层和一个新的阶级组织发出了声音，因为他们认为自己在国家中发挥有效作用的权利被控制政府的西化精英所剥夺了。最重要的是，班达拉奈克在1956年上台后实施的政策，如将僧伽罗语作为官方语言，不仅对泰米尔人，而且对西化的城市中产阶级精英也产生了负面影响，其中大多数是僧伽罗人。

因此，20世纪50年代中期，随着班达拉奈克的选举胜利而产生的僧伽罗佛教民族主义国家构建路径，并不像人们普遍认为的那样只是一种族群的路径，同时它还是一种阶级的路径。种植园泰米尔人被剥夺选举权[①]和主张泰米尔区域自治的联邦党的成立对民族团结提出了挑战。[②] 所以，认为班达拉奈克是第一个将族群问题政治化的政治家的说法是有失偏颇的。在班达拉奈克的僧伽罗霸权意识形态形成之前，泰米尔的国家构建思想就已经产生，尽管后者在这一阶段对自治的要求是温和而且分散的。而支持班达拉奈克的小资产阶级是一个宽泛而松散的阶级组织，其基础是农村僧伽罗佛教"五大力量"，该组织从一开始就是推动僧伽罗民族主义国家构建路径的驱动力。虽然班达拉奈克的核心基础是僧伽罗佛教徒，但他得到了穆斯林少数民族的大力支持，特别是生活在僧伽罗人占多数地区的穆斯林，他们主要是小资产阶级和小商人。他们在1956年班达拉奈克上台掌权过程中发挥了关键作用，同时也从其政策中

---

① 独立后，锡兰第一届议会颁布三部法案剥夺了泰米尔种植园工人的选举权，分别是：1948年《锡兰公民身份法案》、1949年《印度和巴基斯坦居民（公民）法案》和1949年《议会选举法》。

② 联邦党成立于1951年，由一些从当时泰米尔主要政党"泰米尔大会党"中脱离出来的泰米尔领导人组成，他们指责泰米尔大会党支持上述法案是对泰米尔人的背叛。

受益。① 因此，如果不理解新阶级组织的背景角色及其政策获益，就难以理解班达拉奈克在20世纪50年代发起的僧伽罗佛教国家构建及其后续发展。

虽然人们普遍认为僧伽罗的民族性是"五大力量"联合体的结合因素，但还有其他几个重要特征使该群体成为一个独特的社会经济实体。第一，其社会基础基本上由小资产阶级组成，该团体的不同部分都来自这一背景。第二，其与僧伽罗语教育、当地文化和风气密切联系。这两个因素使该团体在政治、文化和阶级立场上与富裕、受过英语教育的保守精英阶层相对立，构成了一个独特的以僧伽罗人为主的社会组织。这一广泛的联盟主要由农村选民组成，基层领导队伍位于农村精英阶层中的第二阶层。这些人既不像支持统一国民党的农村领导人那样拥有大量土地，也不像城市中下阶级那样拥有可观的收入。② 因此，僧伽罗的民族性并不是班达拉奈克动员的社会群体的唯一基础，后者是一个由僧伽罗语教育、僧伽罗文化和民族风气所统一起来的独特阶级组织。

班达拉奈克动员了由不同社会力量组成的松散联盟，主要反对保守精英，而不是针对泰米尔人。在1951年和1956年的竞选活动中，他未发表反泰米尔人的言论，而是攻击帝国主义和受过西方教育的精英领导层。因此，这场斗争并不是以民族立场和反对泰米尔人为驱动力，而是由一个阶级组织的社会经济利益驱动。班达拉奈克动员他的支持者从被视为敌人的受过西式教育的保守精英手中接管权力，而泰米尔人从来都不是班达拉奈克的敌人，尽管泰米尔人也不属于他的支持者。其原因是，班达拉奈克在1956年就已从其早先的母语（Swabasha）立场转变为只讲僧伽罗语的政策。③ 直到后来在他被暗杀后，他的强硬派支持者——其遗孀

---

① 虽然中左翼和"五大力量"是斯里兰卡自由党领导的政党联盟的一部分，但该联盟的政策也被称为"班达拉奈克政策"。

② Jayadeva Uyangoda, "Change, The State and the Question of Security", in P. V. J. Jayasekera, ed., *Security Dilemma of a Small State: Sri Lanka in the South Asian Context*, New Delhi: South Asian Publishers, 1982.

③ 班达拉奈克最初的立场是要取代英语，让僧伽罗语和泰米尔语占据首要地位，以挑战英语和受过英语教育的阶级的统治。此外，正式提议采用僧伽罗语作为国家官方语言的不是班达拉奈克。1946年，J. R. 贾亚瓦德纳向立法会提出了一项法案，建议将僧伽罗语作为国家的官方语言。立法会在接受了泰米尔族领导人V. 纳莱提出的将泰米尔语也纳入其中的修正案后，法案以27票对2票获得通过。

西里玛沃·班达拉奈克夫人才接管了斯里兰卡自由党的领导权，使该运动具有明显的亲僧伽罗族和反泰米尔族的倾向。这一阶级动态对十年后成为主导国家构建的僧伽罗佛教路径而言至关重要。

(一) 新阶级形成和国家权力运用

在后殖民社会早期，领导人多来自富裕的社会精英阶层，而与之不同的是，1956年上台的阶级群体在获得政治权力之前并不具备经济实力。当新阶层成员上台后，他们就竭力获取财富以确立经济上的主导地位，从而保证自身的政治生存。欲达到这一目的，就必须通过他们可以利用的主要资源——国家机构的力量来实现。这就使得统治者必须采取措施，将国家变成为其获取经济权力的工具和来源。这种情况并非斯里兰卡独有。在肯尼亚，当地政府将亚洲人排除在经济活动之外，[1] 而马来西亚则通过限制华人来实现这一目的。在斯里兰卡，为达成目的而付出的努力，是开始于间接向"五大力量"成员在国家就业方面提供优先权的"僧伽罗唯一"政策。而国家对经济活动的扩张也是该进程的一部分，例如20世纪50年代班达拉奈克政府开始将运输和港口业务国有化，后来又扩展到其他领域。

一般来说，要利用国家权力换取社会地位，尤其是经济权力，就需要掌握公共服务机构和武装部队。向这一方面迈出的第一步是1956年班达拉奈克上台后立即实行的"僧伽罗唯一"政策。1956年起，武装部队开始僧伽罗化，而在1962年军事政变失败后这一趋势有所加剧，这次军事政变是一些少数民族和宗教少数群体的军官试图接管西里玛沃·班达拉奈克夫人的政权而发动。在1970年举行的大选中获胜的总理班达拉奈克夫人领导的中左联合阵线开始正式地控制公共服务部门，并在警察、外交官和公务员中实行了有利于多数族群的积极区别方案。自20世纪80年代以来，族群冲突的升级进一步加剧了僧伽罗人对武装部队和警察的控制。这些措施的不利影响直到今天仍然存在，警察和武装部队几乎完全由僧伽罗人组成，行政部门主要由僧伽罗人控制。斯里兰卡行政部门

---

[1] John S. Saul, "The State in Post - Colonial Societies: Tanzania", *The Socialist Register*, Vol. 11, March 1974, pp. 349–374.

仍然由僧伽罗人主导，87.2%的行政部门职位由僧伽罗人占据，9.5%由泰米尔人占据，3.3%由穆斯林占据。①

自1956年起，国营经济规模迅速扩大，国家对经济的控制明显增强。通过扩大国家对经济的干预，统治者实现了对"五大力量"中新兴阶级群体的需求做出回应。有分析认为，国家对经济的控制是班达拉奈克的社会主义愿景的一部分，但这也是他为迎合支持他的新阶级的需要而不得不采取的政策。② 尽管斯里兰卡在1977年实行自由市场经济政策后，原则上同意减少国家对经济的控制，但班达拉奈克夫人仍积极推行国家管控经济的措施，并延续至今。国家在经济领域的扩张虽然影响到了每个人，但对少数族群而言，特别是对泰米尔人而言其影响最为不利。因此，在私营企业的国有化（包括公共汽车、港口服务和其他行业）、土地改革以及"僧伽罗唯一"政策等问题上，不能只从民族主义和反帝国主义的角度来理解，因为其中的每一项政策都存在阶级因素产生的影响。

（二）新兴阶级的崛起和少数族群的影响

20世纪60—70年代，在班达拉奈克遗孀西里马沃·班达拉奈克领导的自由党和左翼政府执政期间，国家对经济控制的扩张势头一直保持着。20世纪70年代，在一系列要求许可证、执照和配额等的管制措施下，进出口贸易部门受到了严格限制。自殖民地时期以来，该国的进出口部门一直由少数族群成员，特别是泰米尔商人和印度裔家庭所拥有的商业公司主导，因此这些措施对这部分群体产生了极其不利的影响。此外，印度裔家庭群体既支持保守派统一国民党，又无法在当地扎根以培养与民族主义新兴阶层的关系，因此他们处于严重的劣势地位。然而，他们根本不可能建立起与僧伽罗人主导的政府新兴领导层的裙带委任关系。除

---

① 直到近年来，部队招募的新兵也仍然主要是僧伽罗人。从1978—1990年，共开展7次新兵入伍工作（1978年、1980年、1982年、1984年、1985年、1987年和1990年）。在550多名新兵中，只有10名泰米尔人，分别是1984年5名和1990年5名。

② Sisira Pinnawala, "From Elite Rule to Regime Control: The Crippling of Democratic Institutions and Structures in Sri Lanka", in Sisira Pinnawala and Hemali Karunaratna (eds.), *Rights and Right to Participate: Democracy, Development and Human Rights in Post Colonial Sri Lanka*, Colombo: Sri Lanka Foundation and Friedrich Ebert Stiftung, 2003, p. 179.

了政治裙带之外，与国家官僚机构建立联系也是获得执照的重要手段，而新兴僧伽罗官僚政治是少数民族企业无法企及的。另外，20世纪70年代，斯里兰卡政府决定自行开展进出口业务。所有这些因素都影响了泰米尔少数民族企业，也严重限制了它们在后殖民时期斯里兰卡经济中发挥的作用。

不仅是少数族群商人在后殖民时期斯里兰卡社会中失去了地位和权力，当这些商人实际上被限制经营他们独立前从事的经济活动之时，少数族群中的普通成员也受到了不利影响。国家对经济的控制，加上同一时期的经济萎缩，使得少数群体的就业机会有所减少。国家在经济中作用的扩大已经使国家成为就业的主要提供者。承包经济造成私营部门的就业机会减少，而由僧伽罗人占统治地位的官僚机构采取了越来越多的有利于僧伽罗族的政策。这使得少数民族群体的年轻人，特别是泰米尔青年人更难找到工作，从而增加了泰米尔族群的不满。对于那些已在工作岗位上的少数族人，他们在工作中也还面临着晋升的困难。这些事态发展对泰米尔人来说是一种打击，他们的社会流动机会取决于他们能否获得接受教育和就业的机会。

外汇管制和其他限制性经济措施也以某种方式影响着少数族群尤其是泰米尔族参与国家事务。斯里兰卡泰米尔少数民族的一个独有特点是，他们依靠教育来获得经济保障和社会地位。这也是他们作为关键领域的管理者和有影响力的官员参与国家决策过程的方式之一。这些泰米尔人在殖民时期就进入教育系统和政府部门工作，并一直延续到后殖民时期的斯里兰卡社会。泰米尔人接受教育的一种途径是以个人学生身份进入泰米尔纳德邦的大学学习。限制性的外汇管制实际上关闭了未来的泰米尔学生到泰米尔纳德邦接受高等教育的大门。班达拉奈克夫人政府于1972年通过《大学教育标准化法案》，① 该法案推行的政策对泰米尔人而言是一种额外的打击，因为这些政策进一步限制了泰米尔青年本来就有限的机会。因此，这些措施直接或间接地影响了泰米尔人接受高等教育的机会，而高等教育又是他们获取经济保障的主要基础之一。这也造成

---

① Chandra Richard De Silva, "Weightage in University Admissions: Standardization and District Quotas in Sri Lanka 1970 – 1975", *Modern Ceylon Studies*, Vol. 5, No. 2, 1974, pp. 151 – 178.

他们参与政府决策的可用途径变得十分有限，而实际上，泰米尔少数族人被拒之于权力机构之外。

1956年上台执政的政治力量因此改变了后殖民时期斯里兰卡包容的政策和政治状态。在这个问题上，班达拉奈克别无选择，因为支持他的僧伽罗选民不想对少数民族力量妥协。上文已述，班达拉奈克和其他精英阶层一样都来自西化的社会阶层，而且他是第一个向泰米尔人提供区域自治方案的僧伽罗族政治家。但对于他的支持者僧伽罗佛教团体来说，与曾在经济上和社会上享有特权的泰米尔少数民族和解不符合他们的阶级利益，并且这种包容也与他们的民族主义意识形态不相符。班达拉奈克提高了僧伽罗佛教徒的地位，并不是因为他对该团体意识形态的坚定支持，而是他希望可以获得选民的理解和认可。不过，当时僧伽罗人和泰米尔人之间的关系并非僧伽罗民族主义与泰米尔民族主义之间的对立。确切地说，僧伽罗人中存在一个利益目标大致相似的松散的阶级群体，他们认为自己在经济、社会和职业上处于严重的不利地位，并期望可以解决这一问题。而泰米尔人是该僧伽罗群体的主要竞争对手，于是他们便成为斗争的主要目标。这也许可以解释为何僧伽罗人阶级在掌权后与穆斯林的合作良好，其原因就是穆斯林在这一过程中并没有构成类似的威胁。①

因此，班达拉奈克的替代性国家构建路径开始了对社会上一部分非精英阶层的动员，他们有着共同的阶级利益和不满情绪，但在此之前并未获得政治发言权。这一动员虽然具有族群色彩，但一开始并不是一场宗派运动，直到后来它才成为一股政治力量。这部分组成力量既是一个阶级联盟，也是一个族群联合体。自由主义国家构建路径表达了国际化精英群体的需求和信仰，尽管班达拉奈克也曾是其中一员，但僧伽罗佛

---

① 随着穆斯林越来越多地受到僧伽罗群体的威胁，这种情况似乎正在发生着改变，例如新崛起的佛教力量旅（Bodu Bala Sena）以穆斯林群体为攻击目标。造成这种局面的原因，除了文中所述外，还在于该国不断变化的阶级结构，其可以从两个方面来解释。一方面是穆斯林进入专业领域职位的人数明显增加，这对自20世纪70年代取代泰米尔人之后一直在这些职业中占主导地位的僧伽罗人而言是一种新的威胁。另一方面是僧伽罗人越来越多地进入商业部门，即传统上一直由穆斯林主导的城市零售业。对于新的僧伽罗商业阶层来说，穆斯林的商业优势是一种前所未有的经济威胁。于是，在城市社区悬挂"无穆斯林商业区"标语和取消食品清真认证的运动都是僧伽罗群体抗争的一部分。

教徒国家构建路径作为自由主义路径的替代方案，表达的却是非精英阶层的需求。

　　班达拉奈克所在阶层是反殖民主义的，但他的支持者来自与他们所取代的西化精英不同的群体，该群体没有参与殖民地政府管理的经验。在殖民时期，由当地工商业领袖和受教育者领导的自由主义上层阶级直接面对殖民统治者的歧视。因此，对殖民者的真正敌意并不存在于边缘阶层和支持班达拉奈克的阶层之中。他们被班达拉奈克关于国家权力本土化的政治宣言所吸引，因为自己当家做主掌握国家权力能够为其社会经济利益服务，所以该宣言符合他们的期待。诚然，他们被民族主义所传达的反帝国主义和要求归还卡图纳亚克空军基地以及亭可马里海军基地的信息所吸引，但真正吸引他们的是其他具体利益特别是为受过僧伽罗语教育的人提供更好的机会（使僧伽罗语成为官方语言的结果之一）。这一政治宣言使得班达拉奈克及其政党赢得了僧伽罗族人的支持，但也导致了泰米尔人欲脱离斯里兰卡政治体，从而使他们变得激进。这对泰米尔人参与斯里兰卡政治产生了长期影响。

　　班达拉奈克的执政，不仅预示着僧伽罗民族主义者掌握了国家权力，而且还标志着一个新的领导层的建立，它代表着迄今尚未有过政治参与的社会构成以及与之相适应的一种新的治国方式。因此，它是斯里兰卡国家构建事业中一条新道路的开端，带来了新的国家构建意识形态和新的议程。这也是僧伽罗民族主义和社会主义的融合，分别由身份需求和阶级需求所推动。它还有助于将斯里兰卡推向一种新的经济意识形态，即社会主义经济，要求政府实现对经济的管控。这一进程促进了左翼力量和民族主义者之间联盟的形成，标志着斯里兰卡政治特别是国家构建进入了一个新时代。但是，随后的事态发展使族群关系变得棘手，其对少数群体产生了不利影响，使他们陷入激进政治的漩涡，而这又不是仅仅从族群意识形态的角度就可以解释的。在班达拉奈克上台后，民族意识形态逐渐具体化，伴随着国家构建进程，阶级新联盟最终形成。

六　结语

　　后殖民时期的斯里兰卡国家构建可以被视为由两种主导视角驱动。

第一种是僧伽罗人的排他性国家构建视角,城郊和农村中产阶级构成了主要推动力量。这种阶级形成是班达拉奈克基于根深蒂固的僧伽罗佛教徒身份认同而动员起来的,尽管如此,并非当时斯里兰卡国内的所有僧伽罗佛教徒都支持他的政治理念,① 而其中部分僧伽罗佛教徒给予了班达拉奈克所反对的保守派精英领导层大力支持。第二种是与僧伽罗佛教徒视角相对立且类似的泰米尔人阶级形成的国家构建视角。其完全由斯里兰卡泰米尔人构成,他们与僧伽罗人类似,主要使用母语,来自社会中产阶级及以下阶层。泰米尔人是直接面对僧伽罗人新兴阶级力量所带来的挑战的群体。因此,民族归属是凝聚力,而阶级归属则是驱动力。这两种力量之间的互动和对抗决定了后殖民时期斯里兰卡国家构建的性质和战略。

这两股力量之间的关系近年来越来越具有对抗性,导致国家核心机构出现了两个方向的重大发展。一个是僧伽罗佛教民族主义当权派对国家机构进行的直接改革,目的是利用国家为自己谋取利益,从而维护该团体的政治统治地位。另一个是间接结果,出现了以国家机构极端政治化为特征的新的政治文化。对这些发展的理解,不能仅仅从族群方面考虑,而是有必要将斯里兰卡国家构建的发展与该国后殖民环境中的阶级和族群力量的复杂组合联系起来。族群动员只是其中的一个因素,它并不是独立运作的。

欧洲民族国家是后殖民初期斯里兰卡领导层在国家构建路径中效仿的模式。在随后的一段时期内,这种模式在当地环境中的可行性受到了考验,特别是随着不断变化的阶级结构和不断加剧的族群紧张关系,在随后的几年里出现了新的动态。其中最大的考验始于 20 世纪 70 年代中期,当时泰米尔激进分子不仅开始挑战现存国家政权的合法性,而且挑战整个国家构建的进程。随着激进分子被击败,斯里兰卡政权的直接威胁已经消除,这一事实并不意味着以 20 世纪 50 年代中期僧伽罗佛教国家构建视角为起点的霸权的国家构建路径已经实现其目标。需要注意的是,同样的阶级结构和民族分裂依然存在,因此,两种国家构建视角之间的

---

① 但是后来班达拉奈克所动员的力量在新的群体中获得越来越多的支持,例如城市专业人员和新富阶层。

对立预计将会继续存在。

西方化的城市精英领导层，确切地说是其剩余力量，在僧伽罗族的政治中不再有发言权，因为所有主流政党都把僧伽罗佛教国家构建路径作为他们对国家发展的愿景。斯里兰卡国内大多数泰米尔领导层已经正式放弃了其在内战时期倡导的分离主义立场，但是国内和海外的泰米尔强硬派依然坚持这一立场。当前，主流泰米尔群体只希望对国家进行基本改革，即重新调整国家权力形态，对泰米尔人占多数的省份进行实质性的权力下放，而不是激进分子所要求的完全分离。斯里兰卡作为后殖民国家，其未来将取决于现任领导层是否有能力理解这场危机背后的力量以及应对所带来的挑战。

参考文献

Abdul Rahman, Embong, "Ethnicity and Class: Divides and Dissent in Malaysian Studies", *Southeast Asian Studies*, Vol. 7, No. 3, 2018.

Ajayi, J. F. Ade, "Expectations of Independence", *Daedalus*, Vol. 111, No. 2, 1982.

Alavi, Hamza, "The State in Post-Colonial Societies: Pakistan and Bangladesh", *New Left Review*, No. 74, 1972.

Amin-Khan, T., *The Post-Colonial State in the Era of Globalization: Historical, Political and Theoretical Approaches to State Formation*, New York: Routledge, 2013.

De Silva, Chandra Richard, "Weightage in University Admissions: Standardization and District Quotas in Sri Lanka 1970-1975", *Modern Ceylon Studies*, Vol. 5, No. 2, 1974.

Dinnen, Sinclair, "The Twin Processes of Nation Building and State Building", *State, Society and Governance in Melanesia*, No. 1, 2007.

Gopalakrishnan, Shankar, "Neo-Liberalism and Hindutva: Fascism, Free Markets and Restructuring of Indian Capitalism", MR Online, November 14, 2008, https://mronline.org/2008/11/14/neoliberalism-and-hindutva-fascism-free-markets-and-the-restructuring-of-indian-capitalism/.

Hellmann-Rajanayagam, Dagmar, "Chronology of Events Related to Tamils in Sri Lanka (1500 – 1948)", Tamil Electronic Library, http: //tamilelibrary. org/teli/slhist. html.

Jupp, James, *Sri Lanka: A Third World Democracy*, London: Frank Class, 1978.

Keerawella, Gamini, "Postcolonial State – Building in Sri Lanka since 1948: Approaches, Attempts and Challenges", in Sisira Pinnawala, ed. , *Identity Politics and State – Building in Sri Lanka: Understanding Ethnonationalist Mobilization in a Postcolonial State in Transition*, Colombo: Pathfinder Foundation, 2014.

Leys, Colin, "The 'Overdeveloped' Post Colonial State: A Re – evaluation", *Review of African Political Economy*, No. 5, 1976.

Mengisteab, Kidane, "Identity Politics, Democratisation and State Building in Ethiopia's Federal Arrangement", *African Journal on Conflict Resolution*, Vol. 7, No. 2, 2007.

Moore, Mick, "Retreat from Democracy in Sri Lanka?", *The Journal of Commonwealth & Comparative Politics*, Vol. 30, No. 1, 1992.

Oberst, Robert, "Democracy and the Persistence of Westernized Elite Dominance in Sri Lanka", *Asian Survey*, Vol. 25, No. 7, 1985.

Perera, Sasanka, "Reflections on Issues of Language in Sri Lanka: Power, Exclusion and Inclusion", *Groundviews*, October 24, 2011, https: //groundviews. org/2011/10/24/reflections – on – issues – of – language – in – sri – lanka – power – exclusion – and – inclusion/.

Pinnawala, Sisira, "From Elite Rule to Regime Control: The Crippling of Democratic Institutions and Structures in Sri Lanka", in Sisira Pinnawala and Hemali Karunaratna, eds. , *Rights and Right to Participate: Democracy, Development and Human Rights in Post Colonial Sri Lanka*, Colombo: Sri Lanka Foundation and Friedrich Ebert Stiftung, 2003.

Pinnawala, Sisira, "Rebuilding Postwar Sri Lanka and Issues of Reconciliation: Choosing between the Eelam Demand and the Eelam Project", *Parliamentary Research Journal*, Vol. 1, No. 2, 2012.

Saul, John S. , "The State in Post – Colonial Societies: Tanzania", *The So-*

cialist Register, Vol. 11, 1974.

Singer, Marshall R., *The Emerging Elite: A Study of Political Leadership in Ceylon*, Cambridge: MIT Press, 1964.

Uyangoda, Jayadeva, "Change, The State and the Question of Security", in P. V. J. Jayasekera, ed., *Security Dilemma of a Small State: Sri Lanka in the South Asian Context*, New Delhi: South Asian Publishers, 1982.

von Freyhold, Michaela, "The Post-colonial State and Its' Tanzanian Version", *Review of African Political Economy*, Vol. 4, No. 8, 1977.

第 五 章

个人与社会的共生：墨西哥城露天市集的人类学考察

李 音[*]

摘 要：自20世纪70年代提出"非正规经济"的概念以来，关于其定义、测量、起源、成因以及解决方案的争论便从未停止过，如今，"非正规性"似乎已成为了全球范围内的普遍存在。"Tianguis"（可用于单数与复数指称的术语）指的是可追溯至前哥伦布时代的露天市集，也是墨西哥非正规经济部门中最重要的经济活动类型之一。在资本主义现代化过程中，虽然这些露天市场为城市居民所提供的经济生活不断遭遇否定与边缘化，但它们依然在墨西哥的文化体系中长久而无声地存续着。通过蔬菜摊主及其家人一日市集生活的民族志描写，本章揭示了流动商贩关于露天市集的本土化认知以及公共与私人空间重叠之下的经济实践，进而提出一种基于文化共同体自治与互惠的"共生"概念。

关键词：露天市集；流动市场；共生；公域；私域

一 导言

墨西哥城作为曾经的阿兹特克帝国的首都，拥有极为深厚的历史底

---

[*] 李音目前是清华大学社会系人类学专业的博士研究生，同时也是清华大学国际与地区研究研究院的成员。2016—2018年，曾赴墨西哥学院作访问学者。她的研究关注的是墨西哥社会，研究领域涉及文化经济学、非正规性、社会资本与公共空间。

第五章　个人与社会的共生：墨西哥城露天市集的人类学考察

蕴。走访今天的墨西哥城，最引人注目的风景便是沿街铺设的一座座露天市集。在当地的语言中，"露天市集"被称为"Tianguis"，源于纳华词语"Tiantiztli"（也拼作"Tianquiztli"，指的是"市集"），其历史也可以追溯至前哥伦布时期的古印第安文明。

在西班牙殖民者入侵前，位于特诺奇蒂特兰城北的特拉特洛尔科市场（Mercado de Tlatelolco）是当时阿兹特克帝国最大的商品交易中心，也被作为举行庆典或惩罚仪式的公共空间，在经济、社会与文化生活中都扮演着无可取代的重要角色。[①] 尽管始于16世纪的西班牙殖民统治扼制了印第安文明的延续性发展，但是"市集"的经济与社会功能却从未被中断，依然在墨西哥社会发挥着自己的作用。18世纪初，墨西哥城的市场体系大致可以分为三种类型：位于城市中心、相对稳定的贵族市场，位于城市外沿的固定市场，以及生长于不同的街道和广场、没有固定摊位和设施的流动市场。[②] 伴随着民族国家的出现以及资本主义制度的建立与发展，前两种类型的市场被自然地纳入了国家正规部门的范畴内，而深深植根于墨西哥传统文化脉络的露天市场因其具有的"非正规性"（Informality）而被官方话语定义为一种较为落后且亟须得到改善的经济模式。露天市场对于公共空间的占有和使用也使其成为城市化进程中的阻碍。

面对着逐渐被边缘化的困境，基于露天市场的贸易往来却从未停止过，其形态与规模基于所处街道或社区空间的特征慢慢发展、趋向稳定。市场中的商贩们拥有一个非固定的摊位，通常是由木板和铁架临时搭建的，摊位占地面积为1—2平方米，售卖的物品从肉制品、蔬菜水果到衣服、玩具、电子用品，乃至二手物品或盗版光碟，琳琅满目，包罗万象。摊贩们会使用颜色鲜艳（一般为黄色或红色）的编织布作为摊位的顶棚，用以遮挡阳光或雨水。从远处望去，摊位整齐有序地排列着，着实成为

---

① Pascale Villegas, "Del tianguis prehispánico al tianguis colonial: Lugar de intercambio y Predicación (siglo XVI)" [From pre-Hispanic tianguis to colonial tianguis: Place of exchange and preaching (16th century)], *Estudios mesoamericanos*, No. 8, 2010, pp. 93-101.

② Silvia Mete, Luca Tomaino, and Giovanni Vecchio, "Tianguis Shaping Ciudad. Informal Street Vending as a Decisive Element for Economy, Society and Culture in Mexico", *The Journal of Urbanism*, Vol. 26, No. 1, 2013, pp. 1-13.

墨西哥城一道独特的风景线。

　　根据笔者的实地观察，墨西哥城的"露天市集"现象呈现出一种较为矛盾的现实：市场内产权的归属并不明晰，但是市场却没有因此陷入一种失序的状态，而是以较高的组织程度有效地运转着。由于这些露天市集依托于相对有限的公共空间，摊贩们得以谋生的摊位在法律意义上并不从属于摊贩个人，而是全体人民的公共物品，但政府制定的相关政策或法规很难对露天市集中的经济活动产生实质性的约束和控制。

　　鉴于哈丁"公地悲剧"的经典判断，在有限资源可自由使用且不受限的情况下，个体往往会因自身利益造成资源的过度使用，公共利益也会受到严重损害。如果说墨西哥城的露天市集因内部产权归属的不明晰而被视为一种"非正规"的存在，那么如何理解它始终没有被拥有更为明确的产权制度的经济形态（比如室内市场、零售商场等）所彻底取代？产权归属不明晰的露天市场又为何能够跨越"公地悲剧"陷阱？尽管露天市集所赋予民众的经济生活在资本主义现代化进程中遭受忽视或排斥，它们却在一脉相承的文化体系中长久而无声地存续着。因此，对于墨西哥城市集经济的研究，始于经济学领域，但必须落脚于对墨西哥社会体系与文化根源的探讨。

　　本文通过对蔬菜摊贩（弥尔顿一家）在露天市集一日生活的民族志描绘，试图揭示流动商贩是如何理解自身所处的市场环境与所从事的经济实践，进而探索一种基于文化共同体自治与互惠的"共生"理念。①

二　"市集"的本土化认知及其延伸

　　弥尔顿是一个年轻的小伙，和自己的姐姐苏桑娜一同经营着一个不小的蔬菜摊位。三十岁不到的年龄，已娶妻生子，有着自己的一份"小事业"，人生看着也算完满幸福。对于墨西哥城的普通百姓而言，凌晨4点半钟往往充满着美梦与鼾声，但是对弥尔顿一家来

---

① 本文的民族志以笔者在2017年11月于墨西哥城贝尼托·胡亚雷斯区所开展的田野调查为基础。笔者的田野笔记详细地描述了弥尔顿及其家庭成员的日常生活与行为，弥尔顿一家是墨西哥城露天市集中千千万万个流动商贩的典型代表之一。

第五章　个人与社会的共生：墨西哥城露天市集的人类学考察 / 87

说，这却是个令人又爱又恨的时刻。每当闹钟声响起，弥尔顿和苏桑娜就要轻手轻脚地起床，收拾收拾离开家，驾着自家的货车前往位于墨西哥城东南边的蔬菜批发中心（Centro de Abasto）采购当日所需的生鲜产品。鉴于他们平日工作的市集离批发中心并不近，大约在6点之前，弥尔顿和苏桑娜才会到达市集点，开始在自己的"地盘"上熟练地搭起货架，随后将蔬菜从塑料篮中取出并整齐地铺在货架上。弥尔顿告诉我，从事生鲜产品的摊位生意往往意味着付出比其他摊位主更多的辛劳。由于售卖的产品无法长期保存，贩卖蔬菜的摊贩需要每天进货，运用长期以来累积的知识与经验计算进货的种类、数量与频率。此外，为了满足当地民众的实际需求，蔬菜摊贩还要对一些蔬菜进行二次处理（清洗、去皮、切丁、混合、包装等）。①

作为"非正规经济"或"地下经济"的典型代表之一，露天市集与墨西哥民众的日常生活有着千丝万缕的联系。当笔者在墨西哥城开展访谈时，发现几乎所有的受访对象都有亲友曾在或仍在露天市集中工作。根据墨西哥经济发展部（Secretaría de Desarrollo Económico，SEDECO）的统计数据，截至2014年，墨西哥城共有超过1500个规模、形态各异的露天市集或市场，这也意味着城市每1000平方米就拥有约1个市集（根据1485平方千米的城市面积计算可得）。它们密密麻麻地分布在城市的街道、社区、广场等公共空间，吸纳了近26.5万名流动商贩。② 此外，凯度消费者指数公司（KANTAR WORLDPANEL）2011年的一项消费调查还显示，墨西哥城、蒙特雷和瓜达拉哈拉三个城市86.8%的居民更愿意前往非正规的露天市集购买生鲜产品，而非大型连锁超市，因为他们认为本地市集出售的水果、蔬菜、肉制品和鱼肉品质比超市贩卖的产品质量

---

① 摘自笔者的田野笔记（墨西哥城，2017年11月）。
② Victor Delgadillo, "La disputa por los mercados de La Merced" [The dispute over the markets of La Merced], *Alteridades*, Vol. 26, No. 51, 2016, pp. 57–69.

更好、更新鲜。①

弥尔顿的蔬菜摊位继承于他的父亲。他告诉我,父亲从小就生活在这样的露天市集中,到现在满打满算也有将近四五十年的光阴了。说完,他指着不远处的一个卖光碟的摊位说道:"这也是我爸爸的摊位。我妻子之前是在一个卖猪肉的摊位上工作的。我们在市集上认识、相爱,最终结婚。对面卖内衣的那个小摊子是我小姨子的。"我很吃惊,玩笑道:"似乎整个市集上的摊贩都是你的亲戚呀!"弥尔顿有些自豪地说:"还真是!你看,那边还有个饮品摊位是我一个远房表哥的。"

伴随着清晨的缕缕阳光,市集变得热闹起来,售卖各种商品的摊贩都开始迎接第一批顾客。这时,弥尔顿的妻子带着两岁多大的儿子迈克也来到了摊位。她利用货架下方的空间为儿子搭了一个临时的小屋,供他休息玩耍。迈克显然对市集的环境一点儿也不陌生,转眼就消失在摊位与摊位之间。当弥尔顿意识到时,他大声喊了句"迈克,你在哪呢?"隔壁水果摊位的摊主随即应道:"他在你表哥那边呢,去找何塞(弥尔顿表哥的儿子)玩了。"弥尔顿听后笑咧咧地嘟囔了几句。②

对于一些经济学家而言,露天市集可能是城市低层次就业者受到资本剥削而在法律的灰色地带里求生和避难的无奈之举,也可能是个人企图规避经济活动正规化所产生的高额成本的自愿选择。③ 但是,从"主位(emic)"视角出发,大部分商贩对于自己从事的工作所涉及的"非正规

---

① Kantar Worldpanel, "Los mexicanos prefieren ir al tianguis que al súper" [Mexicans prefer to go to tianguis over supermarkets], *Excelsior*, July 15, 2011, https://www.excelsior.com.mx/2011/07/15/dinero/753255.

② 摘自笔者的田野笔记(墨西哥城,2017 年 11 月)。

③ Programa Regional del Empleo para América Latina y el Caribe (PREALC), *Sector informal: funcionamiento y politicas* [Informal sector: operation and policies], Santiago: PREALC, 1978, pp. 27 - 28; Hernandez De Soto, *The Other path: The Economic Answer to Terrorism*, New York: Basic Books, 1989, pp. 201 - 258; William F. Maloney, "Informality Revisited", *World Development*, Vol. 32, No. 7, 2004, pp. 1159 - 1178.

性"或"非法性"并不以为意。就像弥尔顿所说的那样:"我从来没有思考过每天做的这些事情是否合法,这样的界定或者考量对我们并没有什么意义,在市集里卖东西就是'我'的一部分,我不知道怎么把这个部分从我身上分离。"①

事实上,选择将自己一生的光景倾注于露天市场的摊贩们如此轻描淡写的态度彰显着波兰尼(Polanyi)"经济嵌入于社会与文化"观点以外的更多意涵。换言之,"经济"与"社会"不应该被割裂为不同的要素进行分析,而应该被理解为人类社会发展到一定阶段所蕴生的复合产物。② 不同于国家资本与政策引导下所产生的经济模式(如国有企业或合资企业),露天市集是以"传统"和"地域"为突出特点的内循环经济。③ 市集文化的实践者对于"露天市集"的内生性理解远远复杂于西方资本主义将"市场"视为经济交换空间和机制的单薄界定。

以弥尔顿一家为例,弥尔顿从小便受到市集文化的浸润,这种文化也形塑着他的心智结构与生命历程。弥尔顿在高中毕业后便自愿来到父亲的摊位上帮忙,尽管他的父亲曾对他说过,如果他想要继续读大学,可以给他钱供他读书。弥尔顿从自己的父亲那儿继承了这份事业,从某种程度上也继承了父亲的人际关系、道德、声望、认知、信任、权利、义务等一系列社会与文化资本。当弥尔顿成为市集的一员,他通过社交、互惠、婚姻等方式实现各种资本的传递、转换与再生产,进而再次巩固和丰富了市集作为"广义交换"的场域的"复合性"。④ 弥尔顿让儿子迈克在市集中任意跑动玩耍,因为他知道,市集里每个摊位主都会用一双温柔的双眼关注着孩子的动向,而他们也相信自己的孩子会得到相同的对待。又或者弥尔顿会在对面或隔壁摊位主离开时帮忙照应,反之亦然。

这种默契无需过多的言语,却彰显着市场交换背后的伦理秩序——非利益化的群体性互惠原则。如此看来,弥漫着芬芳、色彩与欢声笑语

---

① 引自笔者与弥尔顿的对话(墨西哥城,2017年11月)。
② 张小军:《让"经济"有灵魂 文化经济学思想之旅》,清华大学出版社2014年版,第28页。
③ 李明欢等:《中国非正规经济(下)》,《开放时代》2011年第2期。
④ 张小军:《让"经济"有灵魂 文化经济学思想之旅》,清华大学出版社2014年版,第74页。

的露天市集在某种意义上打造了一个社会共同体。① 同时，市集内的经济实践以关系网络和文化系统作为载体并与各种社会/文化资本相互作用、彼此缠绕，共同服务于民众的日常生活与社交需求。市集所创造的氛围也是远离市民生活的现代化超商难以填补的文化性缺失。

露天市场作为内生型经济存在的事实是理解其在产权不明晰的情况下得以合理运作的重要基础，鉴于市场的参与者和实践者从一开始就没有将经济效益或者理性目的作为第一要义，也并不追寻对于财产或权利的私有化界定和保护，而是依从着个人从属于群体、群体服务于个人的行动逻辑。

三　被让渡的权利和被共担的责任

张金岭通过法国里昂城市中露天市场的田野调研敏锐地洞察到市集中"人"与"俗"的实践关系，他指出，尽管消费者被当做市场的"上帝"，但是真正活跃其中的商贩们才是这个市场的主人，也是他们主导着市场的一切。② 那么，在墨西哥城的露天市集中，究竟是谁在主导着市场？他们通过什么样的方式将这片市场的各种要素有机整合并有效运作的？又是如何处理市场内权利和义务在个人与集体层面的交叉与碰撞的？在下述的田野笔记中，我们或许能找到一些答案。

中午过后，空气都变得有些慵懒了。市集中售卖食品的摊位却变得忙碌起来。正当我纳闷弥尔顿一家准备什么时候吃饭时，他们的午餐送到了。只见一位胖女士抱着竹篮来到弥尔顿的摊位前，手脚麻利地将几份玉米鸡肉卷饼递给弥尔顿并说道："一会儿把喝的给你送来哈。"弥尔顿微笑着点点头，表示感谢。我没有看到弥尔顿付钱，好奇地问他，他告诉我，只是先记账，因为用餐时间、人数、

---

① William G. Skinner, "Marketing and Social Structure in Rural China, part I", *The Journal of Asian Studies*, Vol. 24, No. 1, 1964, pp. 3–43.

② 张金岭：《城市中的露天市场与社会——在法国里昂的田野调查》，《开放时代》2008 年第 6 期。

食品选择都不太固定，而且每次支付零散的现金也很麻烦。所以，他每一周或两周才会前往食品摊与摊主统一结算。他说，这里的商贩几乎都是这么做的。

下午4点左右，市集又开始忙碌起来，弥尔顿的小姨子牵着迈克来到自己的摊位。她说自己的儿童服饰摊位不像蔬菜摊位那么忙碌，所以自己很乐意在空闲时帮忙照顾小侄子，她与迈克的关系也显得很亲密。当弥尔顿一家正在有条不紊地工作时，一位特别的"客人"来到了他们的摊位上，他就是这片露天市集的商贩领袖，也被称为商贩代表。原来他是来向各个摊贩主收取"会费"的。[1]

一般来说，露天市场设立的地点是相对流动的。在一周的时间里，商贩们会在墨西哥城某片街区的固定几处街道轮流摆摊。商贩无法自行决定摊位所占用的位置与空间、周边摊位的顺序、摊位的使用以及使用权的转让和终止，而是需要得到商贩领袖或代表的许可。

产权理论将"产权"定义为由以下三股权利构成的概念：使用财产的权利，从财产中获得收入以及与他人就财产签订合同的权利，还有转让或出售财产的权利。[2] 同时还强调，对于产权归属的明确化可以规范和保护人们的经济关系，使得经济活动更加有序、有效。

从产权的角度来看，露天市集中的摊贩们虽然被称为摊位的主人，但却不是产权的纯粹拥有者，他们将这些权利主动让渡给了商贩领袖。之所以说让渡，是因为这些商贩领袖往往是由市集中的商贩们通过民主公平的方式从一些毛遂自荐的候选人中投票选出的。最终成为领袖的人不会是最富有的商贩，也不会是四处逢迎的墙头草，必须是具有某些道德标杆，如公平、友善、正义、勇敢、无私等，或克里斯马气质的人物。这些特质使得他们得到了大多数商贩的信任与认可，进而赋予了他们执行和监督市场秩序的资格与权力。

---

[1] 摘自笔者的田野笔记（墨西哥城，2017年11月）。

[2] Stephen Haber, Noel Maurer, and Armando Razo, *The Politics of Property Rights: Political Instability, Credible Commitments, and Economic Growth in Mexico, 1876–1929*, New York: Cambridge University Press, 2003, pp. 20–21.

一片街区不同露天市集的商贩领袖通常会成立一个商贩组织。该组织与工会的概念类似，商贩领袖通过该组织与政府部门或警察进行沟通，保护商贩群体的共同利益。例如，弥尔顿所在的露天市集归属于"墨西哥贝尼托·胡亚雷斯区商贩组织（Unión de Comerciantes de Benito Juarez）"的管辖范围。每个摊位主每天需要向这个组织缴纳"会费"，由各个市集的商贩领袖负责收取。关于他所在市集的这位商贩领袖，弥尔顿如是描述道：

> 我们市集的领袖是个挺年轻的小伙子，每天下午4点左右会来收取会费。会费根据商贩从事的生意有所区别。比如卖水果、蔬菜的摊贩支付五十比索，卖光碟的摊贩支付四十比索等。现任领袖的父亲之前就是这个市集的领袖，后来将位子传给他了。他虽然年轻，但是很有原则。我们也都很尊重他。任何商贩，一旦犯错或破坏了市集的规则，就必须接受惩罚。比如，禁止出摊三日，乃至被彻底赶出这个市集。此外，领袖还负责和那些以打假为名，行收钱之实的警察斗智斗勇。很多市集之间的领袖都是相互认识的。如果警察来了，一个市集的领袖便会通知其他的领袖，让他们做好准备对付这些警察的刁难。还有一些卖盗版碟的商贩会让你帮忙藏一些盗版碟，大家肯定都会伸出援手。①

因此，从表面上来看，露天市集中的各种经济和社会行为具有很强的结构化特点。但是，市集的运转始终基于大量非正式、非书面的规范和约束，以及很多作为代理人的非正式制度化组织，这种治理模式是如此强大，又根深蒂固，从而使得各方利益得以通过协商的方式达成平衡。整个过程彰显着一种自下而上的自治逻辑。

市集中的买卖大约在下午6点左右落下帷幕。弥尔顿一边聊着天，一边娴熟地将摊位上的蔬菜放回菜篮中，再收起铁架和木板。每个步骤都有顺序。弥尔顿犹如魔术师一般将长达3米多的摊位装

---

① 引自笔者与弥尔顿的对话（墨西哥城，2017年11月）。

进了一辆货车的后备厢里。此时,一位妇人匆匆赶来购买蔬菜。她是同市集的一名商贩,与苏桑娜关系似乎不错。苏桑娜赶忙招呼,嬉闹寒暄之间苏桑娜还免费送给她一些未售完的盒装蔬菜。

离开前,他们还要完成一项重要的任务,那就是打扫和清理摊位所在区域及街道的公共卫生。于是,弥尔顿一家人又热火朝天地忙起来。连迈克也加入了,他在一旁帮忙捡起地上的菜叶。弥尔顿说,他非常在意一家人与周边商贩和商贩领袖的关系,因为这是他们赖以生存与生活的根基。学习如何在一个公共的空间里共同生活、和睦相处是每一个摊贩的必修课程。[①]

露天市集的组织模式对于每一个参与其中的个体都是公平而透明的。对于一些历史悠久的露天市集,其商贩领袖会在退位以后,通过世袭的方式将这个重要的职位传与自己的后代。商贩们选择接受这种制度的安排,因为他们潜意识里理解,职位的代际传递意味着背后的各类资本的传递,也有助于商贩领袖从一而终地贯彻自己的理念,更好地服务于集体的利益。这与商贩们将摊位传给自己的后代是相同的逻辑。当然,如若存在任何对商贩领袖的不满或质疑,商贩们有权与领袖进行直接的沟通与交涉。还可以选择与多位商贩联名提出协商甚至弹劾的要求。

身在其中的所有人必须遵守组织的游戏规则,尊重彼此的角色与身份,与此同时,承担着各自的义务与责任。商贩们需要按时缴纳规定的"会费",合理安排摊位的占地面积、营业模式、环境卫生等。此外,他们还应该学会与市集中的所有人和谐共处、团结互助。商贩领袖们必须合理使用"会费"摆平可能出现的冲突或意外,制定市集内商贩的统一行为准则与规范,协调商贩之间的矛盾,作为道德领袖以身作则、行事不偏不倚等。

这些基于共有权力和集体关系的市场,通过参与者的权利让渡与责任共担,既完美地拆解了来自外部的恶意干涉,又巧妙地闪避了来自内部的潜在矛盾。最终,露天市集的经济活动在一种"让"与"受"的动

[①] 摘自笔者的田野笔记(墨西哥城,2017年11月)。

态实践中保持着长久的平衡。而面对现代社会的转型与危机,露天市集及其实践早已超越了本身的经济属性,其意涵的共生文化秩序引发我们重新反思公与私、社会与个人的深刻关系。

四 "公域"与"私域"的再思考

人类社会漫长的现代化过程本质上是一种与过去的自决断裂;个人与社会之间的关系也在其中发生着剧烈的振荡。在前现代社会中,个人与群体之间有着"浑然一体"的关系,体现在生活资料共同生产、分配与消费的原始公有制。① 伴随着社会的结构化,"公""私"领域逐渐分离。"公域"作为统治阶层的实践场域,强调的是通过正式制度的建构,以界定其所有权与权力。"私域"则是社会成员的日常生活所构成的私有领域,杂糅着血缘、地缘、亲缘、社缘等诸多要素。②

设立于墨西哥城公共街道的露天市集可以被视为"公域"与"私域"发生重合的典型案例。此外,由于政府对于经济活动的制度化管理在此失效,这些露天市集又被定义为"非正规经济"的组成部分。

经过深入观察和民族志撰写,笔者发现露天市集中的产权或财产权的边界并不明晰。周雪光曾就产权制度的安排对人类或组织的经济活动的影响进行研究,他指出在实际的生活中,产权的界定常常是模糊的、象征性的。然而,这些不合理的、低效率的情形却没有被更具竞争力的明晰产权所取代。他将这种现象归因于产权作为"一束关系"的独特优势,即产权反映着组织与环境之间的相互关联、融合与依赖。③ 产权归属的模糊性为不同组织、不同领域、不同所有制类型之间的资源动员与转化提供了渠道。

上述思路或可被用来解释产权不明晰的露天市集为何没有导致市场的混乱与失序:这种不明晰的状态萌生于市场参与者和实践者在长期互

---

① 郑杭生、杨敏:《个人与社会的关系——从前现代到现代的社会学考察》,《江苏社会科学》2003年第1期。
② 赵晓峰:《公域、私域与公私秩序:中国农村基层半正式治理实践的阐释性研究》,《中国研究》2014年第2期。
③ 周雪光:《"关系产权":产权制度的一个社会学解释》,《社会学研究》2005年第2期。

第五章　个人与社会的共生：墨西哥城露天市集的人类学考察

动过程中所形成的彼此关联、无法分割的共同体。再结合"复合产权"的概念，即"产权"是"政治产权""社会产权""文化产权"等多种权利的复合体。① 露天市集中产权不明晰的现象实则等同于一种复合权利的共有状态，这体现在商贩不强调作为个人所拥有的权利，而是更注重作为集体中的一员所承担的责任和义务。他们将权利让渡给集体认同之下的代理人或代表人，尊重并服从于共同体所达成的契约，由此促成一种自下而上的能动性，实现了真正意义上的集体自治与关系互惠。当个人更在乎自己作为集体成员的身份时，自我与他人之间的界限将会变得模糊。公地的悲剧没有上演，现代城市文明所强调的对于"公域"与"私域"的区隔和划分也在这里彻底丧失了吸引力，一种"共生"的理念在城市街角将社会最本真的模样刻画得淋漓尽致。

> 夕阳西下，弥尔顿一家也终于完成了一天的工作，准备回家享用晚餐了。我转头看向摊位的所在之地，他们忙碌的身影仿佛还在我的眼前，可事实上，街道已全然没有了他们来过的痕迹。弥尔顿坐在货车的驾驶座，拍了拍车身，示意我他们要走了，脸上满是笑容。我想起他初次见我时对我所作所为的不解与困惑。他不明白我为什么要研究他们平凡而普通的日常。他很满意现在的生活，好像没有思考过自己究竟想要干什么，也没有因为什么事而感到焦虑难安。他说，明天是在市集的又一天。②

现代社会中，对于"公""私"的分离已然成为难以扭转的大趋势。这也给我们如何处理和平衡个人与社会关系留下了更多的疑窦。当现代化、城市化、个体化越来越将个人从原有的集体社会生活中抽离时，墨西哥城露天市集的和谐与融洽着实令人感到温暖与欣慰。以家庭、朋友、熟人所组成的共同体为依托的工作氛围与"无缘社会"下的现代生活模

---

① 张小军：《让"经济"有灵魂 文化经济学思想之旅》，清华大学出版社2014年版，第74页。
② 摘自笔者的田野笔记（墨西哥城，2017年11月）。

式有着极大的反差,在很大程度上缝合了个人与社会之间的裂痕。① 在市集中,商贩为大众提供商品与服务,通过社会网络实现资源的动员与利用,进而完成了实用与情感层面的双重互惠。商贩通常以家庭为单位,商贩的价值观念与各种形式的资本在代与代之间共享与传递。露天市集、城市空间与环境在商贩及商贩组织的能动性下相互塑造,进一步巩固了城市与个人的内在关系。所以,在笔者看来,弥尔顿的坦白与简单恰恰反映了他对自己的"不惑"。② 他尊重、认同、服从并满足于那个成员之间团结相助、共享共生的小社会。

五 结论

本文通过对墨西哥城露天市集的实地观察与深入分析,结合蔬菜摊贩弥尔顿一家的民族志描绘,试图解释作为"非正规经济"典型代表的露天市集为何能够在产权不明晰的情况下实现有序、有效且合理的运作,既没有被国有化,成为政府主导的商业模式,也没有被资本化或私有化,成为被资本家垄断的企业或组织。

纵观历史,在人类发展的很长一段时间内,市场在社会结构中所发挥的作用并非万能,而是与社会生活的其他要素紧密相连的。③ 格尔茨曾在《小贩与王子》(Peddlers and Princes)一书中指出印尼爪哇社会在现代化变迁中呈现出的两种经济形态,分别为"市集型经济(Bazaar Type Economy)"与"公司型经济(Firm Type Economy)"。④ 其中,"市集型经济"基于爪哇传统农业社会发展而成,商品与服务的流通是以社会与文化系统作为载体的。墨西哥城露天市集同样也可以被视为仍然保留有前哥伦布时期交换特征及伦理道德的活化石。

---

① "无缘社会"(Munen Shakai)系日本 NHK 电视台在 2010 年播出的纪录片的标题,描述的是一个传统社会关系趋向消亡且个体彼此孤立无援的社会。
② 田汝康:《芒市边民的摆》,云南人民出版社 2008 年版,第 101 页。
③ Mike Reed, "An Alternative View of the Underground Economy", *Journal of Economic Issues*, Vol. 19, No. 2, 1985, pp. 567 – 573.
④ Clifford Geertz, *Peddlers and Princes: Social Development and Economic Change in Two Indonesian Towns*, Chicago: The University of Chicago Press, 1963, pp. 1 – 6.

考虑到这种经济行为从本质上是一种由内而外发展而成的内生型经济，而"经济"并非只是"一种始于经济关系的社会行为"，也是"习尚、传承、传说、神话所决定的行为意识"。① 所以，我们有理由从文化作为编码体系的维度解读露天市集的长久存在。研究发现，露天市集应该被理解为生存需求、广义交换、资本、权力、关系、价值观念与道德等诸多要素交织而成的一个复合市场。它是进行社会交往的公共空间，也是上演日常生活的私人场域，不断构建着市场参与者（商贩）的认同感。公、私领域重叠背后的逻辑是文化共同体的不可分割性和群体互惠性。市场内产权及其他权利归属的不明晰实则是共有赋权的外在表现，彰显着个人与社会的有机融合与共生秩序。

当然，市集生活并非是一个理想的乌托邦。这种经济模式也因其对空间街道的占用、不向政府纳税、影响城市美观、买卖行为低效、从业者就业水平低、发展空间小等问题始终遭受着来自各方的争议与挑战。尽管如此，基于"共生"理念、以共同体为载体的墨西哥市集实践仍然为我们提供了在所谓自由、平等、透明的资本主义市场经济之外的另一个选择。

参考文献

李明欢等：《中国非正规经济（下）》，《开放时代》2011 年第 2 期。

［日］栗本慎一郎：《经济人类学》，王名译，商务印书馆 1997 年版。

田汝康：《芒市边民的摆》，云南人民出版社 2008 年版。

张金岭：《城市中的露天市场与社会——在法国里昂的田野调查》，《开放时代》2008 年第 6 期。

张小军：《让"经济"有灵魂 文化经济学思想之旅》，清华大学出版社 2014 年版。

赵晓峰：《公域、私域与公私秩序：中国农村基层半正式治理实践的阐释性研究》，《中国研究》2014 年第 2 期。

郑杭生、杨敏：《个人与社会的关系——从前现代到现代的社会学考察》，《江苏社会科学》2003 年第 1 期。

---

① ［日］栗本慎一郎：《经济人类学》，王名译，商务印书馆 1997 年版，第 10 页。

周雪光:《"关系产权":产权制度的一个社会学解释》,《社会学研究》2005年第2期。

De Soto, Hernandez, *The Other path: The Economic Answer to Terrorism*, New York: Basic Books, 1989.

Delgadillo, Víctor, "La disputa por los mercados de La Merced" [The dispute over the markets of La Merced], *Alteridades*, Vol. 26, No. 51, 2016.

Geertz, Clifford, *Peddlers and Princes: Social Development and Economic Change in Two Indonesian Towns*, Chicago: The University of Chicago Press, 1963.

Haber, Stephen, Noel Maurer, and Armando Razo, *The Politics of Property Rights: Political Instability, Credible Commitments, and Economic Growth in Mexico, 1876–1929*, New York: Cambridge University Press, 2003.

Kantar Worldpanel, "Los mexicanos prefieren ir al tianguis que al súper" [Mexicans prefer to go to tianguis over supermarkets], Excelsior, July 15, 2011, https://www.excelsior.com.mx/2011/07/15/dinero/753255.

Maloney, William F., "Informality revisited", *World Development*, Vol. 32, No. 7, 2004.

Mete, Silvia, Luca Tomaino, and Giovanni Vecchio, "Tianguis Shaping Ciudad. Informal Street Vending as a Decisive Element for Economy, Society and Culture in Mexico", *The Journal of Urbanism*, Vol. 26, No. 1, 2013.

Programa Regional del Empleo para América Latina y el Caribe (PREALC), *Sector informal: funcionamiento y políticas* [Informal sector: operation and policies], Santiago: PREALC, 1978.

Ramírez, José Luis Gayosso, "Los tianguistas de la Ciudad de México: de informales a trabajadores atípicos" [The tianguistas of Mexico City: from informal to atypical workers], *Revista de Ciencias Sociales y Humanidades*, Vol. 30, No. 66, 2009.

Reed, Mike, "An Alternative View of the Underground Economy", *Journal of Economic Issues*, Vol. 19, No. 2, 1985.

Skinner, William G., "Marketing and Social Structure in Rural China, part I", *The Journal of Asian Studies*, Vol. 24, No. 1, 1964.

Villegas, Pascale, "Del tianguis prehispánico al tianguis colonial: Lugar de intercambio y Predicación (siglo XVI)" [From pre-Hispanic tianguis to colonial tianguis: Place of exchange and preaching (16th century)], *Estudios mesoamericanos*, No. 8, 2010.

第 六 章

哈萨克斯坦政治中的部族因素

郑 楠[*]

摘　要：哈萨克汗国建立至今已550余年，历经汗国、沙俄、苏联、共和国四个时期，而部族意识并未随着"玉兹（zhuz）"作为领地集团的消失从哈萨克族人的血液中被抹去。三个玉兹各自在不同时期，以不同方式对哈萨克斯坦社会、政治等方面产生影响。近年来，哈萨克斯坦政府一直试图强调国家的团结、努力厘清部族因素与政治的关系，但被认为是"裙带"的部族因素在哈国政治中逐渐变为禁忌话题，人人心知肚明，却不能摆上台面。打破一个存在数百年的传统习俗以建立新社会是一个很艰难的过程。本章旨在说明，部族意识似乎仍在某些方面影响着哈萨克斯坦政治，这也是哈萨克斯坦决策者们可能更加希望关注的方面。在对国家的整体治理上，祖国之光（Nur-Otan）党可能替代部族因素，发挥更综合的作用。

关键词：哈萨克斯坦；部族；玉兹；纳扎尔巴耶夫

一　导言

本文的背景是2019年年初以来哈萨克斯坦政府发生的一系列变化。

---

[*] 郑楠，清华大学国际与地区研究院、社会科学学院国际关系学系博士研究生。主要研究领域为中亚，2015—2017年曾赴哈萨克斯坦进行田野调查。研究兴趣包括族群政治、比较政治以及社会问题等。

自 1991 年宣布独立以来，哈萨克斯坦直至 2019 年年初只有一位总统：努尔苏丹·纳扎尔巴耶夫（Nursultan Nazarbayev）。在纳扎尔巴耶夫的统治下，政治权力非常集中，其身边的许多重要官员都来自与他相同的玉兹——大玉兹（有关玉兹在哈萨克斯坦的重要性将在下一节进行讨论）。在 2019 年年初，有两项政治动态似乎为一些观察者提出了暗示，即权力将在哈萨克斯坦的政治体系中得到更广泛的传播。

首先是 2019 年 2 月 21 日，纳扎尔巴耶夫在电视讲话中对现任政府近年来的工作未能取得应有的成果提出批评，纳扎尔巴耶夫提出，尽管国家近几年的 GDP 有所增长，但基本依赖能源出口。虽然各类改革计划也正在实施当中，但由于执行机构的办事方法等问题，并没能在主要方向取得实际成果，尤其是解决中小企业发展和创造有效工作岗位等方面的问题正在加剧。随即签署总统令，解散以萨金塔耶夫（Bakhytzhan Sagintayev）为总理的政府，由第一副总理马明出任代总理，并在随后宣布由马明（Askar Uzakbaiuly Mamin）正式出任总理一职。萨金塔耶夫是哈萨克斯坦第十任总理，来自江布尔州，与纳扎尔巴耶夫同属大玉兹。但是在此之前，除了因加入反对派并在之后公开反对纳扎尔巴耶夫而流亡海外的第二任总理卡热格尔金，被视为纳扎尔巴耶夫亲信的萨金塔耶夫却是哈萨克斯坦独立后第一个引咎辞职的总理。而现任总理马明出生于努尔苏丹市，属于中玉兹。

其次是 2019 年 3 月，纳扎尔巴耶夫突然宣布辞去总统职务，由上院议长托卡耶夫（Kassym-Jomart Tokayev）出任代总统。随后在 2019 年 6 月提前举行的总统大选中，托卡耶夫赢得 71% 的选票，正式出任哈萨克斯坦第二任总统。在此之前，托卡耶夫被普遍视为纳扎尔巴耶夫的接班人，他同样来自大玉兹。其上任之初便提出了旨在创建一个更开放政治体制的改革措施。他强调需要"克服对不同意见的恐惧"[1]，需要进行全国对话，并且准备建立一个"倾听国家"，以便"迅速有效地回应所有有

---

[1] Georgi Gotev, "Kazakhstan's Leadership Opens up to 'Alternative Opinion'", *EURACTIV*, December 24, 2019, https：//www.euractiv.com/section/central-asia/news/kazakhstans-leadership-opens-up-to-alternative-opinion/.

建设性的公民建议"。①

然而以上两个事件的发生是否代表部族因素正逐渐从哈萨克斯坦政治中被剥离，仍然有待观察。但两个事件发生后的一些迹象表明，部族因素似乎仍在该国发挥作用。例如，在新总理马明上任之后提出的新一届18个内阁成员名单中，有12人来自大玉兹地区。

二 哈萨克斯坦玉兹问题的起源

哈萨克斯坦是一个多民族国家，根据2009年哈萨克斯坦人口普查结果，全国共有125个民族。自1991年建国以来，哈萨克斯坦经历过几次由民族问题引发的冲突，包括北部俄罗斯族、南部乌兹别克族和中部的日耳曼族都曾在不同时间对政府发难。这在一定程度上影响了哈萨克斯坦的社会政治稳定，哈国政府也为解决这些问题一次又一次地进行民族政策调整，包括在1997年将首都从阿拉木图迁至阿斯塔纳（今努尔苏丹），有学者分析迁都的原因之一就是为了稳定北部的俄罗斯族问题，以及苏联时期遗留在叶雷门套（Erementau，位于首都努尔苏丹东北方156公里处）的日耳曼人问题。1979年，苏联政府曾试图在这一地区建立日耳曼人自治区，由于哈萨克斯坦的强烈反对而未能成功。自1997年开始，哈萨克斯坦制定了一系列行之有效的民族政策，在很大程度上解决了民族间的矛盾。

在哈萨克民族内部还分为3个部族（zhuz）、21个部落（tribe）以及不计其数的氏族（clan）。16世纪下半叶至17世纪，哈萨克汗国内的游牧民族逐渐形成了三个相对独立发展的部分：大玉兹（Senior zhuz）、中玉兹（Middle zhuz）和小玉兹（Junior zhuz）。大玉兹主要分布在今哈萨克斯坦东南部的塔拉兹河、伊犁河和楚河流域；中玉兹人数最多，实力也最强，分布在哈萨克斯坦中部、北部和东部；小玉兹位于今哈萨克斯

---

① Kassym-Jomart Tokayev, "President Kassym-Jomart Tokayev's State of the Nation Address: Constructive Public Dialogue—The Basis of Stability and Prosperity of Kazakhstan", akorda.kz, September 2, 2019, https://www.akorda.kz/en/addresses/addresses_of_president/president-of-kazakhstan-kassym-jomart-tokayevs-state-of-the-nation-address-september-2-2019.

坦的西部地区。哈萨克草原幅员辽阔、资源丰富，使得每个玉兹都拥有自己良好的夏季牧场（草原和山区）和冬季牧场（森林和河流湖泊）。这对三个玉兹各自来说虽然是好事，但却从某种程度上隔绝了彼此之间合作、交往的必要性，因此在游牧领地渐渐固定下来之后，彼此间的独立性也逐渐增强了。

落后的游牧经济和匮乏的内部市场，一直阻碍着哈萨克草原形成一个统一的集权国家，三个玉兹之间缺乏稳定的政治、经济联系。其中中、小玉兹之间存在着以贵族代表联席会为形式的政治联盟，而大玉兹则独立性更强，一般不参与这种政治联盟。① 三个玉兹形成各自的独立领地之后，哈萨克人的内部分裂便成为阻碍哈萨克民族统一与发展进程的重要因素。

从民族或族群的主体立场出发，评价现有国家建构对自身的意义，首先在于国家建构是一种理性化的制度。通过这种制度，国家可以向个人提供比族群所能提供的更大的制度化的利益保障。② 然而从哈萨克斯坦来看，部族这一因素无论在政治中还是在人们的生活中所扮演的角色都举足轻重。这无疑破坏了我们对"民族国家"这一概念的理解。理想情况下，政治与部族的关系应当体现为政治服务于部族，即政治对部族起到一种调控作用，在此基础上为他们争取利益。与此不同的是，当部族政治成为特定部落以牺牲他人利益为代价作为获取利益的手段时，就会出现问题。那么归根结底人们到底是忠于国家还是忠于某一宗族部落？哈萨克斯坦的部族意识自民族形成以来便长期存在并根深蒂固，这种意识从根本上来说是一种部族本位主义，主要关心如何将本部利益最大化。自哈萨克汗国开始直至哈萨克斯坦独立，在各个历史时期，社会的各个阶层部族意识所产生的影响也不尽相同，但从总体来说负面影响大于正面影响，不利于国家的统一和民族的完整。

哈萨克斯坦历史学、民族学家马萨诺夫（Nurbulat Masanov）曾于1999年在俄罗斯期刊上发表过一篇名为《哈萨克政治知识精英——部族

---

① 马大正、冯锡时：《中亚五国史纲》，新疆人民出版社2005年版，第62页。
② 关凯：《族群政治》：中央民族大学出版社2007年版，第41页。

参与和内部竞争》的文章。① 马萨诺夫在文章中指出，玉兹身份在当前哈萨克斯坦仍然拥有重要的政治意义。他认为，之所以纳扎尔巴耶夫将首都从阿拉木图迁至阿斯塔纳，是在经历了库纳耶夫（D. Kunayev）②、纳扎尔巴耶夫两任大玉兹领导人执政后总结出的经验性决策，即抛开其他诸如地理等因素不谈，迁都的一个重要意义就是将传统的大玉兹领地向哈萨克斯坦中部扩张，抑制阿克莫拉州附近的中玉兹政治势力。

直至斯大林去世前，哈萨克斯坦的精英阶层主要来自中玉兹。其中包括政府部门中的诸如哈共中央委员会第一秘书沙亚赫梅托夫（D. Shayakhmetov）、哈共议会主席云达讯诺夫（N. Undasynov）、哈萨克最高主席团主席卡扎克巴耶夫（A. Kazakpaev）等。③ 除此之外，当时的哈国其他领域诸如文化、科研领域也都是中玉兹的天下。另外，两玉兹虽然也有人在政府部门任职，但影响力却并不足以同中玉兹相提并论。这种情况一直持续到1953年斯大林去世。然而也正是由于中玉兹在社会精英中所占比例较大，其在1936—1938年的苏联"大清洗"运动中遭受了比其他两玉兹更大的损失。

直至20世纪70年代，小玉兹在哈萨克斯坦的政治地位才开始逐渐提高。在20世纪50—60年代，小玉兹族人的职位甚至从未高过哈共地区委员会（Regional Committee of the CPK）第一书记的级别。在此期间，仅苏日科夫（M. Suzhikov）一人在很短的一段时间内（1951—1954年）担任过"哈萨克斯坦共产党中央委员会（布尔什维克）④ 书记"一职，该职位高度类似于哈共中央委员会第二书记；20世纪70年代，伊马舍夫（S. Imashev）出任哈共中央意识形态委员会书记，随后进入哈萨克斯坦最高主席团；80年代初，在安德罗波夫（Yuri Andropov，时任苏共中央总书记）的推荐下，卡马力杰诺夫（Z. Kamalidenov）辞去了苏联国家安全委

---

① Nurbulat Edigeevich Masanov, "Kazakhskaya politicheskaya i intellektual'naya elita: klanovaya prinadlezhnost' i vnutrietnicheskoye sopernichestvo" [Kazakh Political and Intellectual Elite: Clan Affiliation and Intra-ethnic Rivalry], *Vestnik Yevrazii* [Herald of Eurasia], No. 1, 1999, pp. 46–61.

② D. 库纳耶夫，来自大玉兹，1960—1962年、1964—1986年两任哈共中央第一书记。

③ Nurbulat Edigeevich Masanov, "Kazakhskaya politicheskaya i intellektual'naya elita: klanovaya prinadlezhnost' i vnutrietnicheskoye sopernichestvo" [Kazakh Political and Intellectual Elite: Clan Affiliation and Intra-ethnic Rivalry], *Vestnik Yevrazii* [Herald of Eurasia], No. 1, 1999, p. 49.

④ ЦК КП (б), The Central Committee of the Communist Party (Bolsheviks) of Kazakhstan.

员会主席的职务，返回哈萨克斯坦出任哈共中央委员会书记，并准备作为长期统治哈萨克斯坦的哈共第一书记库纳耶夫的接班人接受培养。卡马力杰诺夫达到的这一位置被认为是小玉兹人自苏联时期至今所达到的政府最高位置。然而，随着1984年安德罗波夫去世，这一计划也随即被撤回。

如前文所述，小玉兹领地位于哈萨克斯坦西部，由于远离托雷部（成吉思汗后裔），哈萨克汗国时期没有一个可汗来自小玉兹地区。① 并且由于中、大两玉兹历来强势，小玉兹在历史上几乎一直处于国家政治的边缘地带，但该部族整体凝聚力较强。在这种条件下，几百年来小玉兹人也逐渐领悟了自己的一套生存之道。在苏联时期的具体表现为，他们倾向于在另外两个部族不去问津的冷门部门任职，并且不惜与另外两个部族联合共事，从而为自己争取利益。

大玉兹时代的开始可以追溯至1964年，勃列日涅夫（L. Brezhnev）担任苏共中央总书记。随着他的上台，库纳耶夫作为他的朋友顺理成章地成为哈萨克斯坦领导人，也结束了中玉兹在哈萨克斯坦精英阶层的统治地位。在库纳耶夫执政的22年里，他从根本上改变了三个玉兹之间的势力平衡，大量高层中玉兹官员被裁撤，并由大玉兹人取而代之。在政府之外，库纳耶夫也结束了中玉兹阿尔衮部落对哈萨克斯坦科学院的垄断，让自己的弟弟阿克萨·库纳耶夫（Aksar Kunayev）出任科学院院长。纳扎尔巴耶夫也是在这一时期从一名钢铁工人逐渐成为哈萨克斯坦总理、部长会议主席的。虽然库纳耶夫在1986年被苏共中央解职，纳扎尔巴耶夫却并未受到牵连。苏联解体前的最后几年里，大玉兹人在哈萨克斯坦政府中的绝对权力不断受到来自中、小两玉兹的挑战，然而在这一时期，大玉兹采取了一种拉拢部分小玉兹官员来对抗中玉兹的方法。

哈萨克斯坦政坛中的部族主义愈演愈烈，逐渐引起了苏共中央政府的注意。为了解决哈国国内的部族冲突，1984年，戈尔巴乔夫（M. Gorbatchev）出任苏共中央总书记不久后，决定调派俄罗斯前乌里扬诺夫斯克地区党委书记、俄族人科尔宾前往哈萨克斯坦，接替库纳耶夫担任哈共中央委员会第一书记的职务。"第四玉兹"俄族人的到来，使得

---

① 根据哈萨克汗国法律，汗国可汗必须从托雷部落的苏丹中选取。

哈萨克三个玉兹凝聚在一起，也直接导致了"十二月事件"的发生。在"十二月事件"中，民众的意愿是让科尔宾下台，让库纳耶夫重新执政，以及让纳扎尔巴耶夫和卡马力杰诺夫进入哈共中央领导班子，这也在无形中将大、小两个玉兹的利益捆绑在了一起。在纳扎尔巴耶夫后来的官方传记中，他解释"十二月事件"是"几十年来各种社会政治压力累积的结果，其中包括哈萨克语学校数目的急剧减少和民族语言、传统宗教和哈萨克文化的边缘化"。①

哈萨克斯坦共和国1991年独立后，纳扎尔巴耶夫顺利出任首任总统。经过第一次总统大选后，在哈萨克斯坦政坛内出现了一个新名词，"切摩尔干结构"②。这一名词用来形容纳扎尔巴耶夫执政后的政治结构，即国家强力部门基本都由大玉兹人出任领导，而其他两部族的人则大多在影响力较小、权力有限的部门任职。

在苏联时期，哈萨克斯坦政府内最高职位的任命过程中一直存在着某种部族间的平衡，而随着时间的推移，这种平衡也逐渐发生了变化，在哈萨克斯坦共和国独立后更加显而易见。根据哈萨克斯坦国立大学教授努尔兰·阿姆雷库洛夫（Nurlan Amrekulov）的统计，苏联时期哈共中央第一书记库纳耶夫（1964—1984年）来自大玉兹，第二书记为俄罗斯人，部长会议主席阿西莫夫（B. Ashimov，1970—1984年）来自中玉兹。最高委员会主席尼亚孜别科夫（S. Niyazbekov，1965—1978年）和他的继任者阿布都卡里莫夫（I. Abdukarimov）都来自小玉兹。这种结构显示出一种合理的平衡。哈萨克斯坦独立后，失去苏联控制的哈萨克斯坦政坛局势开始失衡：1995—1999年，总统纳扎尔巴耶夫来自大玉兹，总理卡热格尔金（Akezhan Kazhegeldin）来自中玉兹，上院议长拜格尔迪（O. Baigeldy）来自大玉兹，下院议长奥斯潘诺夫（M. Ospanov）来自中玉兹，国务秘书克基尔巴耶夫（A. Kekilbayev）来自小玉兹，如此哈萨克斯坦中央权力中三玉兹所占的比例变为2∶2∶1，1999年第二次总统选举

---

① "Nursultan Nazarbayev. A life Story of the First President of Kazakhstan", *Kazinform*, July 1, 2016, https://www.inform.kz/en/nursultan-nazarbayev-a-life-story-of-the-first-president-of-kazakhstan_a2927292.

② "чемолганизации" властных структур，切摩尔干，今称乌什科尼尔村，位于今阿拉木图州，为纳扎尔巴耶夫出生地。

后，这一比例变为3∶3∶1。如果将州长以上官员全部算在内，大、中、小三玉兹的比例为23∶13∶6。① 不难发现，自苏联解体后不久，哈萨克斯坦的权力体系就朝着以大玉兹为核心的方向开始发展。

总的来说，关于哈萨克斯坦的部族因素对其政治影响呈何种趋势，学术界目前还没有形成统一的看法。中国研究人员普遍认为，哈萨克斯坦政治中部族因素的影响并未减弱或呈上升趋势；而哈萨克斯坦、俄罗斯和西方研究人员普遍认为呈下降趋势。一种统一的观点是，无论呈现何种态势，部族对政治的影响在哈萨克斯坦是客观存在的，并且仍将长期存在下去。

三 独立后哈萨克斯坦精英阶层中的部族因素

由于哈萨克斯坦民族、部族问题的敏感性，近年来有关哈萨克斯坦精英阶层成员的个人部族归属愈发难以收集，当前所能见到最近的部族相关数据为2000年数据。笔者尝试更新哈萨克斯坦精英阶层的个人部族归属数据，并通过统计分析得出结论。统计包括以下几方面：

哈萨克斯坦3个直辖市14个州市长、州长的任职情况及部族所属（1991—2019年）。

哈萨克斯坦历任总理任职情况及部族所属（1991—2019年）。

哈萨克斯坦各部委历任部长、负责人部族所属（1991—2019年）。

哈萨克斯坦武装力量各部负责人部族所属（1991—2019年）。

哈萨克斯坦上下议会议长部族所属及下院席位构成分析。②

在人员的部族所属甄别问题上，经初步查阅资料、询问哈国专家之后得知，在当前虽然按照出生地来判断一个人的部族所属不能保证绝对准确，也能得到大概率准确的结果。苏联时期工业化造成的人口流动多集中在个别大城市，而大部分小城市、村镇居民并不会迁移到距离家乡

---

① N. Amrekulov, "Zhuzy v sotsial'no-politicheskoy zhizni Kazakhstana" [Zhuzes in the Socio-political Life of Kazakhstan], *Central Asia and the Caucasus*, 2000, http://ca-c.org/journal/cac-09-2000/16.Amrek.shtml.

② 所有数据均来源于哈萨克斯坦政府官方网站、各市州政府官方网站，以及哈萨克斯坦政法资料网站 zakon.kz, http://online.zakon.kz/。

过远的地方。本章中所有人员的部族所属均根据其出生地判断。在部族交界地区（科斯塔奈州为中、小玉兹交界地区，克孜勒奥尔达州为大、中、小三玉兹交界地区），甄别位置具体到村镇。无出生村镇信息人员按占比更大部族统计（两州均为中玉兹）。统计包含姓名、任期、出生地、部族所属四个要素。

（一）哈萨克斯坦 3 个直辖市 14 个州市长、州长的任职情况及部族所属（1991—2019 年）

自独立至 2019 年，哈萨克斯坦各直辖市、州历任市长、州长共计 138 人。如果按三个部族在哈萨克斯坦历史上的传统领地划分，则大玉兹属地有 1 个直辖市 3 个州①（阿拉木图市、奇姆肯特市、阿拉木图州、江布尔州、图尔克斯坦州）；中玉兹属地有 1 个直辖市 7 个州（努尔苏丹市、阿克莫拉州、巴甫洛达尔州、卡拉干达州、北哈萨克斯坦州、东哈萨克斯坦州、科斯塔奈州、克孜勒奥尔达州），小玉兹属地有 4 个州（阿克托别州、西哈萨克斯坦州、曼吉斯套州、阿特劳州）。各市、州在所有时间内都有一名市长、州长，因此哈萨克斯坦境内三玉兹传统属地的市、州长比例应为 4∶8∶4（大玉兹属地、中玉兹属地、小玉兹属地）。假设各市、州当地人通常更倾向于选择本部（地）人为地方领导，则理想状态下大、中、小三玉兹官员总体比例也应为 4∶8∶4，即 25%∶50%∶25%（与三玉兹属地官员比例相同）。

笔者统计数据表明，实际情况下三玉兹市、州长总体比例为 33%∶36%∶18%，与预期比例不符（如图 6—1 所示）。考虑到中玉兹属地居民含全哈境内大部分俄罗斯族和日耳曼族，可以理解为在中玉兹所属 1 个市 7 个州的权力被俄罗斯、日耳曼两族分散，如尝试将中玉兹属地全部非哈族官员算入中玉兹，占比达到 44.9%；将小玉兹属地全部非哈族官员算入小玉兹，占比为 21.7%；中、小两玉兹市、州长人数仍均未达到其应有的"公平"比例。大玉兹属地无其他民族担任州、市长历史。

---

① 奇姆肯特市在 2018 年 6 月 19 日被升级为哈萨克斯坦第三个直辖市，仅有一任市长来自大玉兹，故本章所有统计不将其单独列出作为理想状态下三玉兹官员比例，仅将其市长算入图尔克斯坦州总官员人数当中。南哈萨克斯坦州亦在同日更名为图尔克斯坦州。

第六章　哈萨克斯坦政治中的部族因素 / 109

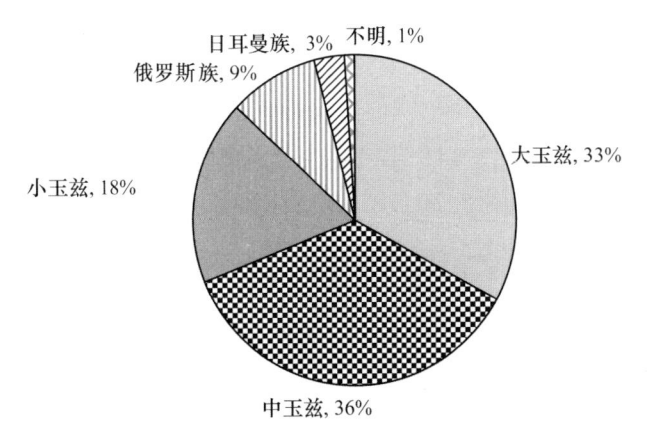

图6—1　哈萨克斯坦3个直辖市14个州历任市长、州长各部族人数占比（1991—2019年）

资料来源：哈萨克斯坦政府官方网站、各市州政府官方网站，以及哈萨克斯坦政法资料网站 zakon. kz，http：//online. zakon. kz/。

在任职时间方面，中玉兹市、州长平均任职时间明显少于其他两玉兹。1992—2019年任职的所有市长、州长总任期为428年。理想状态下，三玉兹市、州长总体任职时间比例应与人数比例相同，即33%：36%：18%。统计数据表明，三玉兹市、州长实际任职时间比例为34%：28%：25%（如图6—2所示）。在俄罗斯族、日耳曼族所占比例变化不大的前提下，大玉兹官员在任时间比例较官员人数比提高1%，小玉兹提高7%，中玉兹降低8%。

如果三部族间应该存在一种公平的任命分配，则在统计数据覆盖的自哈萨克斯坦独立至2019年，哈萨克族内大玉兹和小玉兹获得了比预期更多的地方最高职位任命，而中玉兹则并未达到预期水平。需要再次指出，"公平"一词基于当地人通常会选择本部人为地方领导的假设。

（二）哈萨克斯坦历任总理任职情况及部族所属（1991—2019年）

1991—2019年，哈萨克斯坦共有11任总理，其中一人（来自中玉兹）曾连任两届，在图6—3统计中记两任。11任总理共10人中，一人

大玉兹，34%
中玉兹，28%
小玉兹，25%
俄罗斯族，10%
日耳曼族，3%
不明，0%

■ 大玉兹　▨ 中玉兹　▨ 小玉兹　▥ 俄罗斯族　▨ 日耳曼族　□ 不明

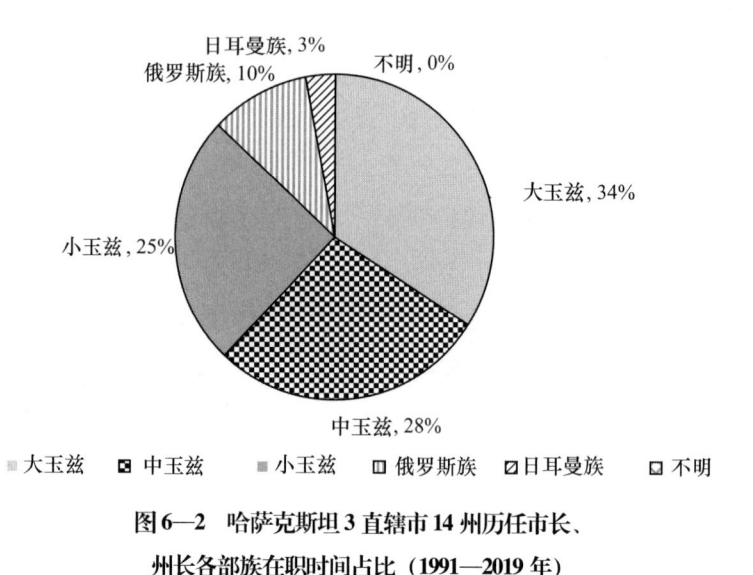

**图6—2　哈萨克斯坦3直辖市14州历任市长、
州长各部族在职时间占比（1991—2019年）**

资料来源：哈萨克斯坦政府官方网站、各市州政府官方网站，以及哈萨克斯坦政法资料网站 zakon. kz，http：//online. zakon. kz/。

为俄罗斯族，本节重点分析9名哈萨克族总理。如图6—3所示，在历任总理中，中玉兹人达到6任，为任期最多的部族。总理一职在哈萨克斯坦政治体系中具有相当重要的意义，每一任总理的任免都应为纳扎尔巴耶夫总统深思熟虑的结果。而中玉兹在总理一职上的主导地位，从表面上看似乎与中玉兹在市、州长层面上任职水平不足的情况背道而驰。要解释这一点，有必要对总理任命背后的政治因素进行分析。

本文认为，中玉兹人在总理一职上的优势并不能代表其在哈萨克斯坦整个政治体系中同样占有优势。值得注意的是，大玉兹总理和小玉兹总理与纳扎尔巴耶夫总统整体上保有良好的工作关系，因此能够取得更多的成绩。而在6任中玉兹总理中，某种程度上只有与总统关系良好的人才能够独善其身，其中马西莫夫的跨民族背景也成为稀释其玉兹身份的重要原因。历任总理任职背景和记录概述如下，9人按部族属性分为三个部分。

第六章　哈萨克斯坦政治中的部族因素　／　111

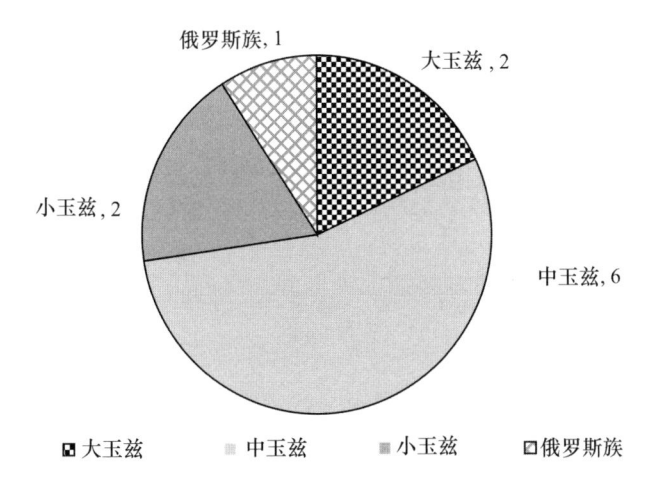

图6—3　哈萨克斯坦历任总理部族所属（1991—2019年）

资料来源：哈萨克斯坦政府官方网站、各市州政府官方网站，以及哈萨克斯坦政法资料网站zakon.kz，http://online.zakon.kz/。

中玉兹总理

卡热格尔金出生于塞米巴拉金斯克，为哈萨克斯坦独立后第二任总理，1994年10月就职，1997年10月辞职。虽然他对外宣称辞职原因是健康问题，但外界普遍认为真实原因是对当局的不满。卸任总理后，卡热格尔金在1998年参加总统选举，选举失败后前往欧洲，随后成为反对党哈萨克斯坦共和国人民党主席，并公开表示反对纳扎尔巴耶夫。1999年卡热格尔金被指滥用国家权力、勒索受贿接受刑事调查。2002年卡热格尔金正式接受"自由护照"流亡欧洲。

达尼亚尔·艾哈迈托夫（Deniyal Akhmetov）出生于巴甫洛达尔市，2003—2007年担任哈萨克斯坦总理。他独断专行的行事风格和尖锐的性格曾引起很多政府官员的不满。2006年，纳扎尔巴耶夫总统强烈批评他的超支以及其他行政错误。2007年1月艾哈迈托夫提出辞职，随后担任国防部部长，又于2009年被纳扎尔巴耶夫解职。之后他一度表示不愿重返政坛，但在2014年11月又被任命为东哈萨克斯坦州州长。

马西莫夫（Karim Qajymqanuly Masimov）出生于阿斯塔纳市，于2007

年 1 月至 2012 年 9 月、2014 年 4 月至 2016 年 9 月两次担任总理。马西莫夫是纳扎尔巴耶夫的忠实支持者，其父亲为维吾尔人，母亲为哈萨克人。因此尽管他坚称自己是哈萨克人，许多人仍认为他是维吾尔族人。现为哈萨克斯坦国家安全部部长。

谢里克·艾哈迈托夫（Serik Ahhmetov）出生于卡拉干达州，于 2012 年 9 月至 2014 年 4 月担任总理，随后曾短暂担任国防部部长，与总统关系一直不太好。在担任国防部部长期间，艾哈迈托夫被指控挪用公款罪遭逮捕，于 2015 年 12 月 11 日被判处 10 年监禁，于 2017 年 9 月获得保释。

马明出生于努尔苏丹市，为现任总理，2019 年 2 月被任命。马明同马西莫夫是阿斯塔纳第一中学的同学。在此之前，他曾担任工业贸易部副部长，信息通讯部副部长、部长，以及努尔苏丹市市长等要职，并在 2008 年开始管理国有企业哈萨克斯坦铁路集团，2016 年出任哈萨克斯坦第一副总理。马明的迅速上位一方面得益于其丰富的实体企业管理经验和扎实的经济学基础，这使他非常适合担任政府当前需要的反危机管理者的角色，另一方面也是由于纳扎尔巴耶夫认为其没有参与政治斗争的倾向。① 除此之外，他的上任也是哈萨克斯坦提高政治透明度的一个信号。

小玉兹总理

巴尔金巴耶夫（Nurlan Balgimbayev）出生于阿特劳州，1997 年 10 月至 1999 年 10 月担任总理，曾担任哈萨克斯坦石油天然气部部长，在能源领域颇有建树，以勤奋的工作和有效的管理在行业中享有很好的声誉。卸任总理后，巴尔金巴耶夫开始从商，现为意大利埃尼石油天然气公司执行董事。

塔斯马加姆别托夫（Imangali Tasmagambetov）出生于阿特劳州，

---

① "Mneniye politologa: Chto znachit naznacheniye Askara Mamina prem'yer – ministrom" [Opinion of a Political Scientist: What does the Appointment of Askar Mamin as Prime Minister Mean?], zakon. kz, February 25, 2019, https://www.zakon.kz/4959400 - mnenie - politologa - chto - znachit.html.

2002年1月至2003年6月担任总理，随后又就任了一系列重要职位，包括国防部部长、努尔苏丹市市长、阿拉木图市市长等。塔斯马加姆别托夫的工作能力和工作效率均为纳扎尔巴耶夫所认可，在社会上也享有极高的声誉。在此之前有很多声音认为他可能会成为纳扎尔巴耶夫的继任者领导哈萨克斯坦，但其小玉兹出身的背景使得这种可能变得几乎不存在。2017年，塔斯马加姆别托夫被派往俄罗斯就任哈萨克斯坦驻俄罗斯大使。

大玉兹总理

萨金塔耶夫出生于阿拉木图市，2016年9月至2019年2月担任总理，曾任哈萨克斯坦经济发展贸易部部长、地区发展部部长、巴甫洛达尔州州长等职。2015年，在担任两年祖国之光党第一副主席后，萨金塔耶夫被任命为哈萨克斯坦副总理，并在随后就任总理。2019年2月，纳扎尔巴耶夫在电视讲话中公开表达对其任期内政府工作成绩的不满，并随后签署命令解散政府，萨金塔耶夫也随即辞职。但是在随后召开的祖国之光党第十八届代表大会上，萨金塔耶夫当选为该党政治委员，3月1日纳扎尔巴耶夫签署命令任命其为国务卿。2019年6月，萨金塔耶夫回到家乡阿拉木图市，担任哈国最大城市市长。

托卡耶夫出生于阿拉木图市，1999年10月至2002年1月担任总理，随后又担任了一系列国家高级职务，包括两任哈萨克斯坦外交部部长、两任上院议长等。2011—2013年，托卡耶夫代表哈萨克斯坦赴海外工作，出任联合国副秘书长、联合国驻日内瓦办事处总干事等职位。2019年3月，托卡耶夫接替纳扎尔巴耶夫成为哈萨克斯坦代总统，并在随后成功竞选哈萨克斯坦总统。

通过以上历任总理的任职背景和记录，可以很明显地看出，在六任五个中玉兹总理中，除现任总理马明之外似乎只有连哈萨克族身份都不能明确的马西莫夫能够独善其身，其余几人在任职期间行使职权中都曾遇到一系列困难，有的甚至直至今日还作为政治流亡者在海外寻求庇护。小玉兹两任总理之所以能够有较好的任职环境和结果，一方面由于他们出色的工作能力，另一方面也因为他们对经济管理的关注远高于对政治的关注，这在某种程度上也可以使纳扎尔巴耶夫总统更加放心。大玉兹的两人中,托卡耶夫始终被委以重任,并且事实证明已经成为纳扎尔巴耶夫总统的继承者;而萨金塔耶夫虽然在工作中与总统出现了问题和分歧,但仍在政府和党内担任要职。

(三)哈萨克斯坦各部委历任部长、负责人部族所属(1991—2019 年)

本节统计涵盖哈萨克斯坦各国家部委历任部长及负责人共计 208 人,以及他们的部族所属。① 在国家部门官员方面,理想状态下三玉兹官员人数比例应与全哈萨克斯坦境内大、中、小三玉兹总人口比例相同。如果偏离理想比例,则可以视为国家高级职位任命失衡。笔者根据可用资料对三玉兹总人口进行更新。② 努尔苏丹、阿拉木图为外来移民较多城市,因此此数据并不精确,仅作为对比参考。具体数据见表 6—1。

表 6—1　　　　哈萨克斯坦三玉兹及俄罗斯族总人口占比

	人口	百分比
总计	11748206(15392735)	100%
大玉兹(1 市 3 州)	5246503	45%(34%)
中玉兹(1 市 7 州)	4227787	36%(27%)
小玉兹(4 州)	2273916	19%(15%)
俄罗斯族	3644529	(24%)

资料来源:哈萨克斯坦政府官方网站、各市州政府官方网站以及哈萨克斯坦政法资料网站 zakon.kz, http://online.zakon.kz/。

考虑到俄罗斯族人口在哈萨克斯坦同样占较大比例,本统计将俄罗斯族人算入其中,表 6—1 中括号内比例为包含俄罗斯族人口比例。三玉兹及俄罗斯族官员具体比例结果见图 6—4。

---

① 统计包括以下部委历任部长及负责人:内政部、安全部、紧急情况部、国家边防安全委员会、外交部、国防部、财政部、科学教育部、能源部、投资发展部、信息和社会发展部、司法部、卫生部、文化体育部、数字发展国防和航空航天工业部、劳动和社会保障部、农业部、工业和基础设施发展部、国民经济部,以及已经改组的前石油天然气部、工业和新技术部、环境和水资源部和交通运输部。全部官员人数总计 208 人。

② 在此之前可以找到的最近三玉兹总人口比例为美国中亚专家玛莎·布瑞尔·奥卡特于 2003 年做的统计,三玉兹总人口比例为 35%:40%:25%。

朝鲜族, 1%　不明, 2%
俄罗斯族, 12%
小玉兹, 8%
大玉兹, 51%
中玉兹, 26%

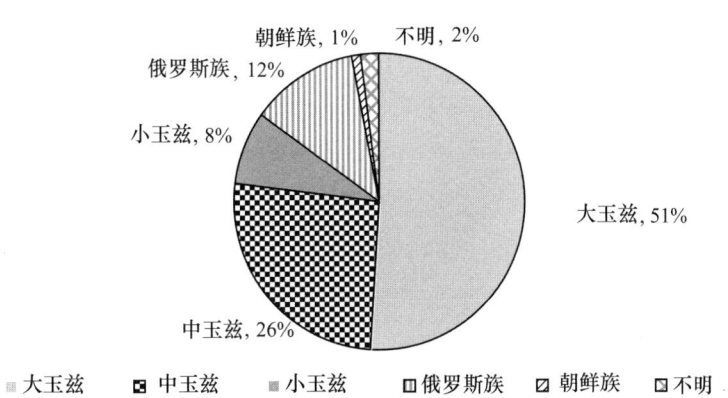

■ 大玉兹　■ 中玉兹　■ 小玉兹　■ 俄罗斯族　■ 朝鲜族　■ 不明

图6—4　哈萨克斯坦各部委历任部长、负责人部族所属（1991—2019年）
资料来源：哈萨克斯坦政府官方网站、各市州政府官方网站，以及哈萨克斯坦政法资料网站zakon. kz, http：//online. zakon. kz/。

如表6—1所示，在理想状态下，三玉兹及俄罗斯族在哈萨克斯坦国家各部委历任部长、负责人比例应为34%：27%：15%：24%。如图6—4所示，在哈萨克斯坦国家部委中，大玉兹部长及负责人人数超过半数，处于绝对优势地位，中玉兹人数比例与其总人口比例基本持平，小玉兹人数比例低于自身水平7%。俄罗斯族在哈萨克斯坦高级官员中的占比仅为总人口比例的一半。

（四）哈萨克斯坦武装力量各部负责人部族所属（1991—2019年）

独立至今，哈萨克斯坦武装力量各部在不同时段经历数次改编。例如哈萨克斯坦四大军区于2003年重新命名整编，海军于2008年改编，陆军于2009年改编。由于部分信息尚未公开，本节中海军、陆军各部负责人均从改编后开始统计。与前一小节理由相同，理想状态下国家武装力量中的高级职位分配应与本部族总人数相同，即34%：27%：15%：24%（如表6—1所示）。统计数据共涵盖哈萨克斯坦武装力量各部负责人57人，三玉兹及俄罗斯族具体比例如图6—5所示。[①]

---

① 统计包括以下哈萨克斯坦各武装力量负责人：历任四大军区司令、陆军总司令、空天部队总司令（包括空军、防空部队、空降兵部队）、海军总司令以及国民警卫队负责人。

俄罗斯族，12%
大玉兹，35%
小玉兹，21%
中玉兹，32%

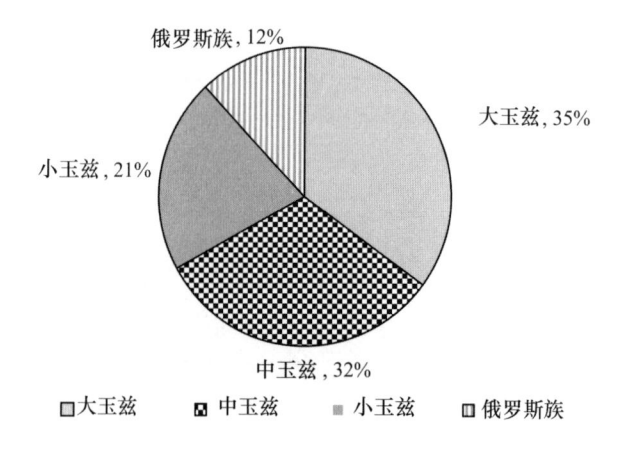

☐ 大玉兹　▨ 中玉兹　▨ 小玉兹　▨ 俄罗斯族

图 6—5　哈萨克斯坦武装力量各部负责人部族所属（1991—2019 年）

资料来源：哈萨克斯坦政府官方网站、各市州政府官方网站以及哈萨克斯坦政法资料网站 zakon. kz，http：//online. zakon. kz/。

结果表明在部队将领中，大玉兹仍然是人数最多的群体，与自身总人口比例基本保持一致；中玉兹军官较理想比例提高 5%；小玉兹军官较理想比例提高 6%。俄罗斯族军官仅为理想比例的一半，仍然与自身总人数比不成比例。

（五）哈萨克斯坦上下议会议长部族所属及下院席位构成分析

1995 年起，哈萨克斯坦开始实行两院制议会：议会上院（Senate）和议会下院，也称马日利斯（Mazhilis）。上院议员中，一半人数由总统指定，另一半则通过每 3 年进行一次的选举产生。下院议员全部通过选举产生，任期为五年。上院议长由总统直接指派，下院议长则由下院议员通过选举产生。需要注意的是，哈萨克斯坦宪法规定，若总统出现意外，例如健康问题等情况出现时，履行代总统权力的顺序依次为上院议长、下院议长、总理，由此可见上院议长是总统之外最靠近国家最高权力的职位。

1995 年至今，哈萨克斯坦共经历了六届议会，两院合计议长 16 人，历任上下院议长任职情况及部族所属如表 6—2 所示。可以看到，上院议长中，除一人外全部来自大玉兹；而下院议长中除一人外全部来自中、小玉兹。需要注意的是，1995 年至今，从未出现过在一届议会中上下院议长都非大玉兹人的情况。上院议长中唯一一任非大玉兹议长阿布迪卡里莫夫（Oralbay Abdikarimov）来自中玉兹，独立后一直在哈萨克斯坦总统办公厅任职，与纳扎尔巴耶夫总统关系密切。即使在这样的情况下，与其同届的下院议长也是六届下院议长中唯一一个大玉兹人。

表6—2　哈萨克斯坦六届议会上院、下院议长任职情况及部族所属

	上院	部族	下院	部族
第一届 1996—1999年	Omirbek Baigeldi	大	Marat Turdybekovich Ospanov	中
第二届 1999—2004年	Oralbay Abdykarimovich Abdukarimov	中	Zharmakhan Aitbayuly Tuyakbai	大
第三届 2004—2007年	Nurtay Abykaevich Abykaev	大	Ural Baygunsovich Mukhamedzhanov	中
第四届 2007—2011年	Kasym-Zhomart Kemeluly Tokaev	大	Aslan Espulaevich Musin	小
第五届 2012—2016年	Kairat Abdrazakovich Mami Kasym-Zhomart Kemeluly Tokayev	大 大	Nurlan Zayrullaevich Nigmatulin Kabibulla Kabenovich Dzhakupov	中 小
第六届 2016年至今	Kasym-Zhomart Kemeluly Tokayev Dariga Nazarbayeva	大 大	Baktykozha Salahatdinovich Izumukhambetov Nurlan Zayrullaevich Nigmatulin	小 中

资料来源：哈萨克斯坦政府官方网站、各市州政府官方网站以及哈萨克斯坦政法资料网站 zakon.kz，http://online.zakon.kz/。

此外，在六届16位上下院议长中，仅有一人非祖国之光党成员，这一情况也削弱了中、小玉兹人在下院议长这一职位上的重要性，他们需要受到该党在结构和法规方面的约束，就极大地降低了作为独立个体行事的可能性。唯一一名非祖国之光党成员——第二任下院议长图亚克拜（Zharmakhan Tuyakebai）被视为反对派人物，对政府持批评态度，但却没有坚实的政治基础。2004年，图亚克拜公开质疑第三次下院选举的公正性，随后选择拒绝成为副议长。2005年参加总统选举获得6.64%的选票，2006年创建反对党"哈萨克斯坦社会民主党"。在2007年的下院选举中，社会民主党获得了4.62%的选票，未能达到下院7%的选票标准，至今该

党也未能在下院中获得席位。2019 年 4 月，图亚克拜宣布辞去社会民主党主席一职。

在哈萨克斯坦政治结构中，议会下院不是一个可以独立推行政策的机构。自 2007 年哈萨克斯坦修宪以来，祖国之光党就逐渐开始在下院中占据绝对主导地位，在 2007 年 8 月进行的下院第四届议员选举中，甚至只有该党一党得票率超过 7%，独得全部 98 个席位。直至今日，下院中祖国之光党的成员比例也从未低于 85%。在这种情况下，下院议长部族背景的意义就显得没有那么重要了，议会活动的内容和实质基本由纳扎尔巴耶夫总统领导的政党决定。

四　结论

近年来，哈萨克斯坦的政治领导层一直致力于减少民族或部族因素影响政治现象的发生，纳扎尔巴耶夫总统在 1997 年提出的《哈萨克斯坦 2030 战略》中，承认国家当前存在地方主义、裙带关系等问题，强调要消除此类现象并建立公开有效的公务员团队。① 在 2012 年 12 月 14 日提出的《哈萨克斯坦 2050 战略》中，纳扎尔巴耶夫再次强调，政府和地方在选择官员的时候不应以民族和种族为依据，并且"有必要纠正在各部委和地方政府的各级官员中所能看到的片面现象"。② 2015 年 5 月，纳扎尔巴耶夫发布了协助实施《哈萨克斯坦 2050 战略》的程序，这些程序被称为"国家计划——100 个具体步骤"，其重点是建立有效的政府管理机制，以实现该战略的目标。尽管没有具体提到反对以民族或部族为基础进行任命的现象，但为了取得成功所必需的关键因素之一是"同一性和

---

① "Programma Kazakhstan – 2030"［Kazakhstan Program – 2030］, Ministry of Foreign Affairs (Republic of Kazakhstan), May 7, 2014, http：//www. mfa. kz/ru/content – view/programma – kazakh-stan – 2030.

② "Nazarbayev：Neobkhodimo ispravit 'odnobokost', nablyudayemuyu pri podbore kadrov v min-isterstvakh i akimatakh vsekh urovney"［Nazarbayev：It is necessary to correct the one – sidedness observed in the selection of personnel in ministries and akimats of all levels］, uralskweek. kz, December 15, 2012, https：//www. uralskweek. kz/2012/12/15/neobxodimo – ispravit – odnobokost – nablyudaemuyu – pri – podbore – kadrov – v – ministerstvax – i – akimatax – vsex – urovnej – nazarbayev.

统一性（идентичность и единство）"。① 毫无疑问，提高政府透明度和增加公民参与决策过程的可能性不仅对公民自身具有重要意义，对于加强哈萨克斯坦国民的国家认同与民族统一也是至关重要的。随后，于2015年12月29日颁布的哈萨克斯坦第153号总统令宣布，在除执法机构和哈萨克斯坦国防部之外的几乎所有政府部门和各地方行政机关设置道德官员一职，用于监督公务员工作。道德官员可以对各机构领导产生一切合理怀疑，以防止公务员的腐败行为和确保任命官员过程中的公开透明。②

通过上述一系列战略计划的制定和实施，可以看到纳扎尔巴耶夫总统在致力于完善政策以实现哈萨克斯坦政坛内真正公平公开的决心，但是与民族和部族相关的问题在哈萨克斯坦由来已久，部族意识存在于哈萨克民族性格中已有数百年，很难指望这类因素在短时间内从该国政治中消失，其在未来很长一段时期内仍将继续存在。纵使哈萨克斯坦政治领导层为了该国迈向新局面已经奠定了一定基础，在这种新局面的愿景中，国家层面的认同应超过部族层面，但本文分析得出的结果表明，部族因素使得在目前该国政治系统仍然存在权力分配失衡情况。

尽管旨在抵制地方和国家层面官员任命中所存在的民族和部族歧视的政策《哈萨克斯坦2030战略》已经实施二十多年，大玉兹的高级官员人数所占比例仍然较其他两玉兹更大。俄罗斯族官员所占比例远低于俄罗斯族在哈萨克斯坦总人口中所占的比例，并且这一比例仍在逐年下降。在市、州长，国家部委高级官员以及武装力量负责人等方面差异相当明显。虽然在总理一职获任人数方面，大玉兹处于劣势，但其现实影响力却不能被数据所掩盖：相较于中、小两玉兹总理或与总统关系密切，或由于良好的管理政府、执行政策所换来的声誉，大玉兹总理在总统面前先天性享有更大的政治影响力。

在哈萨克族的社会和政治生活中，几个世纪所积累的部族身份影响

---

① "Plan natsii: '100 konkretnykh shagov'" [National Plan: "100 Concrete Steps"], zakon. kz, May 2015, https://online.zakon.kz/document/? doc_id = 31977084#pos = 3；-176.

② "Eticheskiy kodeks gosudarstvennykh sluzhashchikh Respubliki Kazakhstan" [Code of Ethics for Civil Servants of the Republic of Kazakhstan], Ministry of Foreign Affairs (Republic of Kazakhstan), January 24, 2019, http://www.mfa.kz/ru/content-view/eticeskij-kodeks-gosudarstvennyh-sluzasih-respubliki-kazahstan.

是无法轻易消除的。尽管如此，祖国之光党目前扮演的角色仍为未来哈萨克斯坦的政治体制改革提供了希望。在这种部族、民族因素共同影响国内政治的情况下，祖国之光党更像是纳扎尔巴耶夫用来凝聚哈萨克各玉兹、俄罗斯族以及国内其他少数民族的工具，这也是当前哈萨克斯坦实现国家融合最有效的渠道之一。不同民族、部族之所以愿意依靠祖国之光党实现这一目标，当然也源自他们确信在党的结构和框架下能够保证自身利益不受民族、部族因素所制约。另一个可以对未来持乐观态度的原因是，在"透明国际"组织所发布的"全球清廉指数"中，哈萨克斯坦的地位一直在稳步提高。它已经不再被列为世界上最腐败的国家之一，并且已经在消除腐败等方面得到了国际专家的高度认可。①

毫无疑问，哈萨克斯坦要完全消除民族和部族因素对其政治制度的影响，在当前看来仍然任重而道远，但是已经取得的进展也非常明显。本文试图强调的一些关键领域，或许也是该国在未来需要集中精力去应对的方向。

参考文献

马大正、冯锡时：《中亚五国史纲》，新疆人民出版社2005年版。

关凯：《族群政治》，中央民族大学出版社2007年版。

Amrekulov, N., "Zhuzy v sotsial'no - politicheskoy zhizni Kazakhstana" [Zhuzes in the socio - political life of Kazakhstan], Central Asia and the Caucasus, 2000, http://ca - c. org/journal/cac - 09 - 2000/16. Amrek. shtml.

"Eticheskiy kodeks gosudarstvennykh sluzhashchikh Respubliki Kazakhstan" [Code of Ethics for Civil Servants of the Republic of Kazakhstan], Ministry of Foreign Affairs (Republic of Kazakhstan), January 24, 2019, http://www. mfa. kz/ru/content - view/eticeskij - kodeks - gosudarstvennyh - sluzasih - respubliki - kazahstan.

---

① "V novom formate proshla kollegiya v Taraze" [Collegium in Taraz passed in new format], Transparency Kazakhstan, February 18, 2019, http://tikazakhstan. org/v - novom - formate - proshla - kollegiya - v - taraze/.

Gotev, Georgi, "Kazakhstan's Leadership Opens up to 'Alternative Opinion'", EURACTIV, December 24, 2019, https://www.euractiv.com/section/central – asia/news/kazakhstans – leadership – opens – up – to – alternative – opinion.

Masanov, Nurbulat Edigeevich, "Kazakhskaya politicheskaya i intellektual 'naya elita: klanovaya prinadlezhnost' i vnutrietnicheskoye sopernichestvo" [Kazakh Political and Intellectual Elite: Clan Affiliation and Intra – ethnic Rivalry], *Vestnik Yevrazii* [Herald of Eurasia], No. 1, 1999, pp. 46 – 61.

"Mneniye politologa: Chto znachit naznacheniye Askara Mamina prem'yer – ministrom" [Opinion of a Political Scientist: What does the Appointment of Askar Mamin as Prime Minister Mean?], zakon. kz, February 25, 2019, https://www.zakon.kz/4959400 – mnenie – politologa – chto – znachit.html.

Nazarbayev, Nursultan, "A life Story of the first President of Kazakhstan", Kazinform, July 1, 2016, https://www.inform.kz/en/nursultan – nazarbayev – a – life – story – of – the – first – president – of – kazakhstan_a2927292.

"Nazarbayev: Neobkhodimo ispravit 'odnobokost', nablyudayemuyu pri podbore kadrov v ministerstvakh i akimatakh vsekh urovney" [Nazarbayev: It is necessary to correct the one – sidedness observed in the selection of personnel in ministries and akimats of all levels], uralskweek. kz, December 15, 2012, https://www.uralskweek.kz/2012/12/15/neobxodimo – ispravit – odnobokost – nablyudaemuyu – pri – podbore – kadrov – v – ministerstvax – i – akimatax – vsex – urovnej – nazarbaev.

"Plan natsii: '100 konkretnykh shagov'" [National Plan: "100 Concrete Steps"], zakon. kz, May 2015, https://online.zakon.kz/document/?doc_id = 31977084#pos = 3; – 176.

"Programma Kazakhstan – 2030" [Kazakhstan Program – 2030], Ministry of Foreign Affairs (Republic of Kazakhstan), May 7, 2014, http://www.mfa.kz/ru/content – view/programma – kazakhstan – 2030.

"Chislennost 'naseleniya RK po otdel' nym etnosam na nachalo 2016 goda" [The Population of the Republic of Kazakhstan by Individual Ethnic Groups at the Beginning of 2016], *Komitet po statistike Ministerstva Nacionalnoi Ekonomiki respubliki Kazakhstan* [Statistics Committee of the Ministry of National Economy of the Republic of Kazakhstan], Series 23, No. 41 – 7/226, April 29, 2016.

Tokayev, Kassym – Jomart, "President of Kazakhstan Kassym – Jomart Tokayev's State of the Nation Address: Constructive Public Dialogue—The Basis of Stability and Properity of Kazakhstan", Official Site of the President of the Republic of Kazakhstan, September 2, 2019, https://www. akorda. kz/en/addresses/addresses_of_president/president – of – kazakhstan – kassym – jomart – tokayevs – state – of – the – nation – address – september – 2 – 2019.

"V novom formate proshla kollegiya v Taraze" [Collegium in Taraz passed in new format], Transparency Kazakhstan, February 18, 2019, http://tikazakhstan. org/v – novom – formate – proshla – kollegiya – v – taraze.

第七章

巴西低社会经济地位阶层学生如何进入精英大学

周 燕[*]

摘　要：本章研究巴西高等教育入学机会的不平等问题，旨在探究巴西低社会经济地位阶层学生如何克服家庭社会经济地位方面的劣势而成功进入精英大学。通过对巴西圣保罗市两所质量不同的大学里的低社会经济地位阶层学生进行深度访谈，研究者发现，该阶层内部学生的大学入学机会差异始于与拥有更多文化资本的人的接触，从而获得有关更好教育机会的信息。这些信息使得低社会经济地位阶层学生有机会进入培养他们惯习的教育机构，并为考入精英大学做准备。然而，该阶层学生获得更多文化资本并以此培养进入精英大学惯习的渠道并没有制度化，具有稀缺性和偶然性。总体而言，巴西低社会经济地位阶层学生在实现社会流动方面仍面临严峻的文化和教育障碍。

关键词：不平等；高等教育；低社会经济地位学生；巴西

---

[*] 周燕是清华大学国际与地区研究院的助理研究员，同时也是牛津大学圣安东尼学院地区研究领域的博士后研究员。她拥有清华大学的政治学博士学位，研究国家为巴西，主要研究领域包括国家和社会关系、社会流动与政治行为、不平等与社会运动等。

一　导言

高等教育系统的扩张已经成为一个全球化现象。许多发达国家从20世纪60年代开始经历高等教育从精英化向大众化过渡的改变，这一进程从80年代以后逐渐加速；对于很多发展中国家而言，改变的趋势大多始于20世纪70年代，并从90年代以后不断加速。[1] 巴西从20世纪90年代后期加入了高等教育扩张的大浪潮，主要体现在私立大学数量的增加。一种新型的以营利为目的的或高度商业化的高等教育机构出现了，并成为巴西高等教育扩张的主干。[2]

在高等教育扩张的潮流中，入学机会对于家中第一代上大学的学生而言更加容易了，但是社会经济地位（以下简称社经地位）不同的群体之间的教育不平等却不断加剧。这种不平等不仅体现在大学入学率上的差异，而且包括他们所选择的高等教育机构和专业的入学竞争性差异。这一现象符合教育扩张与教育不平等方面的两个最有影响力的假设，即"不平等最大维持论"（maximally maintained inequality，MMI）[3]和"不平等有效维持论"（effectively maintained inequality，EMI）[4]。这两个假设认为，在某个教育阶段的扩张时期，教育取得在数量上的不平等（入学率的差异）会被"最大化地维持"，只有在高社经地位阶层在这一教育阶段的需求达到饱和状态后这种不平等才会减少；同时，质量上的不平等（入学竞争激烈、有名的教育机构的入学机会差异）将会被"有

---

[1] Evan Schofer and John W. Meyer, "The Worldwide Expansion of Higher Education in the Twentieth Century", *American Sociological Review*, Vol. 70, No. 6, 2005, pp. 898–920.

[2] Tristan McCowan, "Expansion Without Equity: An Analysis of Current Policy on Access to Higher Education in Brazil", *Higher Education*, Vol. 53, No. 5, 2007, pp. 579–598.

[3] Adrian E. Raftery and Michael Hout, "Maximally Maintained Inequality: Expansion, Reform, and Opportunity in Irish Education, 1921–75", *Sociology of Education*, Vol. 66, No. 1, 1993, pp. 41–62.

[4] Samuel R. Lucas, "Effectively Maintained Inequality: Education Transitions, Track Mobility, and Social Background Effects", *American Journal of Sociology*, Vol. 106, No. 6, 2001, pp. 1642–1690.

第七章　巴西低社会经济地位阶层学生如何进入精英大学　/　125

效地维持"。一些研究已经证实了 MMI 和 EMI 假设在巴西情境下的有效性。①

本文着重研究巴西高等教育入学机会在质量上的不平等。高等教育系统的扩张使大量此前没有机会上大学的巴西人受益，但是正如巴西的基础教育②一样，双重体系在高等教育阶段依然存在。出生在高社经地位家庭的巴西人可以选择在基础教育阶段进入昂贵的私立学校上学，因此有更好的学业准备以及更大的可能性考入精英大学竞争激烈的专业课程③，包括免费的精英公立大学或者学费昂贵但教学质量优异的私立大学。与此相对的是，来自低社经地位家庭的学生通常进入营利性或高度商业化的私立高等教育机构学习，选择的专业课程质量也往往相对低下。

精英高等教育的入学机会始终是社会再生产的有力工具。④ 在巴西，精英大学毕业生与低质量普通大学的毕业生在就业前景上有着很大差别，从而影响他们此后的职业发展和经济状况。精英高等教育使年轻人拥有不同的视野和眼界，一流大学的学生更有可能成为未来拥有广泛影响甚至对国家发展有决策能力的经济、政治和社会精英。因此，促进高等教

---

① 参见 Hustana M. Vargas, "Represando e Distribuindo Distinção: a Barragem do Ensino Superior"［Damming and Distributing Distinction: The Higher Education Dam］, Ph. D. dissertation, Pontifícia Universidade Católica do Rio de Janeiro, 2008; Murillo M. Brito, "A Dependência na Origem: Desigualdades no Sistema Educacional Brasileiro e a Estruturação Social das Oportunidades"［Dependency on Origin: Inequalities in the Brazilian Educational System and the Social Structuring of Opportunities］, Ph. D. dissertation, Universidade de São Paulo, 2014; Carlos A. Ribeiro and Rogerio Schlegel, "Estratificação Horizontal da Educação Superior no Brasil (1960 a 2010)"［Horizontal Stratification of Higher Education in Brazil (1960 – 2010)］, in Marta Arretche ed. , *Trajetórias das Desigualdades: Como o Brasil Mudou nos Últimos Cinquenta Anos*［Trajectories of Inequalities: How Brazil Has Changed in the Last Fifty Years］, São Paulo: Editora Unesp, 2015, pp. 133 – 162。

② 巴西基础教育的概念包括初等教育（小学和初中，葡萄牙语称为 ensino fundamental）以及中等教育（高中，葡萄牙语为 ensino médio）。

③ "课程"一词是葡萄牙语词汇"curso"的中文翻译，在巴西高等教育的语境下指的是某所大学和某个专业的结合。因此，不同大学里的同一个专业都被称为不同的"课程"。

④ Carlos A. Ribeiro and Rogerio Schlegel, "Estratificação Horizontal da Educação Superior no Brasil (1960 a 2010)"［Horizontal Stratification of Higher Education in Brazil (1960 – 2010)］, in Marta Arretche ed. , *Trajetórias das Desigualdades: Como o Brasil Mudou nos Últimos Cinquenta Anos*［Trajectories of Inequalities: How Brazil Has Changed in the Last Fifty Years］, São Paulo: Editora Unesp, 2015, pp. 133 – 162.

育入学机会在质量上的平等有着深刻的社会和政治意义,不仅影响到低社经地位阶层个人的生活和发展,而且更关系到社会流动和政治革新的全局。

研究高等教育入学机会在质量上的不平等方面,目前已有的大多数文献关注的是高社经地位阶层与低社经地位阶层之间的差异,而低社经地位阶层内部在高等教育方面的不同发展轨迹至今研究尚少。本文旨在填补这方面研究的空缺。

巴西低社经地位阶层学生对于精英高等教育机构存在着广泛的自我排斥(self-exclusion)现象。数量众多的该阶层学生甚至不去尝试精英大学的入学考试(葡萄牙语称为"vestibular")。对他们而言,成为家里的第一代大学生已经非常不易,更别提克服种种困难考入一所精英大学了。低社经地位阶层中还盛行着重视工作甚于学习的文化。由于精英大学里的高竞争性专业课程通常要求全日制学习,深受工作文化影响的低社经地位阶层学生选择进入一般性的普通大学就变得比较合理了。在普通大学里,他们可以只在某个时间段上课,因此可以兼顾工作。由于缺少对精英大学的教育抱负(educational aspiration)和学业准备,低社经地位阶层学生倾向于作出现实性的选择,报考一所入学门槛低的一般性私立大学,从而可以白天工作、晚上上课。与此形成对比的是,一小部分巴西低社经地位阶层学生克服自身家庭在社会经济地位方面的劣势而成功进入了精英大学。在进入一流大学的过程中,他们通常比高社经地位的同伴投入更多的时间、精力和努力。

本文的研究问题是:为何少数低社经地位阶层学生打破了该阶层普遍存在的对精英大学的自我排斥以及重视工作甚于学习的文化传统;这些学生又是如何获得了对精英大学的教育抱负并在学业上做好准备?

本文探索的不是既有的不平等如何得到复制,而是关注在某些案例下这种不平等的机制如何被打破,从而有助于制定相关的社会政策以促进教育不平等"恶性循环"的中断。本文基于研究者在巴西圣保罗市开展的田野调查,包括与一所私立精英大学的21名低社经地位阶层本科学生的深度访谈,以及另一所普通私立大学的10名同一阶层本科学生的深度访谈。

本文除第一部分的导论外还包括其他四个部分:第二部分是对既有

关于低社经地位阶层学生高等教育选择的文献回顾；第三部分陈述了本文的解释机制和研究方法；第四部分总结了受访对象的社会经济特征以及他们的教育轨迹；第五部分分析了低社经地位阶层学生不同教育轨迹背后的原因；最后是对文章的总结。

二 文献回顾：低社经地位阶层学生的高校选择

有关低社经地位阶层在精英高等教育选择和入学机会方面的既有文献主要关注这一阶层所面临的困难和阻碍。[1]

从社会学角度来看，个人的社会经济背景对其高等教育轨迹有着重要的影响。[2] 父母在孩子早期的大学选择方面起着核心作用，塑造他们的教育和职业抱负，从而有助于提高孩子的学业准备和成绩。[3] 高社经地位阶层的学生受到更多来自"重要的其他人"的鼓励，包括父母、老师、顾问和同伴等，从而产生更高的教育抱负；教育抱负是进入高等教育的前提条件。[4] 此外，拥有更多社会经济资源的家庭通常对于大学申请程序有更多的了解，尤其是精英高等教育机构[5]，父母的文化资本被证实是决

---

[1] 参见 Scott Davies and Neil Guppy, "Fields of Study, College Selectivity, and Student Inequalities in Higher Education", *Social Forces*, Vol. 75, No. 4, 1997, pp. 1417 – 1438; Patricia M. McDonough, *Choosing Colleges: How Social Class and Schools Structure Opportunity*, Albany, NY: SUNY Press, 1997; Alberto F. Cabrera and Steven M. La Nasa, "Overcoming the Tasks on the Path to College for America's Disadvantaged", *New Directions for Institutional Research*, Vol. 2000, No. 107, 2000, pp. 31 – 43; Sigal Alon, "The Evolution of Class Inequality in Higher Education: Competition, Exclusion, and Adaptation", *American Sociological Review*, Vol. 74, No. 5, 2009, pp. 731 –755。

[2] Patrick T. Terenzini, Alberto F. Cabrera, and Elena M. Bernal, *Swimming Against the Tide: The Poor in American Higher Education*, Research Report, New York, NY: College Entrance Examination Board, 2001.

[3] Florence A. Hamrick and Frances K. Stage, "College Predisposition at High – minority Enrollment, Low – income Schools", *The Review of Higher Education*, Vol. 27, No. 2, 2004, pp. 151 – 168.

[4] Laura W. Perna, "Studying College Access and Choice: A Proposed Conceptual Model", in John C. Smart ed., *Higher Education: Handbook of Theory and Research*, Amsterdam: Springer, 2006, pp. 99 – 157.

[5] Michele Lamont and Annette Lareau, "Cultural Capital: Allusions, Gaps and Glissandos in Recent Theoretical Developments", *Sociological Theory*, Vol. 6, No. 2, 1988, pp. 153 – 168.

定孩子是否能进入精英大学的重要因素。① 一些学者也指出，一些享有特权的家庭将"家传地位"（legacy status）传递给孩子，鼓励他们进入与父母相同的精英教育机构。②

除了来自家庭的直接影响，不同类型的高中学校也被认为会导致学生不同的高等教育选择和轨迹。③ 拥有更高社经地位的父母通常会将孩子送入更好的学校学习，这些学校通过使学生们沉浸在一种"上大学文化"（"college‐going"culture）中来培养他们的惯习。④ 高社经地位学生聚集的高中学校往往会在学生申请大学的过程中提供更多的辅导、咨询和支持。⑤ 学校的文化或者说是机构惯习（institutional habitus）为其中的学生们在选择大学的过程中提供了一种基于阶层的视角⑥，通过塑造学生对于高等教育机会的认知来传递关于某些大学的特别偏好。⑦ 精英高中与精英

---

① 参见 Jason Kaufman and Jay Gabler, "Cultural Capital and the Extracurricular Activities of Girls and Boys in the College Attainment Process", *Poetics*: *Journal of Empirical Research on Culture, the Media and the Arts*, Vol. 32, No. 2, 2004, pp. 145 – 168; Anna Zimdars, Alice Sullivan, and Anthony Heath, "Elite Higher Education Admissions in the Arts and Sciences: Is Cultural Capital the Key?", *Sociology*, Vol. 43, No. 4, 2009, pp. 648 – 666。

② Ann L. Mullen, "Elite Destinations: Pathways to Attending an Ivy League University", *British Journal of Sociology of Education*, Vol. 30, No. 1, 2009, pp. 15 – 27.

③ 参见 Sunny X. Niu and Marta Tienda, "Choosing Colleges: Identifying and Modeling Choice Sets", *Social Science Research*, Vol. 37, No. 2, 2008, pp. 416 – 433; Joshua Klugman, "How Resource Inequalities Among High Schools Reproduce Class Advantages in College Destinations", *Research in Higher Education*, Vol. 53, No. 8, 2012, pp. 803 – 830; Shani A. Evans, "How High School Contexts Shape the College Choices of High‐Achieving, Low‐Ses Students: Why a 'College‐Going' Culture is Not Enough", Ph. D. dissertation, University of Pennsylvania, 2016。

④ 参见 Laura W. Perna and Marvin A. Titus, "The Relationship Between Parental Involvement as Social Capital and College Enrollment: An Examination of Racial/Ethnic Group Differences", *The Journal of Higher Education*, Vol. 76, No. 5, 2005, pp. 485 – 518; Richard Radcliffe and Beth Bos, "Mentoring Approaches to Create a College‐Going Culture for At‐Risk Secondary Level Students", *American Secondary Education*, Vol. 39, No. 3, 2011, pp. 86 – 107。

⑤ Diane Reay, Jacqueline Davies and Miriam David, et al., "Choice of Degree or Degrees of Choice? Class, 'Race' and the Higher Education Choice Process", *Sociology*, Vol. 35, No. 4, 2001, pp. 855 – 874.

⑥ Laura W. Perna, "Studying College Access and Choice: A Proposed Conceptual Model", in John C. Smart ed., *Higher Education: Handbook of Theory and Research*, Amsterdam: Springer, 2006, pp. 99 – 157.

⑦ Michael Donnelly, "The Road to Oxbridge: Schools and Elite University Choices", *British Journal of Educational Studies*, Vol. 62, No. 1, 2014, pp. 57 – 72.

第七章 巴西低社会经济地位阶层学生如何进入精英大学

大学之间也存在着紧密的联系。① 精英高中不仅为其学生们提供高强度的学术训练使他们在学业上符合大学录取要求，而且也会帮助学生们熟悉并习惯精英大学里的社会交往方式。② 这类精英高中里的学生们还可以通过学校里的社会网络获得更多社会资本和其他资本。③ 他们更容易与具备相似教育抱负并掌握有关大学申请程序重要信息的学生做朋友。④ 教师的惯习，尤其是他们的政治和道德特质以及所拥有的社会资本，也对学生选择精英高等教育机构有着重要的影响。⑤

巴西已有的文献也研究了低社经地位学生在选择精英大学时所面临的社会学意义上的劣势。"不平等有效维持论"以及有关巴西高等教育不平等的相关实证研究，强调了个人的社会出身（家庭社会经济条件与文化资本）对于高等教育入学结果的影响。⑥ 此外，学校通过扩大学生的知

---

① Ann L. Mullen, "Elite Destinations: Pathways to Attending an Ivy League University", *British Journal of Sociology of Education*, Vol. 30, No. 1, 2009, pp. 15 – 27.

② Caroline H. Persell, Sophia Catsambis, and Peter W. Cookson, Jr., "Differential Asset Conversion: Class and Gendered Pathways to Selective Colleges", *Sociology of Education*, Vol. 65, No. 3, 1992, pp. 208 – 225.

③ Laura W. Perna and Marvin A. Titus, "The Relationship Between Parental Involvement as Social Capital and College Enrollment: An Examination of Racial/Ethnic Group Differences", *The Journal of Higher Education*, Vol. 76, No. 5, 2005, pp. 485 – 518.

④ Rachel Brooks, "Young People's Higher Education Choices: The Role of Family and Friends", *British Journal of Sociology of Education*, Vol. 24, No. 3, 2003, pp. 283 – 297.

⑤ Caroline Oliver and Nigel Kettley, "Gatekeepers or Facilitators: The Influence of Teacher Habitus on Students' Applications to Elite Universities", *British Journal of Sociology of Education*, Vol. 31, No. 6, 2010, pp. 737 – 753.

⑥ 参见 Claudio M. Nogueira, "Dilemas na Análise Sociológica de um Momento Crucial das Trajetórias Escolares: o Processo de Escolha do Curso Superior" [Dilemmas in the Sociological Analysis of a Crucial Moment of School Trajectories: The Process of Choosing Higher Education], Ph. D. dissertation, Universidade Federal de Minas Gerais, 2004; Hustana M. Vargas, "Represando e Distribuindo Distinção: a Barragem do Ensino Superior" [Damming and Distributing Distinction: The Higher Education Dam], Ph. D. dissertation, Pontifícia Universidade Católica do Rio de Janeiro, 2008; Murillo M. Brito, "A Dependência na Origem: Desigualdades no Sistema Educacional Brasileiro e a Estruturação Social das Oportunidades" [Dependency on Origin: Inequalities in the Brazilian Educational System and the Social Structuring of Opportunities], Ph. D. dissertation, Universidade de São Paulo, 2014; Carlos A. Ribeiro and Rogerio Schlegel, "Estratificação Horizontal da Educação Superior no Brasil (1960 a 2010)" [Horizontal Stratification of Higher Education in Brazil (1960 – 2010)], in Marta Arretche ed., *Trajetórias das Desigualdades: Como o Brasil Mudou nos Últimos Cinquenta Anos* [Trajectories of Inequalities: How Brazil Has Changed in the Last Fifty Years], São Paulo: Editora Unesp, 2015, pp. 133 – 162。

识储备及培养学生在自我管理等方面的能力,对塑造学生的未来有着重要的影响。①有学者通过定性研究探索了许多巴西公立学校毕业的学生为何不尝试报考公立大学,发现社会经济和文化因素以及学校质量,是阻止这些学生进入公立大学的障碍。② 巴西公立学校里的学生未能在高等教育入学方面做好充分的学业准备,这一观点也在其他研究中得到过讨论。另有研究指出,巴西公立高中的课程设置无法为学生追求高等教育的目标提供恰当的知识储备,因此公立高中的学生通常选择通过工作和组建家庭来实现经济独立和个人自主。③

在社会经济条件不利的情况下,低社经地位的个人倾向于根据自己的学业成绩、经济状况和对高等教育的已有认知作出"理性"选择。人力资本理论假设人们在做教育决策时会有理性行为,基于对预期收益和成本的计算以最大限度地提高效用。④ 接受高等教育的收益包括金钱和非金钱两方面;投入高等教育的成本包括直接经济成本、时间和精力的投入以及损失收入的机会成本。⑤ 高校选择上的差异不仅是由于人们对高等教育收益和成本的不同期望,而且还与高等教育的供应和需求有关。⑥ 学

---

① Cláudia M. Kobber, "Tempo de Decidir: Produção da Escolha Profissional Entre Jovens do Ensino Médio" [Time to Decide: Production of Professional Choice Among High School Youth], Ph. D. dissertation, Universidade Estadual de Campinas, 2008.

② Hilda M. Silva, "Os Jovens Provenientes do Segmento Popular e o Desafio do Acesso à Universidade Pública: a Exclusão que Antecede o Vestibular" [The Young People from the Popular Segment and the Challenge of Access to the Public University: The Exclusion Before the Entrance Exam], Ph. D. dissertation, Universidade Estadual Paulista, 2010.

③ Maria M. Gracioli, A Concepção Subvertida de Futuro dos Jovens: a Trajetória Pelo Ensino Médio [The Subverted Conception of the Future of Youth: The High School Trajectory], Ph. D. dissertation, Universidade Estadual Paulista, 2006.

④ 参见 Gary S. Becker, "Investment in Human Capital: A Theoretical Analysis", *Journal of Political Economy*, Vol. 70, No. 5, 1962, pp. 9 – 49; Michael B. Paulsen, "The Economics of Human Capital and Investment in Higher Education", in Michael B. Paulsen and John C. Smart, eds., *The Finance of Higher Education: Theory, Research, Policy, and Practice*, New York: Agathon Press, 2001, pp. 55 – 94。

⑤ Gary S. Becker, *Human Capital: A Theoretical and Empirical Analysis with Special Reference to Education*, 3rd Edition, Chicago: University of Chicago Press, 1993.

⑥ Laura W. Perna, "Studying College Access and Choice: A Proposed Conceptual Model", in John C. Smart ed., *Higher Education: Handbook of Theory and Research*, Amsterdam: Springer, 2006, pp. 99 – 157.

业准备和学业成绩上的不同会塑造差异化的高等教育需求；而支付大学费用的经济能力会对高等教育的供应产生影响，包括是否有经济资助项目或父母的经济支持等。① 人们根据所掌握的信息在选择高等教育机构时作出理性选择，然而他们所拥有的信息可能并不完整和准确；即使两个人对收益和成本有相同的期望，但由于偏好和风险承受能力的差异，他们可能会作出不同的选择。②

第一代大学生在选择高校时面临着掌握高等教育信息方面的劣势。这是因为高等教育是一种不重复的购买行为，购买者在真正体验和经历之前通常"不知道自己在购买什么"。③ 他们通常非常依赖兄弟姐妹、同伴、亲戚和在高中学校里接触的人来规划高等教育④，而他们的直系亲属、学校和社区往往没有关于高校的完整或准确的信息，尤其是关于精英大学的信息。⑤ 这些学生进入精英大学的机会更低，不仅因为学习成绩较差，而且也与他们对精英高等教育的认识不准确有关，一些人甚至担心自己无法适应精英化的环境。⑥

巴西国内的文献也探讨了"理性选择"的视角。关于选择高等教育专业课程的决策时刻，有学者挑战了理性选择理论，从心理经济学的行为理性角度出发，认为应考虑信息不完整、处理信息的能力以及个人行

---

① Michael B. Paulsen, "The Economics of Human Capital and Investment in Higher Education", in Michael B. Paulsen and John C. Smart, eds., *The Finance of Higher Education: Theory, Research, Policy, and Practice*, New York: Agathon Press, 2001, pp. 55–94.

② Stephen DesJardins and Robert Toutkoushian, "Are Students Really Rational? The Development of Rational Thought and its Application to Student Choice", in John C. Smart, ed., *Higher Education: Handbook of Theory and Research*, Vol. 20, Dordrecht: Springer, 2005, pp. 191–240.

③ Gordon C. Winston, "Subsidies, Hierarchy and Peers: The Awkward Economics of Higher Education", *The Journal of Economic Perspectives*, Vol. 13, No. 1, 1999, pp. 13–36.

④ Patricia A. Perez and Patricia M. McDonough, "Understanding Latina and Latino College Choice: A Social Capital and Chain Migration Analysis", *Journal of Hispanic Higher Education*, Vol. 7, No. 3, 2008, pp. 249–265.

⑤ Laura W. Perna, "Studying College Access and Choice: A Proposed Conceptual Model", in John C. Smart ed., *Higher Education: Handbook of Theory and Research*, Amsterdam: Springer, 2006, pp. 99–157.

⑥ Scott Davies and Neil Guppy, "Fields of Study, College Selectivity, and Student Inequalities in Higher Education", *Social Forces*, Vol. 75, No. 4, 1997, pp. 1417–1438; Patricia M. McDonough, *Choosing Colleges: How Social Class and Schools Structure Opportunity*, Albany, NY: SUNY Press, 1997.

为受到的社会影响等因素。① 该学者对圣保罗市五所大学的新生进行了问卷调查，发现他们选择高等教育专业课程的决定往往受到现状、不完全信息、个人满足感和工作机会的影响。另有学者将消费者选择理论应用于高等教育决策，指出非传统的高等教育学生通常也是家里第一代大学生，他们更加赞同与保守主义相关的价值观，而且接受高等教育的目的主要是为了取得劳动力市场所要求的专业资格；他们通常更容易进入招生门槛低的高校，更重视高校的基础设施和教育的象征意义。② 对高等教育意义的建构是贯穿于个人此前的教育轨迹中的，伴随着排斥感和不平等的意识。③ 巴西下层社会的年轻人中普遍存在着对高等教育的自我排斥感，尤其是对那些高质量的公立大学和私立精英大学。"联邦大学重组和扩张计划"（Reestruturação e Expansão das Universidades Federais，简称Reuni）项目将公立高等教育机构扩展到小城市，方便低社经地位家庭的学生上大学。然而，"大学不适合我"这样的象征性障碍依然存在，这些学生更倾向于为了生存而选择工作。④ 其他研究指出，自我排斥只是折射低社经地位学生所面对的客观条件的一种附带现象，尤其是在加剧不平等的巴西教育体系中。⑤

---

① Cleide F. Moretto, Ensino Superior, Escolha e Racionalidade: os Processos de Decisão dos Universitários do Município de São Paulo [Higher Education, Choice and Rationality: The Decision Processes of University Students of São Paulo], Ph. D. dissertation, Universidade de São Paulo, 2002.

② Solange Alfinito, A Influência de Valores Humanos e Axiomas Sociais na Escolha do Consumidor: Uma Análise Comparativa Aplicada à Educação Superior [The Influence of Human Values and Social Axioms on Consumer Choice: A Comparative Analysis Applied to Higher Education], Ph. D. dissertation, Universidade de Brasília, 2009.

③ Makeliny O. Nogueira, Educação, Desigualdade e Políticas Públicas: a Subjetividade no Processo de Escolarização da Camada Pobre [Education, Inequality, and Public Policy: Subjectivity in the Schooling Process of the Poor], Ph. D. dissertation, Pontifícia Universidade Católica de São Paulo, 2013.

④ Thiago I. Pereira, "Classes Populares na Universidade Pública Brasileira e Suas Contradições: a Experiência do Alto Uruguai Gaúcho" [Popular Classes at the Brazilian Public University and Its Contradictions: The Upper Uruguay Gaucho Experience], Ph. D. dissertation, Universidade Federal do Rio Grande do Sul, 2014.

⑤ Paula N. Silva, "Do Ensino Básico ao Superior: a Ideologia Como um dos Obstáculos à Democratização do Acesso ao Ensino Superior Público Paulista" [From Basic to Higher Education: Ideology as One of the Obstacles to the Democratization of Access to Public Higher Education Paulista], Ph. D. dissertation, Universidade de São Paulo, 2013.

无论是社会学模式还是经济学模式都不足以解释巴西低社经地位阶层学生内部在精英大学选择与入学机会方面的差异。如果社会经济背景对高等教育机构入学结果有决定性的影响，那么少数低社经地位阶层学生如何在家庭以外获得文化资本而发展出对精英高校的教育抱负并完成相应的学业准备，这一点还不得而知。此外，如果这些学生应该根据自己的现状作出理性选择，那么我们就需要探究为什么有些该阶层学生没有选择入学门槛低的一般性大学，反而要投入更多时间、精力和成本为进入精英大学而努力。

本文的下一部分构建了理解巴西低社经地位阶层学生如何进入精英高校的解释机制，并以实证材料进行支持和说明。

三 解释机制、数据和研究方法

大学择校决定的三阶段模型认为，大学选择的过程可分为培养高等教育倾向、寻找高校信息和选择特定教育机构三个阶段。[①] 其中培养高等教育倾向与寻找信息是最终决定选择某个特定高校的基础。对于低社经地位阶层学生而言，他们首先需要培养进入精英大学的"惯习"，这包括对精英院校的教育抱负与充分的学业准备两方面。

由于这种惯习与大多数低社经地位阶层学生所拥有的惯习截然不同，因此培养这种惯习需要不同的文化和环境。根据皮埃尔·布迪厄的观点，结构（structure）与能动性（agency）之间的关系由惯习所联系在一起，包括个人的品性、思想、品味、信仰、兴趣和对社会世界的理解等。[②] 惯习能够影响个人的看法和行为，同时它也不断受到外部结构的影响。结构和能动性是通过惯习相互作用的。布迪厄指出，外部结构可以内化为行动者的惯习，而行动者则可以通过与其他场域里的行动者进行互动而将惯习外化。

---

① Don Hossler, John Braxton, and Georgia Coopersmith, "Understanding Student College Choice", *Higher Education: Handbook of Theory and Research*, Vol. 5, 1989, pp. 231–288.

② Pierre Bourdieu, *Distinction: A Social Critique of the Judgement of Taste*, Cambridge, MA: Harvard University Press, 1984.

本文研究的是巴西低社经地位阶层学生在精英高等教育方面的入学机会问题，探索这部分学生中的一些人如何从结构中发展出新的惯习，从而成功进入精英大学。研究的解释机制如图7—1所示。

联系人（拥有更多文化资本）→ 信息（有关更好的教育机会）→ 机构（培养进入精英大学的惯习）

图7—1 解释机制

低社经地位阶层学生内部的教育轨迹差异始于一些学生有机会接触具有更多文化资本的关键联系人，其渠道可能来自家庭、社区、学校、工作和其他社会网络。这些联系人提供了有关更好的教育机会和发展前景的关键信息，从而使这部分学生有机会进入培养他们惯习的机构并为进入精英大学做准备。

本文主要采用的是案例研究的方法，主要通过半结构化的深度访谈探究多个案例的个人生活轨迹，尤其是其教育轨迹。其他研究方法包括参与式观察、文件与其他文本材料的分析等，用以辅助理解低社经地位阶层学生的精英大学入学机会问题。

研究解释机制的建立是初步实地调查和分析的结果。更多实证性证据来自对圣保罗市两所大学里31名低社经地位阶层本科学生的深度访谈。其中21名学生来自一所精英私立大学（以下化名为A大学）；为了建立对比的基准，另10名学生来自一所三流普通大学（以下称为B大学）。[①]

访谈对象的选择参考了他们的家庭收入。与高等教育有关的巴西公共政策，例如公立大学的平权法案以及私立大学基于社会经济需求的全

[①] 本研究中，三流大学指的是入学门槛较低且每月学费相对便宜的商业化私立大学；二流大学指的是与三流大学相比，入学考试竞争更激烈、学费更高的非营利性私立大学；一流大学指的是教学质量和综合实力排名靠前的公立和私立大学。

额奖学金等，规定申请者的每月人均家庭收入不应超过 1.5 倍的最低工资。① 本研究在选取访谈对象时也参照了这一收入基准。

访谈是在 2016 年的一个学期内完成的。访谈对象是主修管理专业的本科大学生。A 大学的 21 名学生来自该校的管理学院，主修公共管理或工商管理课程。他们都是基于社会经济需求的全额奖学金生，否则的话都无法支付这所精英私立大学每月昂贵的学费。B 大学的 10 名学生主修的都是工商管理专业。访谈学生的选择考虑到了他们各方面的特点，包括性别、种族、所在的大学年级以及上大学前的学校类型。所有访谈均以一对一面谈的形式以葡萄牙语完成，每个访谈持续 1—2 个小时。

访谈的目的是了解这些学生的教育轨迹。访谈中的问题涉及个人基本信息、家庭背景、学校经历、工作经历、社交网络、高等教育决策、大学体验、未来计划和政治立场等方面。总体而言，访谈是半结构化的，以便覆盖可能会被忽视的信息。

两所大学的选择考虑了它们在入学要求和入学竞争方面的巨大差异，有助于发现两校低社经地位阶层学生在教育轨迹上的明显差异。A 大学和 B 大学代表了巴西高等教育扩张浪潮中的精英大学和普通大学的典型差异。

A 大学被认为是巴西最好的私立大学之一，侧重的学科包括管理学、经济学、数学、法学和社会科学等。该校成立于 20 世纪 40 年代，目标是培养公共部门和私营领域的高层管理人员，也确实为国家培养了众多商界和政界的领导人。多年来，A 大学坚持高学费和严格的入学考试要求，保持学校小而精的特色。这所大学位于圣保罗市传统金融区，吸引的主要是上层阶级或至少是传统中产阶级家庭的学生。大多数来自低社经地位阶层家庭的学生都不了解甚至没有听说过 A 大学，或者不认为这是自己可以进入的高等教育机构。近年来，A 大学开放了更多基于社会经济需求的奖学金名额，促进了学校内部"奖学金生"（葡萄牙语称为"bolsista"）数量的增长，其中管理学专业吸收的奖学金生最多。然而，从整体而言，A 大学学生的社会经济状况仍然保持很高的同质性。

---

① 巴西的每月最低工资标准在 2016 年是 880 雷亚尔，最低工资的 1.5 倍约为 1320 雷亚尔，在当年约合 363 美元。

B 大学在学生人数方面是巴西最大的私立大学之一，成立于 20 世纪 80 年代。该大学在圣保罗市广为人知，主要由于其广泛的宣传力度、入学可及性，以及与就业市场的紧密联系。它在圣保罗市的不同地区有 16 个校区，其中大部分位于就业机会集中的区域。10 名访谈对象所在的校区位于圣保罗市的南部，那里驻扎着许多国内外的高科技公司。每月低廉的学费以及轻松的入学门槛使得 B 大学成为许多想要同时工作和学习的低社经地位阶层学生的务实性选择。

四 教育轨迹与社会经济特征

通过访谈 31 名研究对象而收集的数据显示，A 大学和 B 大学的学生们在大学前基础教育阶段的学校类型存在明显差异。B 大学低社经地位阶层学生的共同教育轨迹是，他们都在家附近的普通公立学校接受基础教育，而他们所住的社区大多位于城市边缘地带，公立学校的教育质量普遍不高。相比之下，进入 A 大学的大部分低社经地位阶层学生在基础教育阶段上的是质量较好的公立或私立学校。因此，本研究将教育轨迹分为初等教育[①]、中等教育和高等教育三个阶段；在每个教育阶段，学校类型根据其教学质量分为"好"与"普通"两种。

受访者大多来自月收入水平相似的家庭，但他们父母的教育和职业背景存在一定差异，由此可能影响他们对基础教育阶段所上学校质量的评价。因此，本研究在划分基础教育阶段的学校质量时，不仅考虑了受访者在访谈中对老师、同学、课程设置和教育激励等方面的评价，而且参考了学校的每月学费价格以及所在社区的社会经济状况。

进入精英 A 大学的 21 名学生中，近一半的学生在好学校里接受基础教育；19% 的学生在初等教育阶段上了普通学校，但在高中阶段进入了好学校；另外 28.6% 的学生在初等和中等教育阶段上的都是普通学校。这些受访者中没有人的教育轨迹符合"好的初等教育"与"普通中等教育"这一类型（见表 7—1）。

[①] 巴西的初等教育在葡萄牙语中称为"ensino fundamental"，包括小学和初中。

表7—1　　　　　　　　A 大学受访学生的教育轨迹

初等教育	中等教育	高等教育	学生数量	比例
好	好	好	11	52.4%
好	普通	好	0	0
普通	好	好	4	19%
普通	普通	好	6	28.6%

来自 B 大学的 10 名访谈对象在初等和中等教育阶段上的都是普通的公立学校（见表7—2）。

表7—2　　　　　　　　B 大学受访学生的教育轨迹

初等教育	中等教育	高等教育	学生数量	比例
普通	普通	普通	10	100%
普通	好	普通	0	0
好	普通	普通	0	0
好	好	普通	0	0

表7—1 和表7—2 体现出，A 大学受访学生的教育轨迹区别于 B 大学受访学生。所有 B 大学受访者在初等、中等和高等教育三个阶段上的都是教育质量一般或较差的普通学校，而 A 大学受访学生作为一个整体，在初等和中等教育阶段所上学校的教育质量上存在更多的变化。

此外，两所大学受访者的父母在教育背景和职业地位方面也存在一些不同。从经济水平而言，A 大学和 B 大学受访学生的家庭根据巴西经济分类标准（Critério de Classificação Econômica Brasil，简称 CCEB）都属于"C 阶层"，家庭平均月收入在 1625—4851 雷亚尔的区间内（为 2—6 倍最低工资收入）。① C 阶层在以该标准分类的社会结构金字塔中处于中间位置，上面是 A、B 阶层，下面是 D 和 E 阶层。31 名受访者的家庭中只有 6 人的家庭月收入略微超过了 C 阶层的收入上限。然而，由于受访者

---

① 2016 年的巴西经济分类标准规定，A 阶层家庭月收入超过 20888 雷亚尔，B1 阶层家庭月收入在 9254 至 20887 雷亚尔之间，B2 阶层在 4852 至 9253 雷亚尔之间，C1 阶层在 2705 至 4851 雷亚尔之间，C2 阶层在 1625 至 2704 雷亚尔之间，D 和 E 阶层在 768 至 1624 雷亚尔之间。这一分类标准的设置是基于消费品的拥有和家庭潜在的购买力。

的家庭收入是他们自报的,而且仅反映的是目前的经济状况,因此在了解他们的社会经济出身时更有社会学意义的恰当性的做法是回顾他们父母的教育背景和职业地位。

本研究采用由巴西学者①调整后的 EGP（Erikson – Goldthrope – Porto – Carrero）阶层分析框架,对受访者父母的职业状况进行分类。巴西学者为了更加符合本国的阶层结构现状,调整了原来的 EGP 阶层分析框架,根据职业将阶层分为六大类,其中包括专业人员和管理者（EGP 分类中的阶层 I 和 II）、负责例行事务的非体力劳动者（阶层 IIIa 和 IIIb）、有或没有雇员的小业主（阶层 IVa 和 IVb）、技术性体力劳动者（阶层 V 和 VI）、无技术或半技术体力劳动者（阶层 VIIa）以及农业雇主和劳动者（阶层 IVc 和 VIIb）。由于本研究使用改编后的 EGP 阶层分类仅是为了描述受访者父母的职业状况,因此"农业雇主和劳动者"这一类别在本文中被改为"家庭照看者与失业者",以使研究数据与阶层分类更相关。表7—3、表7—4、表7—5、表7—6 是对两所大学受访者父母在子女14周岁时的受教育程度及职业地位的分类。

表7—3　　　　　　　　A 大学学生父亲的职业和教育程度

阶层	大学	高中	初中	小学
专业人员和管理者	0	0	0	0
负责例行事务的非体力劳动者	10%	20%	0	5%
小业主	5%	5%	5%	10%
技术性体力劳动者	0	10%	15%	0
无技术或半技术体力劳动者	0	5%	5%	5%
家庭照看者与失业者	0	0	0	0

---

① 参见 Eduardo Marques, Celi Scalon, and Maria A. Oliveira, "Comparando Estruturas Sociais no Rio de Janeiro e em São Paulo" [Comparing Social Structures in Rio de Janeiro and São Paulo], *Dados – Revista de Ciências Sociais*, Vol. 51, No. 1, 2008, pp. 215 – 238; Celi Scalon and André Salata, "Uma Nova Classe Média no Brasil da última Década?: o Debate a Partir da Persperctiva Sociológica" [A New Middle Class in Brazil of the Last Decade?: Debate from the Sociological Perspective], *Sociedade e Estado*, Vol. 27, No. 2, 2012, pp. 387 – 407; Carlos A. Ribeiro, "Mobilidade e Estrutura de Classes no Brasil Contemporâneo" [Mobility and Class Structure in Contemporary Brazil], *Sociologias*, Vol. 16, No. 37, 2014, pp. 178 – 217。

表7—4　　　　　　　B大学学生父亲的职业和教育程度

阶层	大学	高中	初中	小学
专业人员和管理者	0	0	0	0
负责例行事务的非体力劳动者	0	0	10%	0
小业主	0	0	0	10%
技术性体力劳动者	0	20%	0	40%
无技术或半技术体力劳动者	0	0	0	20%
家庭照看者与失业者	0	0	0	0

表7—5　　　　　　　A大学学生母亲的职业和教育程度

阶层	大学	高中	初中	小学
专业人员和管理者	0	0	0	0
负责例行事务的非体力劳动者	23.80%	28.6%	4.80%	0
小业主	4.80%	0	0	0
技术性体力劳动者	0	0	4.80%	0
无技术或半技术体力劳动者	0	4.80%	9.50%	9.50%
家庭照看者与失业者	0	4.80%	0	4.80%

表7—6　　　　　　　B大学学生母亲的职业和教育程度

阶层	大学	高中	初中	小学
专业人员和管理者	0	0	0	0
负责例行事务的非体力劳动者	0	22.20%	0	0
小业主	0	0	0	0
技术性体力劳动者	0	0	0	0
无技术或半技术体力劳动者	0	33.30%	11.10%	22.20%
家庭照看者与失业者	0	11.10%	0	0

数据显示，约 80% 的 B 大学受访学生的父母属于工人阶级，他们大多是没有技术或者半技术的体力劳动者，受教育程度较低。A 大学学生的父母中，约有 40% 与大多数 B 大学学生的父母拥有相似水平的教育和职业地位，也是工人阶级；而其余 60% 的父母在职业分类上落入了改编 EGP 分析框架的前三类，属于巴西学者①所划分的"中产阶级"。然而具体来看，这 60% 的 A 大学父母在职业地位上属于第二和第三类别中的低层级别，工作包括基础教育教师、销售人员、接待员、会计助理、护士助理、行政助理、没有雇员的小店主、街头小贩等，其中有些人甚至没有高中文凭。因此，他们最多可被归类为"下层中产阶级"，其中大部分都是 A 大学中拥有"好—好—好"教育轨迹的学生的父母。

大多数访谈对象的家庭居住在远离城市中心的社区，这些区域在巴西被称为"边缘"地带（葡萄牙语为"periferia"），其中很多靠近或属于贫民窟。还有一些受访者来自属于圣保罗大都会地区的周边小城市，也都住在贫寒的社区里。

本文的下一部分将具体分析不同的教育轨迹，尤其是对比 A 大学和 B 大学中工人阶级父母的子女为何在教育轨迹上出现差异，以此探索 A 大学的受访学生如何在缺乏家庭文化和社会资本的情况下获取了进入精英大学的惯习。

五　信息来源

通过分析实证材料后发现，影响 A 大学和 B 大学受访学生教育轨迹差异的一个重要因素是他们是否能获得有关更好教育机会的信息。A 大学的受访者在不同教育阶段的过渡时期通过父母、亲戚、邻居、同学、老师或工作中的同事等获得了有关更好学校的信息，而 B 大学的学生普遍没有接触到这样的信息。

父母的社会经济地位对子女进入名牌大学的积极影响，体现在 5 名 A

---

① Celi Scalon and André Salata, "Uma Nova Classe Média no Brasil da última Década？：o Debate a Partir da Perspectiva Sociológica"［A New Middle Class in Brazil of the Last Decade？：Debate from the Sociological Perspective］, *Sociedade e Estado*, Vol. 27, No. 2, 2012, pp. 387 – 407。

大学学生身上，他们都属于 11 名符合"好—好—好"教育轨迹的学生。这些学生的父亲和母亲都拥有大学经历（包括毕业和中途辍学），从事非体力工作，包括基础教育阶段的公立学校教师、小商店店主以及低级别的公司办公室员工等。他们深刻认识到巴西公立基础教育系统的薄弱，而且在大多数情况下他们已经清楚地知道上一所精英大学与普通私立大学对孩子的未来前景有着不同影响，因此他们从早期就开始鼓励孩子上一流大学，尤其是免费的公立大学。为了实现这一目标，有 5 名学生的父母在正规教育初期就将子女送入私立学校，私立学校的教学质量通常高于大多数公立学校。这些父母并没有持续支付私立学校学费的经济能力，因此在子女入学后再设法向校方申请奖学金机会。在从初等教育向高中过渡的时候，这 5 名学生大多再次依靠家庭资源获得有关更好高中的信息。他们的父母要么鼓励子女申请选择性私立高中的奖学金机会并参加相应的考试，要么鼓励孩子报考免学费、教学质量好的公立技术高中的入学考试。

除了这 5 名学生外，A 大学和 B 大学的其他受访学生都没有从父母那里得到有关上精英大学的激励。尽管大多数受访学生的父母重视子女的教育，但重视工作甚于学习的文化却更加盛行。许多家长告诉孩子要专心学习，以便可以顺利地拿到高中文凭并找到工作。有些家长已经意识到了上大学的重要性并努力通过各种途径让孩子进入更好的学校，但他们的期望却只是让孩子上一所一般性的大学，可以一边上学一边工作。工作被大多数家长视为令人骄傲的事。

维罗妮卡（化名，以下类同）属于其余 6 名拥有"好—好—好"教育轨迹的 A 大学学生。她的父亲是一家服装店的销售人员，具备高中文凭；母亲在医学实验室担任打字员，高中辍学。维罗妮卡在访谈中提到了母亲对于她上全日制精英大学的不理解：

> 我妈妈倾向于我付费上一所家附近的私立大学，所以她以前只跟我提过这类的商业化私立大学，说我必须通过工作来支付大学学费……她不喜欢我单程花两个小时才能到 A 大学来上课。①

---

① 与笔者的访谈，圣保罗，2016 年 12 月 16 日。

这6名学生的父母大多从事的是非体力工作，但他们与之前那5名同样属于"好—好—好"教育轨迹的学生的父母相比，没有同等的教育水平与文化资本。他们对孩子的教育期望相对更低一些。这些家长的共同点是重视孩子的教育，积极寻求更好的教育机会。他们的信息来源主要是日常生活中密切接触的人，包括亲戚和邻居等。通过有关更好学校的信息，这些父母设法把子女送入教学质量高于平均水平的公立学校。此后在向中等教育过渡时期，其中3名学生从他们的亲戚那里获得了关于更好高中的信息，包括公立技术高中和教学质量稍好的公立学术高中。其他3名学生则通过他们在初等教育阶段学校里接触到的人（同学或老师）获得这样的信息。值得注意的是，作为信息来源的亲戚和邻居在教育程度方面不一定全都比这些学生的父母高。其中受教育程度更高的人一般是基础教育阶段的公立学校教师，他们对教育机会有更多认知；而教育程度与学生父母相似的人通常也是通过别的人或渠道获得了关于更好学校的信息，或者他们推荐某所公立学校是因为自己此前就在这所质量较好的学校上学。正是这样的社会交往机制所带来的信息流通帮助这些学生获得了更好的教育机会。

拥有"普通—好—好"教育轨迹的4名学生完全依靠在学校里接触到的人来获得有关更好高中的信息。这些学生的家庭背景与B大学受访学生十分相似，他们的父母没有足够的文化和社会资本来获得有关更好学校的信息。与B大学的10名学生一样，这4名A大学学生在初等教育阶段上的是家附近贫寒社区内的普通公立学校。然而，他们后来成功进入了教学质量相对较好的高中。正如那3名"好—好—好"教育轨迹的学生从老师或同学那里获得了有关优质高中的信息一样，这4名学生也是通过初等教育阶段学校里的老师或同学得知了公立技术高中或私立精英高中的入学机会。区别之处在于，对于初等教育阶段上的是普通学校的学生而言，这类信息更加稀缺；此外，由于学业准备不足，他们获得奖学金或通过选择性高中入学考试的机会要小得多。

如果说有关更好教育机会的信息呈金字塔状分布，那么"普通—普通—好"与"普通—普通—普通"教育轨迹的学生们都处于信息流的底部。这些学生在基础教育期间都没有获得有关更好学校的信息。"普通—普通—好"的教育轨迹与B大学学生中常见的"普通—普通—普通"轨迹最为相似，两者的差别在于高中时期或高中毕业后发生的事情，改变了他们的高等教育目的地。这种影响主要来自工作。

6名拥有"普通—普通—好"教育轨迹的A大学学生在社会经济背景方面也与B大学学生相似。在进入普通公立高中上学之前，他们大多没有获得有关私立精英高中、公立技术高中或质量稍好的公立学术高中的信息。普通公立高中的学生一边上学一边工作的现象是很常见的。公立高中不是全日制，学生可以选择上午、下午或晚上上课。这6名A大学的学生在高中阶段就开始工作，就像B大学的一半受访者一样。

两所大学的这些学生在高等教育入学方面出现分化的主要原因是，是否有机会与拥有更高文化资本的人一起工作，尤其是那些具有精英大学学习经历的人。在更精英的环境下工作并经常接触那些拥有精英大学经历的同事，极大地鼓励了"普通—普通—好"教育轨迹的A大学学生追求精英高等教育。

韦斯利从高中二年级就开始工作，参与的是"少年学徒"（Jovem Aprendiz）项目。这是一个政府项目，旨在为公立高中的学生提供在大中型公司的实习工作机会。他最初在一家精英保险公司担任办公室勤杂工，后来开始为董事会办杂事。韦斯利的一个同事鼓励他尝试报考精英高校，特别提到了A大学，同时他得到了两名高层管理人员的支持，他与这两人有频繁的工作接触。其他拥有这一教育轨迹的A大学学生则以一种更为微妙的方式了解了精英高等教育。费尔南多在一家食品公司的办公室工作，与他有工作接触的上司大多是从名牌大学毕业的。他在访谈中提到：

> 我此前有机会上B大学或其他类似的我家附近社区的大学，但我知道，上这些大学的话永远不能使我在工作中坐上领导的位置，也不能实现真正的阶层流动……我在工作环境中遇到上过USP、FGV、Insper等大学①的人，我与他们的对话很有趣，这让我思考，

---

① USP是圣保罗大学的缩写（Universidade de São Paulo），由圣保罗州立政府出资支持，是巴西最好的公立大学之一；FGV是巴西精英私立大学热图里奥·瓦加斯基金会大学的缩写（Fundação Getulio Vargas）；Insper是另一所精英私立高等教育机构的缩写，全称为因斯帕教育与研究机构（Insper Instituto de Ensino e Pesquisa）。

为什么我不能得到更好的教育机会。①

与此形成对比的是，B大学有5名受访学生也在高中阶段开始工作，但他们在工作中接触到的有大学经历的同事们上的都是与B大学类似的一般性私立大学。这5名学生虽然得到了来自同事的教育激励，但都是鼓励他们上那些入学门槛低的普通大学。

其他5名同样属于"普通—普通—普通"教育轨迹的B大学受访学生在高中阶段只学习不工作，其中有几人其实学习成绩优异，在班级里名列前茅。然而，他们没有获得有关更好教育机会的信息，没能进入更好的学校，也没能长时间浸润在培养精英大学惯习的环境中。他们也因此满足于选择上一所普通大学。

六 惯习培养机构与高校选择

进入精英高等教育的惯习包括教育抱负和学业准备两方面。对于那些拥有"好—好—好"与"普通—好—好"教育轨迹的A大学学生而言，教育抱负的培养与学业准备的进行是同步发生的，基本都是在高中阶段。而对于"普通—普通—好"教育轨迹的学生来说，他们首先通过工作中接触的人和信息获得了上一所精英大学的激励，然后再寻找大学入学考试的辅导班（葡萄牙语称为"cursinho"）来弥补自己在学业准备上的不足。在这种情况下，工作和辅导班取代高中学校，成为培养他们进入精英大学惯习的机构。

值得注意的是，A大学的大部分受访学生一开始都想上名牌公立大学，因为公立大学是免费的。但他们在为此而做学业准备的过程中，得到了关于私立精英A大学在课程设置和奖学金机会等方面的信息。A大学的录取政策和对低收入阶层学生的资金支持促使他们报考A大学，但他们即便没有被A大学录取，大多数人仍然有很大机会入读其他一流的公立大学。他们中的很多人在辅导班里苦读了不止一年，最终通过了几所精英大学的入学考试。与此形成对比的是，B大学的10名受访学生中，

---

① 与笔者的访谈，圣保罗，2017年1月9日。

只有 3 人报考了一流公立大学的入学考试。在没有通过考试之后，他们轻易地放弃了，没有继续进行尝试，并很快选择就读入学门槛低的 B 大学。这体现了低社经地位阶层学生中普遍存在的对精英大学的自我排斥感。

高中学校是培养学生进入大学的惯习的直接机构。一些 A 大学受访学生在高中阶段上的是私立好学校。私立精英高中里的学生普遍目标都是进入一流大学深造，老师们也尽其所能地强化学生的这一学习动机。A 大学的这些低收入阶层学生浸润在与他们出身截然不同的精英高中环境中，学会了调整并使自己适应这个环境，逐渐获得了进入精英大学的惯习。他们渴望考入一流大学，并为此而努力学习。吉恩来自一个典型的工人阶级家庭，之前上的是家附近的普通公立小学和初中，但后来他通过老师传递的信息获得了私立高中的奖学金机会，进入圣保罗的一所传统精英高中上学。他描述了他的高中经历：

> 那里的老师全都是从顶尖大学里毕业的，有的老师还有博士学位……我们有"职业周"活动，有机会了解不同大学的不同专业课程，学校还会组织学生去参观精英大学……我们每个月都有模拟考试，用的都是名牌大学此前的入学考试试题……他们向我们展示了所有的好大学，鼓励我们如果想成为好的管理者就报考 A 大学。他们一直跟我们说这些，直到某个时刻，这些东西对于我而言变成了很自然的事情。①

在公立技术高中里，情况就已经有些不同了。公立技术高中是由政府出资建立的技术高中，设有入学考试。② 技术高中的目标是培养不同领域内掌握一定技术的劳动力，使其能够在高中毕业后直接进入就业市场工作。然而，对于那些将高中课程与技术课程相结合的公立技术高中来

---

① 与笔者的访谈，圣保罗，2016 年 12 月 2 日。
② 公立技术高中除了州政府出资设立的以外，还有联邦政府资助建立的公立技术高中。公立技术高中除了提供中等技术教育外，也开设高中学术课程。一般而言，公立技术高中的教学质量高于大部分公立学术高中。本章的受访者所上的大多是州立技术高中。

说，它们的教学质量比大多数公立学术高中都要好。由于公立高中毕业生在报考公立大学的时候享有联邦公立大学的预留配额或某些州立大学的加分优惠，许多拥有更多社会经济资源的父母倾向于让子女上公立技术高中。他们在初等教育阶段将子女送入私立学校上学，以便孩子在此后报考公立技术高中的时候有更好的学业准备，也更有可能通过入学考试，特别是那些排名靠前的公立技术高中。因此，公立技术高中的学生们大多拥有更好的社会经济背景，也得到了更多关于精英高等教育的信息和入学激励。一些教育质量排名靠前的公立技术高中里的教师确实会鼓励学生努力学习并申请精英大学，但在其他的公立技术高中里，学生们并没有从老师那里得到很多激励。缺少家庭文化资本的低收入阶层学生主要通过其他那些社经地位相对较高的同学，获得对精英大学的教育抱负。爱丽丝在高中阶段上的是一所排名靠前的公立技术高中，她描述了自己的经历：

> 在那些较为偏远的高中里，你得向学生解释什么是大学入学考试及其意义，我所在高中的学生们已经有上大学的期望，尤其想上好大学……我高中时是一个比较"书呆子"的团体的成员，大多数朋友现在都在上大学。有几个朋友上的是最好的公立大学的法律、医学或物理专业，他们都上了至少一年半的辅导班才成功考入；还有几个人得到了教学质量较好的私立大学的奖学金……这所高中里学生们的家庭条件组成挺混合的，有些人家里经济状况很困难，有些还算是可以，但没有有钱人。①

更好的高中还包括一些公立学术高中，通常位于城市更中心的地区，社区的社会经济状况更好，相比城市边缘的公立高中而言教学质量稍好一些。这些学校对于学生考入精英大学的激励更少，而且取决于老师和学生的特征。学习成绩好的学生总体而言会受到老师更多的鼓励。这些更好的公立高中相对而言也会提供更多关于精英大学的信息，无论是通过教师还是其他社会或政府项目。吉尔伯托的例子体现了好的公立高中

---

① 与笔者的访谈，圣保罗，2016 年 12 月 2 日。

和普通公立高中的区别。他在进入一所普通公立高中上学之前,不知道公立技术高中的存在,也没有获得关于更好公立高中的信息。高二的时候,他通过物理老师给的信息申请了一所公立技术高中的技术课程,以便决定自己的职业方向并为找工作做准备。然而,与他一起上技术课程的同学大多来自另一所教学质量好的公立高中,吉尔伯托与他们讨论了很多关于上大学的问题,尤其是好大学。他在访谈中说:

> 我在学校里并没有真正地学习,因为老师不教东西,我们去学校都是为了拿个文凭……我之前不知道有公立技术高中,也不知道有公立大学。高中同学们极少有人在毕业后上了大学,而且他们上的都是普通私立大学,需要工作赚钱来付学费……上技术课程的学生大部分来自同一所很好的州立高中,我与班上的一个好朋友谈论了很多关于大学入学考试的事情,还一起上了辅导班。正是由于这个技术课程,我才更多地接触了这些想要读大学的人。从那时起,我改变了原来的计划,想着要继续读书而不是工作。[①]

属于"普通—普通—好"教育轨迹的 A 大学学生一般先通过工作中的联系树立自己追求精英高等教育的抱负,然后再寻找其他教育机会来提高自己在学业上的准备。如前文所述,这些学生渴望进入精英大学,主要是因为他们在工作中经常接触拥有精英大学教育经历的同事。他们中的许多人提到了通过工作观察到的对于社会不平等的认知,与不平等进行抗争是他们努力考入精英大学的部分动机。法布里奇奥也在高中期间通过"少年学徒"项目开始工作,他透露了自己追求精英高等教育的动机:

> 我所工作的银行里的总裁或总监们都不是从底层往上升的,他们的起点就在上面。他们的车里散发着非常棒的香气,但是对我而言那就是不公平的味道……那些上了普通私立大学的同事还是在同一层次的岗位工作,即便升职也存在天花板……这不是我想要的,

---

① 与笔者的访谈,圣保罗,2016 年 12 月 21 日。

所以我要反抗。①

通过工作确立了教育抱负之后，这些学生积极寻找有关辅导班的信息，以通过辅导班的学习来弥补自己在学业准备上的劣势。其中几人通过互联网或与工作相关的具备更高文化资本的人，找到了 A 大学提供的免费辅导班。

七　结论

本文探讨的是巴西低社经地位阶层学生如何克服家庭社会经济背景的劣势而成功进入精英大学。基于与一所精英私立大学和一所普通商业化私立大学内低社经地位阶层学生的深度访谈，本文发现接触到拥有更多文化资本的人并得到他们所提供的有关更好教育机会的信息，会使学生有更大可能性进入培养精英高等教育惯习的机构，为考取精英高校做准备。

值得注意的是，提供有关更好教育机会的信息的人通常是与低社经地位阶层学生或他们的父母有着频繁联系的人，其中包括亲属、邻居、老师、同学和同事等。这些人不仅是信息的传递者，而且也被低社经地位阶层学生或他们的父母视为可以参照的榜样。事实上，B 大学的大部分学生也通过媒体或互联网得知了一些有名的公立大学，但是他们没有一个可以参照的榜样将这些信息带到他们的现实中。这体现了巴西低社经地位阶层学生作为一个整体在获得更多文化资本并由此培养精英大学惯习的渠道方面存在稀缺性和偶然性。这些渠道没有被制度化，表明处于社会结构底层的学生在实现社会流动方面仍面临着严峻的文化和教育阻碍。

学校是培养进入精英大学惯习的重要机构，尤其是高中阶段的学校。大部分考取精英 A 大学的低社经地位阶层学生在高中阶段上的都是教学质量更好的学校，他们从老师或同学那里得到了报考精英大学的激励并努力做好相应的学业准备。这些学生之所以能进入较好的高中，是因为

---

① 与笔者的访谈，圣保罗，2016 年 12 月 15 日。

他们或父母从亲属、当地社区或学校的社交网络中得到了有关这些高中的信息。如果低社经地位阶层学生没有进入质量较好的高中学习，他们依然有机会通过在工作中获得的激励而进入精英大学。当他们在长时间浸润其中的工作环境中直接接触那些了解精英高等教育或有相关学习经历的人时，他们更可能产生对精英大学的教育抱负。

对精英大学的教育抱负是低社经地位阶层学生为此努力做好学业准备的前提条件。在具备了对精英高等教育的强烈向往之后，这些学生积极寻找有关大学入学考试辅导班的信息，以弥补自己在学业准备上的不足。同时，他们还根据自己的兴趣，搜索专业课程设置和大学录取政策方面的信息。大多数学生即使没有考取 A 大学，也有很大可能被其他精英大学所录取。得知 A 大学的奖学金机会和招生政策促成了他们的择校决定。

本项研究表明，巴西低社经地位阶层学生所经历的教育不平等存在于各个不同的阶段。在父母缺乏文化资本的情况下，只有少数学生有机会在初等教育阶段进入教学质量更好的学校；在向中等教育过渡的时期，进入选择性高中的低社经地位阶层学生数量更少；而到了向高等教育过渡的阶段，更小比例的该阶层学生能进入精英大学学习。对该阶层学生而言，切合实际的高校选择是那些一般性的私立大学，这已经比大多数高中毕业或没毕业就进入就业市场的同伴好太多了。如果更多的低社经地位阶层学生能在正式教育的早期阶段得到有关更好教育机会的信息，那么更多人至少会愿意尝试报考精英大学。

参考文献

Alfinito, Solange, "A Influência de Valores Humanos e Axiomas Sociais na Escolha do Consumidor: Uma Análise Comparativa Aplicada à Educação Superior" [The Influence of Human Values and Social Axioms on Consumer Choice: A Comparative Analysis Applied to Higher Education], Ph. D. dissertation, Universidade de Brasília, 2009.

Alon, Sigal, "The Evolution of Class Inequality in Higher Education: Competition, Exclusion, and Adaptation", *American Sociological Review*, Vol. 74, No. 5, 2009.

Becker, Gary S. , "Investment in Human Capital: A Theoretical Analysis", *Journal of Political Economy*, Vol. 70, No. 5, 1962.

Becker, Gary S. , *Human Capital: A Theoretical and Empirical Analysis with Special Reference to Education*, 3rd Edition, Chicago: University of Chicago Press, 1993.

Bourdieu, Pierre, *Distinction: A Social Critique of the Judgement of Taste*, Cambridge, MA: Harvard University Press, 1984.

Brito, Murillo M. , "A Dependência na Origem: Desigualdades no Sistema Educacional Brasileiro e a Estruturação Social das Oportunidades" [Dependency on Origin: Inequalities in the Brazilian Educational System and the Social Structuring of Opportunities], Ph. D. dissertation, Universidade de São Paulo, 2014.

Brooks, Rachel, "Young People's Higher Education Choices: The Role of Family and Friends", *British Journal of Sociology of Education*, Vol. 24, No. 3, 2003.

Cabrera, Alberto F. , and Steven M. La Nasa, "Overcoming the Tasks on the Path to College for America's Disadvantaged", *New Directions for Institutional Research*, Vol. 2000, No. 107, 2000.

Cookson, Peter W. , Jr. , and Caroline H. Persell, *Preparing for Power: America's Elite Boarding Schools*, New York: Basic Books, 1985.

Davies, Scott, and Neil Guppy, "Fields of Study, College Selectivity, and Student Inequalities in Higher Education", *Social Forces*, Vol. 75, No. 4, 1997.

DesJardins, Stephen, and Robert Toutkoushian, "Are Students Really Rational? The Development of Rational Thought and its Application to Student Choice", in John C. Smart, ed. , *Higher Education: Handbook of Theory and Research*, Vol. 20, Dordrecht: Springer, 2005.

Donnelly, Michael, "The Road to Oxbridge: Schools and Elite University Choices", *British Journal of Educational Studies*, Vol. 62, No. 1, 2014.

Evans, Shani A. , "How High School Contexts Shape the College Choices of High-Achieving, Low-Ses Students: Why a 'College-Going' Culture is

Not Enough", Ph. D. dissertation, University of Pennsylvania, 2016.

Gracioli, Maria M., A Concepção Subvertida de Futuro dos Jovens: a Trajetória Pelo Ensino Médio [The Subverted Conception of the Future of Youth: The High School Trajectory], Ph. D. dissertation, Universidade Estadual Paulista, 2006.

Hamrick, Florence A., and Frances K. Stage, "College Predisposition at High – Minority Enrollment, Low – Income Schools", *The Review of Higher Education*, Vol. 27, No. 2, 2004.

Hossler, Don, John Braxton, and Georgia Coopersmith, "Understanding Student College Choice", *Higher Education: Handbook of Theory and Research*, Vol. 5, 1989.

Kaufman, Jason, and Jay Gabler, "Cultural Capital and the Extracurricular Activities of Girls and Boys in the College Attainment Process", *Poetics: Journal of Empirical Research on Culture, the Media and the Arts*, Vol. 32, No. 2, 2004.

Klugman, Joshua, "How Resource Inequalities Among High Schools Reproduce Class Advantages in College Destinations", *Research in Higher Education*, Vol. 53, No. 8, 2012.

Kobber, Cláudia M., "Tempo de Decidir: Produção da Escolha Profissional Entre Jovens do Ensino Médio" [Time to decide: Production of Professional Choice Among High School Youth], Ph. D. dissertation, Universidade Estadual de Campinas, 2008.

Lamont, Michele and Annette Lareau, "Cultural Capital: Allusions, Gaps and Glissandos in Recent Theoretical Developments", *Sociological Theory*, Vol. 6, No. 2, 1988.

Lucas, Samuel R., "Effectively Maintained Inequality: Education Transitions, Track Mobility, and Social Background Effects", *American Journal of Sociology*, Vol. 106, No. 6, 2001.

Marques, Eduardo, Celi Scalon, and Maria A. Oliveira, "Comparando Estruturas Sociais no Rio de Janeiro e em São Paulo" [Comparing Social Structures in Rio de Janeiro and São Paulo], *Dados – Revista de Ciências Sociais*,

Vol. 51, No. 1, 2008.

McCowan, Tristan, "Expansion Without Equity: An Analysis of Current Policy on Access to Higher Education in Brazil", *Higher Education*, Vol. 53, No. 5, 2007.

McDonough, Patricia M., *Choosing Colleges: How Social Class and Schools Structure Opportunity*, Albany, NY: SUNY Press, 1997.

Moretto, Cleide F., "Ensino Superior, Escolha e Racionalidade: os Processos de Decisão dos Universitários do Município de São Paulo" [Higher Education, Choice and Rationality: The Decision Processes of University Students of São Paulo], Ph. D. dissertation, Universidade de São Paulo, 2002.

Mullen, Ann L., "Elite Destinations: Pathways to Attending an Ivy League University", *British Journal of Sociology of Education*, Vol. 30, No. 1, 2009.

Niu, Sunny Xinchun, and Marta Tienda, "Choosing Colleges: Identifying and Modeling Choice Sets", *Social Science Research*, Vol. 37, No. 2, 2008.

Nogueira, Claudio M., "Dilemas na Análise Sociológica de um Momento Crucial das Trajetórias Escolares: o Processo de Escolha do Curso Superior" [Dilemmas in the Sociological Analysis of a Crucial Moment of School Trajectories: The Process of Choosing Higher Education], Ph. D. dissertation, Universidade Federal de Minas Gerais, 2004.

Nogueira, Makeliny O., Educação, Desigualdade e Políticas Públicas: a Subjetividade no Processo de Escolarização da Camada Pobre [Education, Inequality, and Public Policy: Subjectivity in the Schooling Process of the Poor], Ph. D. dissertation, Pontifícia Universidade Católica de São Paulo, 2013.

Oliver, Caroline, and Nigel Kettley, "Gatekeepers or Facilitators: The Influence of Teacher Habitus on Students' Applications to Elite Universities", *British Journal of Sociology of Education*, Vol. 31, No. 6, 2010.

Paulsen, Michael B., "The Economics of Human Capital and Investment in Higher Education", in Michael B. Paulsen and John C. Smart, eds., *The Finance of Higher Education: Theory, Research, Policy, and Practice*, New York: Agathon Press, 2001.

Pereira, Thiago I., Classes Populares na Universidade Pública Brasileira e Suas

Contradições: a Experiência do Alto Uruguai Gaúcho [Popular Classes at the Brazilian Public University and Its Contradictions: The Upper Uruguay Gaucho Experience], Ph. D. dissertation, Universidade Federal do Rio Grande do Sul, 2014.

Perez, Patricia A., and Patricia M. McDonough, "Understanding Latina and Latino College Choice: A Social Capital and Chain Migration Analysis", *Journal of Hispanic Higher Education*, Vol. 7, No. 3, 2008.

Perna, Laura W., "Studying College Access and Choice: A Proposed Conceptual Model", in John C. Smart, ed., *Higher Education: Handbook of Theory and Research*, Amsterdam: Springer, 2006.

Perna, Laura W. and Marvin A. Titus, "The Relationship Between Parental Involvement as Social Capital and College Enrollment: An Examination of Racial/Ethnic Group Differences", *The Journal of Higher Education*, Vol. 76, No. 5, 2005.

Persell, Caroline H., Sophia Catsambis, and Peter W. Cookson, Jr., "Differential Asset Conversion: Class and Gendered Pathways to Selective Colleges", *Sociology of Education*, Vol. 65, No. 3, 1992.

Radcliffe, Richard and Beth Bos, "Mentoring Approaches to Create a College – Going Culture for At – Risk Secondary Level Students", *American Secondary Education*, Vol. 39, No. 3, 2011.

Raftery, Adrian E., and Michael Hout, "Maximally Maintained Inequality: Expansion, Reform, and Opportunity in Irish Education, 1921 – 75", *Sociology of Education*, Vol. 66, No. 1, 1993.

Reay, Diane, Jacqueline Davies, Miriam David, et al., "Choice of Degree or Degrees of Choice? Class, 'Race' and the Higher Education Choice Process", *Sociology*, Vol. 35, No. 4, 2001.

Ribeiro, Carlos A., "Mobilidade e Estrutura de Classes no Brasil Contemporâneo" [Mobility and Class Structure in Contemporary Brazil], *Sociologias*, Vol. 16, No. 37, 2014.

Ribeiro, Carlos A., and Rogério Schlegel, "Estratificação Horizontal da Educação Superior no Brasil (1960 a 2010)" [Horizontal Stratification of

Higher Education in Brazil (1960 – 2010)], in Marta Arretche, ed., *Trajetórias das Desigualdades: Como o Brasil Mudou nos Últimos Cinquenta Anos* [Trajectories of Inequalities: How Brazil Has Changed in the Last Fifty Years], São Paulo: Editora Unesp, 2015.

Scalon, Celi, and André Salata, "Uma Nova Classe Média no Brasil da última Década?: o Debate a Partir da Perspectiva Sociológica" [A New Middle Classin Brazil of the Last Decade ?: Debate from the Sociological Perspective], *Sociedade e Estado*, Vol. 27, No. 2, 2012.

Schofer, Evan and John W. Meyer, "The Worldwide Expansion of Higher Education in the Twentieth Century", *American Sociological Review*, Vol. 70, No. 6, 2005.

Silva, Hilda. M., "Os Jovens Provenientes do Segmento Popular e o Desafio do Acesso à Universidade Pública: a Exclusão que Antecede o Vestibular" [The Young People from the Popular Segment and the Challenge of Access to the Public University: The Exclusion Before the Entrance Exam], Ph. D. dissertation, Universidade Estadual Paulista, 2010.

Silva, Paula N., "Do Ensino Básico ao Superior: a Ideologia Como um dos Obstáculos à Democratização do Acesso ao Ensino Superior Público Paulista" [From Basic to Higher Education: Ideology as One of the Obstacles to Democratization of Access to Higher Education Paulista], Ph. D. dissertation, Universidade de São Paulo, 2013.

Terenzini, Patrick T., Alberto F. Cabrera, and Elena M. Bernal, *Swimming Against the Tide: The Poor in American Higher Education*, Research Report, New York, NY: College Entrance Examination Board, 2001.

Vargas, Hustana M., Represando e Distribuindo Distinção: a Barragem do Ensino Superior [Damming and Distributing Distinction: The Higher Education Dam], Ph. D. dissertation, Pontifícia Universidade Católica do Rio de Janeiro, 2008.

Winston, Gordon C., "Subsidies, Hierarchy and Peers: The Awkward Economics of Higher Education", *The Journal of Economic Perspectives*, Vol. 13, No. 1, 1999.

Zimdars, Anna, Alice Sullivan, and Anthony Heath, "Elite Higher Education Admissions in the Arts and Sciences: Is Cultural Capital the Key?" *Sociology*, Vol. 43, No. 4, 2009.

第 八 章

叙利亚的难民回归与重建

易伯拉欣·阿瓦德（Ibrahim Awad）[*]

摘　要：俄罗斯和伊朗的主动干预，以及土耳其的实际支持，使得大马士革当局能够在困扰叙利亚国内冲突的军事对抗中胜出。数百万难民的返回已成为冲突参与者眼中亟待解决的问题，其原因有二：其一，冲突各方中的某些派别坚持不应设有任何先决条件；其二，对于正在获得胜利的国家—地区—国际联盟来说，难民的返回将标志着认可大马士革当局对叙利亚领土的控制，这也会加强他们的合法性。这对于大马士革当局及其俄罗斯、伊朗盟友来说尤为如此。无论这些正在获胜的冲突参与者的偏好是什么，在国际难民法里，难民们回国必须本着自愿的原则，这不仅涉及难民们自身的自由意志，也包括他们的准备状态。尽管难民们袒露心声希望回家，但迄今为止真正返回的人尚不占多数，这一点也说明了难民们还没有准备好回国。眼下当务之急是重建整个叙利亚，为有朝一日国民的回归创造条件。然而，不论是直接关注难民生存的人，还是那些力挺大马士革当局的人，都难以对叙利亚的重建给予经济上的支持。那些真正拥有资源的势力——尤其是欧盟，则将确立包含各方在

---

[*] 易伯拉欣·阿瓦德是开罗美国大学（AUC）国际事务实践的教授，移民与难民研究中心的主任。他拥有开罗大学政治学学士学位和瑞士日内瓦大学国际研究与发展研究所的政治学学位。他的研究兴趣包括全球治理和国际组织、区域主义和区域一体化、国际移民和难民研究以及就业和人权方面的研究。阿瓦德博士的研究主要集中在阿拉伯世界、中东、非洲和欧洲—地中海地区。

译者：杨光，清华大学国际与地区研究院博士研究生。

内的政治讨论机制、实现后续政策制定,作为他们参与资助重建事宜的条件。因此,难民返回、政治和解与国家重建三者之间的联系也随之建立起来。对于有实力的参与者来说,参与重建这一承诺实际上是扭转大马士革当局军事优势所形成的政治局势的手段之一。由于大马士革当局不认为有必要与军事战败方进行商谈,重建事宜陷入僵局,由此造成的结果是,相当多的难民也无法踏上归途。只有当大马士革当局意识到,为了能实现重建,他们需要直接或间接地与其潜在投资人进行商谈,僵局才能被打破。

关键词:叙利亚难民;回归;重建;政治解决

一 导言

在叙利亚国内军事冲突的地面战场上,已出现了胜利者。大马士革当局如今已控制了叙利亚几乎全部领土。

冲突中的两方势力,对叙利亚难民从寻得庇护的国家回归故土一事的重要性有着不同的看法。一派认为难民重返是首要大事,另一派则不这么认为。前者的立场是出于两个原因:首先,诸多国家坚持要求遣返难民,例如黎巴嫩的最高权力机构拒绝为遣返难民设置先决条件;其次,对于其他的参与方而言,遣返意味着区域和国际体系认可大马士革当局采取有效措施控制领土,这将在国际上增强其合法地位。

观点上的分歧源于对冲突最终结果的认可。在第一派看来,军事对抗中的胜利应被视作最终结果。对第二派来说,只有一致认可的政治和解才能作为最终结果。换言之,这些参与方并不认为军事对抗就是冲突的全部,他们认为大马士革当局取得的胜利并没有解决冲突的起因。

但是,达成政治和解是很困难的。在大马士革当局取得了地面作战胜利后,他们并不认为有必要与战败方进行谈判。但实际上,无论国际和地区的冲突参与方承认或不承认大马士革当局取得胜利,大马士革当局都将采用直接或间接的方式与他们进行谈判。实现谈判的方法潜藏在重建的潜在财政支持中,这对难民的回归有重大意义,大马士革当局也急需以此来重启叙利亚经济。由此形成了难民重返、政治和解与重建之间的密切关联。

本文认为，只有叙利亚国内达成政治和解，才会有大批难民返回。这一和解将取决于参与重建过程的国际和地区有关各方的态度。重建事宜涉及住房、基础设施建设、医疗保健、民生和创造就业机会并提供服务的经济活动，这些都是实现大批难民返回的必要条件。政治和解固然重要，但本文并未讨论这一中间变量。本文关注的是回归与重建，并认为二者分别是因变量和自变量。

不遣返原则（non-refoulement）禁止收容国强迫难民或寻求庇护者回到会迫害他们的国家。基于这一原则，国际法规定，重返必须是自愿的。联合国难民事务高级专员公署（UNHCR）区分了三种类别的重返：其一，自发组织或不靠外援的重返；其二，经援助的大规模自愿重返；其三，经宣传推广的重返，作为重返过程的潜在最后阶段。"自愿辅助重返"指难民自愿同意的返回，由联合国难民事务高级专员公署组织，通常有国际支持。[1] 其一般适用于经援助的大规模自愿重返和经宣传推广的重返。联合国难民事务高级专员公署强调重返难民的安全。国际法和实践的原则止步于此。它们并没有处理重返与重建之间的联系。尽管概念化并非本研究的主要目的，本文借用了让-皮埃尔·卡萨利诺（Jean-Pierre Cassarino）所发展的重返迁移概念框架，以便解释重返的叙利亚难民数量稀少的原因是国家缺乏重建。[2] 由此可推论，只要重建事宜一日未成，大规模难民重返就无法实现。

卡萨利诺呼吁要扩展分析和诠释重返迁移的框架，表明该框架也应该包含寻求庇护者和难民。本文回顾并修改了与难民对应的具体框架元素。修改后的框架凸显了大规模难民重返的复杂性以及重返与重建之间的种种关联。

在修改后的框架内，存在着不同程度的重返倾向。这些重返倾向的不同之处在于准备程度上，不仅事关难民们的返乡意愿，也涉及他们是否已准备就绪，"返回者的准备状态，指的是一种自愿行为，且必须是在

---

[1] The World Bank and UNHCR, *The Mobility of Displaced Syrians: An Economic and Social Analysis*, Washington, DC: The International Bank for Reconstruction and Development/The World Bank, 2019, p. 49.

[2] Jean-Pierre Cassarino, "Theorising Return Migration: The Conceptual Approach to Return Migrants Revisited", *International Journal on Multicultural Societies*, Vol. 6, No. 2, 2004, pp. 253-279.

掌握了足够的资源以及关于重返后家乡状况的信息的基础上"。① 因此，难民的准备状态，超出了其个人意愿的范畴。在这一框架下，单靠意愿不足以使重返符合自愿条件；足够的准备也是必要的。

对于叙利亚难民而言相当重要的是，重返的准备状态不仅取决于个人在避难国的经历，还在于对家乡已经发生巨大变化的制度、经济和政治的认识。分析框架强调了准备状态是由收容国和原籍国的状态（即重返前和重返后的状态）所决定的。②

卡萨利诺的框架分辨了三种类别的回归。为了适应实际重返，考虑重返或放弃重返的难民的情况，这里改写了分类。第一类指准备程度高，且能自主安排返程的重返者："他们有花时间评估重返的代价与好处，同时从制度、经济和政治角度考虑他们母国已经发生的改变。他们中的一些人可能会为了保证自己能跨境迁移，保留此前居留地的居民身份。"第二类包括那些准备程度不高甚至毫无准备的难民。无论这些难民是否希望重返，他们都并没有为重返收集到足够多的有形或无形的信息和资源。最后，第三类则由那些不考虑重返的难民组成。这要么是因为他们没有为重返收集到足够多的资源，要么是因为他们不指望自己做得到。支持难民重返的资源并不只限于私人资源，也有公众资源，例如上文指出的那些重建目标。在修改后的分析框架内，第三类还可以包括那些并非因为缺乏资源而不愿重返的难民。难民可能已经积聚了相当多的有形和无形资源，足以融入避难国或者在第三国定居。

本文接下来将考察那些在 2016 年到 2019 年年初的几个月期间实际返回的叙利亚难民。第二节将运用修改后的重返迁移分析框架来解释难民的实际重返。在第三节，本文将会考察地区和国际各方对于叙利亚难民重返祖国的态度。第四节将分析大马士革当局与地区和国际各方对重建的态度。文章的结尾附有一些说明。

---

① Jean-Pierre Cassarino, "Theorising Return Migration: The Conceptual Approach to Return Migrants Revisited", *International Journal on Multicultural Societies*, Vol. 6, No. 2, 2004, p. 272.
② Ibid.

二 叙利亚难民的实际重返：2015—2019 年

联合国难民事务高级专员公署记录了已经回到叙利亚的难民。2015—2018 年，已证实有 103090 名叙利亚难民重返叙利亚。其中约有 40000 人从土耳其返回（约占在土耳其的叙利亚难民总数的 1.1%）。相对而言，在本文所涵盖的国家中，伊拉克的重返率是最高的，约有 26000 名难民（约占该国所有已登记叙利亚难民的 10.8%）已经回到了叙利亚。在约旦和黎巴嫩，分别大约有 17000 名（6.6%）和 19000 名（1.5%）叙利亚难民已经回到叙利亚。在这三个例子中，2017 年的返回人数都要高于 2016 年，黎巴嫩记录的数据增幅最高（2 倍）。① 较新的信息估计回到叙利亚的总人数有 157000 人，包括来自伊拉克的 31500 人，来自黎巴嫩的 34600 人，来自约旦的 34000 人，来自土耳其的 5500 人，以及来自埃及的 900 人。在已登记的 5648000 名难民中，只有 2.8% 的人在 2016 年至 2019 年 4 月重返叙利亚。② 这一不高的百分比揭示出难民们对于重返家园的准备有限。这一有限的准备状态，是在重返与重建事宜上矛盾的态度、计划和政策的结果。

针对叙利亚难民对重返叙利亚的态度，有两份研究在解释为何实际重返数据不高时互为印证。卡内基中东中心的一份报告表明，基于与约旦和黎巴嫩境内的难民进行的焦点小组讨论，大部分参与者都表达了重返叙利亚的强烈愿望。③ 但是，很多人担心在就国内冲突达成全面解决方案前，重返还为时尚早。安全与安保是他们重返的先决条件，此外还有可持续的政治过渡、能获得谋生机会以及能回到他们的家乡并得到服务等条件。对于大多数难民来说，这些条件都是互相密切关联的。他们相

---

① The World Bank and UNHCR, *The Mobility of Displaced Syrians: An Economic and Social Analysis*, Washington, DC: The International Bank for Reconstruction and Development/The World Bank, 2019, p. 40.

② UNHCR, "Operational Portal: Refugee Situations", https://data2.unhcr.org/en/situations/syria_durable_solutions.

③ Maya Yahya, Jean Kassir, and Khalil el-Hariri, *Unheard Voice: What Syrian Refugees Need to Return Home*, Beirut: Carnegie Middle East Center, 2018.

信，如果叙利亚政局不发生变化，安全和安保就不可能恢复。这些难民非常适合归入修改后的重返分析框架中的第二类难民。在焦点小组中，大约每 8 名参与者中就有 1 名表示，他们不会设想在未来某个时候重返叙利亚。这些人大多曾遭受严重创伤，也没什么值得回去的。这些参与者可归为修改框架后的第三类难民。

第二份研究由联合国难民事务高级专员公署完成。2018 年 11 月至 2019 年 2 月，联合国难民事务高级专员公署在埃及、伊拉克、约旦和黎巴嫩开展了第五次年度区域调查。调查中反映的意图和观点，都与卡内基中东中心的报告相似。调查表明，75% 的叙利亚难民希望有朝一日能重返祖国，但只有 5.9% 的人计划在调查结束后的 12 月内这样做。有 4 个因素影响了难民的重返意愿：安全与安保、谋生机会、能否获得居所以及能否得到服务。在计划于调查结束后的 12 个月内重返叙利亚的难民中，有些人已经在携带他们的家人回归前去过了叙利亚并确认那里的情况。计划重返叙利亚的那些人中，大约有 18% 的人打算先独自动身，在此期间将他们的家人留在避难国。在黎巴嫩和约旦，打算重返的难民数量都已经有了增长。值得注意的是，在接受调查的难民中，有 19.3% 的人完全不希望或者不打算回到叙利亚，而还有 5.5% 的人依然未作出决定。[①]

联合国难民事务高级专员公署的调查没有涉及在土耳其的叙利亚难民。但是，在那里进行过其他的调查。一份 2017 年的调查得出了与联合国难民事务高级专员公署类似的结论。在接受调查的叙利亚难民中，有 61% 的人说，只有等战争结束并且有一个"好的"政权时，他们才会返回叙利亚。另外有 16% 的人说，他们"完全没有考虑回去"。同时，有 13% 的人说他们会在战争结束时返回，不论到时候掌权的是哪个政权。[②] 只有 3% 的人说，即便战争不结束，他们也会重返。尽管联合国难民事务高级专员公署和这份 2017 年的调查使用的方法可能不同，但他们都发现，

[①] UNHCR, *Fifth Regional Survey on Syrian Refugees' Perceptions and Intentions on Return to Syria: Egypt, Iraq, Lebanon, Jordan*, UNHCR Director's Office in Amman, March 2019, pp. 1–9.

[②] M. Murat Erdogan, "Syrians – Barometer – 2017: A Framework for Achieving Social Cohesion With Syrians in Turkey", in Alan Makovsky, ed., *Turkey's Refugee Dilemma: Tiptoeing Towards Integration*, Washington, DC: Center for American Progress, 2019, p. 19.

上百万的难民并不打算在短期内返回叙利亚。

需要明确联合国难民事务高级专员公署的调查与 2017 年那份调查在方法上的区别，只凭前者来判断，自发重返叙利亚的难民似乎适用于卡萨利诺所划分的、可以自己组织回归的第一类。联合国难民事务高级专员公署的操作手册并没有解释这些人的重返动机。但是可以合理设想，这些可以自己返回的难民必然已收集了足够多的资源，不论是在他们避难的国家还是叙利亚，包括住所及其它足以重返的资源。传到他们那里的叙利亚的情况或者他们自己所搜集到的信息并没有阻碍到他们想要重返的意愿。同样的考虑也适用于那些打算在联合国难民事务高级专员公署 2019 年第五次区域调查后 12 个月内重返叙利亚的难民（占调查人数的 5.9%）。

对于调查中近 70% 的希望有朝一日能重返叙利亚但并不打算在调查结束后 12 个月内这么做的难民，适合被归类为被修改后理论的第二类重返者：他们也许会被认为有程度不高的准备。关于 25% 不希望或不准备返回的难民可以被放心地归于第三类。他们或是没有足够的资源以便重返被毁的家园，或是已经积攒了足够的资源来融入其被收容的国家或者在第三国定居。可能有必要进行田野调查来验证这些设想的正确性。

三　地区和国际参与者对叙利亚难民重返事宜的迥异态度

三类地区和国际参与者对难民重返叙利亚一事有着迥异的态度。大马士革当局自成一派。与叙利亚接壤的国家和其他收容了叙利亚难民的国家构成了第二类。第三类则由帮助大马士革当局在叙利亚军事对抗中获胜的三个国家组成。在文章的第四节，将会回顾例如欧盟等有望资助重建的参与者对叙利亚难民返回叙利亚一事的态度。

（一）大马士革当局对难民重返的态度

对于大马士革当局而言，应该意识到难民重返应实现两个目标，特别是当回归的难民得到了多边和外部支持的情况下。首先，难民的回归标志着认可大马士革当局在冲突中取得最终胜利。由此，获胜者，即大马士革当局及其胜利都将变得合法。其次，难民返回叙利亚得到支持将意味着所有相关参与方都将为了防止冲突再现尽其所能。然而，大马士革当局并不想要不惜代价实现这些目标。大马士革当局似乎并不希望难民重返叙利亚。大马士革当局热衷于成为难民重返行动的仲裁者。

有一个例子反映了他们对于叙利亚难民重返一事的反对态度：大马士革当局的征兵法，使得年轻男性难以回到叙利亚。根据法令24/2017，叙利亚军队总司令部不能授权豁免兵役。18—42岁没有参军的男性，在获得应征资格的三个月内，必须交8000美元的罚款。如果他们之后没有参军，则会入狱一年并且从获得应征资格开始算起，每年再缴纳200美元罚款，罚款累计最高到2000美元。① 在付清罚金前，这些未服兵役的人还会面临现金或者房产等资产被扣押的风险。年龄在18—42岁的重返男子都应该去参军。卡内基中东中心关于叙利亚难民态度的报告，为征兵法阻碍难民重返提供了证据。根据这份报告，一些年轻人愿意回到叙利亚，但害怕会因为逃避兵役而被囚禁、随后被送到前线作战，"因害怕强制征兵，青年焦点小组的大多数参与者，其中有支持叙利亚政府的，也有反对的，都一直不能回到叙利亚"。

大马士革当局于2018年4月颁布的关于房地产的第十号法律，进一步阻碍了难民的重返。该法案要求叙利亚人在30天内向地方行政部门登记他们的房产，未登记的房产将被政府没收并且重新分配。为了拿回他们的家，重返者必须提交证明自己原籍和财产所有权的法律文件。他们还必须接受当地警方的安全检查，以证明他们没有待决的安全或重罪指控。规定进一步要求，想要取回个人财产的难民必须亲自到场办理。在这种情况下，很多难民害怕他们会被逮捕，即便他们没有参与冲突。②

最后，叙利亚难民的重返也并不在大马士革当局的重建计划内，政

---

① Maya Yahya, Jean Kassir, and Khalil el–Hariri, *Unheard Voice: What Syrian Refugees Need to Return Home*, Beirut: Carnegie Middle East Center, 2018.
② 参见 see Mortada El Shathly, "Al qanun raqam 10 fi Surya: musadarat al amlak am i'adat al i'mar"［Law No. 10 in Syria: confiscation of property or reconstruction］, Noonpost, May 30, 2018, https://www.noonpost.com/content/23519。

府建立的审批流程也使得重返过程变得困难。① 对于希望从黎巴嫩返回的难民，叙利亚当局接受从黎巴嫩安全机构那里提交的申请。这些申请中，大概会有三成遭到拒绝。在那些被授权可以返回的难民中，大部分为女性，而且很多人拒绝在没有男性亲人陪伴的情况下返回叙利亚。

（二）黎巴嫩对难民重返的态度

在原则上，黎巴嫩的各方都同意，不将本地融合作为解决其国内叙利亚难民问题的长久措施。由于定居机会寥寥无几，自愿重返就成了剩下的唯一选择。黎巴嫩各方对难民返回叙利亚的态度有分歧，这反映了黎巴嫩政治系统的破碎状态。

黎巴嫩总统与其政治支持者积极呼吁难民重返叙利亚。总统在国家、地区和诸如阿拉伯国家联盟（LAS）、联合国大会等国际平台上，反复呼吁难民的重返。② 黎巴嫩因收容难民而承担的经济负担，是被反复表达的一个论点。总统反对将建立一致认可的政治和解方案作为难民重返的先决条件。总统的论述并没有将重建纳入重返前提。可以认为，总统的态度是因为他需要考虑到保护黎巴嫩人口的宗派和民族平衡。关于巴勒斯坦难民在黎巴嫩长期滞留的回忆也一定是黎巴嫩总统和与他持相同观点的政治力量所考虑的。有其他的想法也认为，总统关于叙利亚难民的态度，是他支持叙利亚当局与黎巴嫩国内盟友的一种表达。③

黎巴嫩总统的盟友是俄罗斯、伊朗和黎巴嫩真主党，后者派遣武装人员与叙利亚政府军并肩作战。由他们共同组成的国家—地区—国际联盟，将国家和非国家行为体聚集了起来，并且最终在叙利亚冲突的军事

---

① Leila Vignal, "Perspectives on the Return of Syrian Refugees", *Forced Migration Review*, No. 57, February 2018.

② 参见 Ellen Francis, Laila Bassam and Maher Chmaytelli, "Arab Economic Summit in Beirut Urges Syrian Refugee Returns", Reuters, January 20, 2019, https：//www.reuters.com/article/us–arabs–summit–syria–refugees/arab–economic–summit–in–beirut–urges–syrian–refugee–returns–idUSKCN1PE08W; "Lebanon Uses Arab Summit to Call for Return of Syria Refugees", *Middle East Eye*, January 20, 2019, https：//www.middleeasteye.net/news/lebanon–uses–arab–summit–call–return–syria–refugees。

③ 关于黎巴嫩总统的态度，参见 Leila Vignal, "Perspectives on the Return of Syrian Refugees", *Forced Migration Review*, No. 57, February 2018, pp. 67–71。

对抗中胜出。黎巴嫩真主党在 2017 年和 2018 年组织了难民重返的行动。① 与黎巴嫩总统和他的支持者一样，黎巴嫩人口的宗派和民族构成可能是影响黎巴嫩真主党对叙利亚难民重返态度的一个因素。因为叙利亚难民中绝大多数是逊尼派穆斯林，他们一旦融入黎巴嫩，就会打破该国什叶派穆斯林与基督教群体的人口平衡。尽管事实上，难民们并没有表达任何在长期内融入黎巴嫩的愿望，但这种关于叙利亚难民融合的忧虑依然存在。与黎巴嫩总统的例子相似的是，有些人也认为，黎巴嫩真主党积极支持难民返回叙利亚，目的是巩固他们阵营的胜利，并且展现出大马士革当局对叙利亚领土的有效控制。②

黎巴嫩总理及其支持者则有其他意见。总理声称，黎巴嫩尊重"不遣返"的国际惯例，只要叙利亚难民的安全与安保得不到保障，就不会逼迫他们重返叙利亚。③ 总理出身黎巴嫩逊尼派，他似乎并没有之前各方关于对黎巴嫩人口构成的担忧。此外，他和他的"3·14"政治联盟中部分成员对大马士革的叙利亚当局怀有敌意。因此，他的态度与黎巴嫩真主党截然相反。不论是否有意为之，他希望否认大马士革当局对其最终胜利的获取。鉴于叙利亚国内冲突的军事结果毋庸置疑，这一态度可以被看作他期待会有政治角力，在这一过程中可以商讨政治和解的条件。正如本文在导言中所表明的那样，政治和解的条件与重建的条件密切相关。

上面简短的回顾强调了黎巴嫩国内主要三股政治参与者之间的巨大分歧。这一分歧被认为反映了对难民重返叙利亚的社会态度。黎巴嫩作为一个对外部世界开放的国家，而外部世界的主要国际参与者对待大马士革当局的敌对态度，让黎巴嫩不太可能在缺乏政治和解的情况下，违背难民意愿，强迫他们重返叙利亚。

---

① 关于黎巴嫩总统的态度，参见 Leila Vignal, "Perspectives on the Return of Syrian Refugees", *Forced Migration Review*, No. 57, February 2018, pp. 67 - 71。
② 关于黎巴嫩真主党组织的重返，参见 "Politics and the Plight of Syrian Refugees in Lebanon", American University of Beirut (AUB), August 2018, p. 2。
③ 关于黎巴嫩总理的态度，参见 Jasmine M. El Gamal, *The Displacement Dilemma: Should Europe Help Syrian Refugees Return Home?*, European Council on Foreign Relations, Policy Brief, March 2019, https://www.ecfr.eu/publications/summary/the_displacement_dilemma_should_europe_help_syrian_refugees_return_home。

（三）约旦对叙利亚难民重返的态度

自发从约旦重返的难民甚至比从黎巴嫩重返的还要少，尽管据一次民意调查显示，87%的约旦人认为叙利亚难民应该重返叙利亚。2019年3月，在约旦与叙利亚一处重要的陆地交界点重新开放数月后，约旦外交部长宣布，13000名叙利亚难民已经通过该交界点返回了他们的国家。为了与其政府的政策保持一致，约旦外交部长没有号召鼓励难民重返叙利亚。约旦公开的立场是让难民们自己决定重返与否。但约旦外交部长在约旦经济状况困难的背景下提出了他的意见，邀请国际社会共同承担为难民提供"体面生活"的责任。在一次对捐赠者的发言中，约旦总理承认，鉴于重返的条件尚不明确，难民们并不想在短时间内重返叙利亚。①

也有报道称，约旦试图在叙利亚西南部建立一个可供难民重返的安全区。这似乎是造成约旦与大马士革当局间关系紧张的一个原因，但只持续了很短的一段时间。据报道称，此前没有切断与叙利亚外交关系的约旦，将两国首都的大使馆作为商讨叙利亚难民重返问题的渠道。②

（四）土耳其对叙利亚难民重返的态度

在过去的几年中，土耳其对待其国内叙利亚难民的态度变得强硬起来，很多人号召让难民返回叙利亚。在土耳其2018年的一份调查中，86%的调查对象表示，叙利亚难民应该在战争结束后重返叙利亚。与之形成对比的是，2014年只有38%的调查对象作此反馈。难民重返一事也成为一种政治工具。2018年，土耳其总统希望鼓励叙利亚难民重返阿夫林（Afrin），该地位于库尔德人控制的叙利亚西北部的领土。③他这么做的

---

① Osama Al Sharif, "Jordan's Syrian Refugees Are Not Going Home Anytime Soon", *Al-Monitor*, March 13, 2019, https://www.al-monitor.com/pulse/originals/2019/03/jordan-syrian-refugees-return-home-costs.html#ixzz5nQeb0f00.

② Joe Macaron, "Syrian Refugees in Jordan and Lebanon: The Politics of Their Return", Washington, DC: Arab Center, June 28, 2018, http://arabcenterdc.org/policy_analyses/syrian-refugees-in-jordan-and-lebanon-the-politics-of-their-return/.

③ Zia Weise, "Syrian Refugees in Turkey Face Calls to Return as Public Mood Changes", *The New Humanitarian*, March 27, 2018, https://www.thenewhumanitarian.org/feature/2018/03/27/syrian-refugees-turkey-face-calls-return-public-mood-changes.

动机，或许可以从三个相互关联的角度进行解释。首先，叙利亚难民重返将会是对大马士革当局胜利的承认，而土耳其也对促成这一情况有重要贡献。其次，难民重返可以防止冲突的再次发生；若再有冲突，很可能会引发新的难民潮。第三种解释是，不论难民是何种民族，他们重返阿夫林能够减弱该领土的库尔德属性。这将帮助土耳其实现其与俄罗斯和伊朗结盟的首要目标，即遏制库尔德民族主义者的主张。

（五）俄罗斯对叙利亚难民重返的态度

俄罗斯是首个没有受到叙利亚难民潮的直接影响但仍反复呼吁他们重返叙利亚的国家，俄罗斯主张，大马士革当局对于难民来说没有什么可怕的。一位俄罗斯官员甚至预测，在"不久的将来"，会有超过100万难民从数个地方重返叙利亚。[①] 俄罗斯可能是因为作为主要收容国的黎巴嫩的总统表示对俄罗斯的呼吁予以热烈欢迎而备受鼓励。在2018年夏天，俄罗斯宣布了一个遣返560万难民的人道主义计划，以便稳定叙利亚局势。在这种情况下，稳定只能意味着巩固军事对抗的结果以及防止冲突复发。这一计划设想建立76个中心，用于安顿、接待和分配叙利亚难民，这些工作将与大马士革当局合作完成。这些中心将会监督难民遣返工作，提供援助，并且在他们的永久居留地对其分类。无家可归的难民将会留在中心。在莫斯科成立了一个由俄罗斯国防部和外交部管理的办公室，以便继续跟进这一计划。

为了获得对于这一计划的支持，俄罗斯派代表团前往了约旦、黎巴嫩、法国和德国。此外还将这一计划送到了美国国防部。俄罗斯的目标是将这一计划变为俄美计划，以求增加其成功率。

为了进一步提升项目成功的概率，俄罗斯总统弗拉基米尔·普京（Vladimir Putin）在2018年4月访问德国时，试图说服其听众。他说："我想提醒诸位，在约旦有一百万难民，在黎巴嫩也有一百万。在土耳其有300万难民。这对于欧洲来说是一个潜在的沉重负担，所以最好竭尽所

[①] 参见"Russia Sends Syrian Refugee Proposal after Trump Summit", *Reuters*, July 20, 2018, https://www.reuters.com/article/us-mideast-crisis-syria-russia-usa/russia-sends-syrian-refugee-proposal-to-u-s-after-trump-summit-idUSKBN1KA1VA。

能，让这些人可以返回他们的家乡。"① 为了使计划更受欢迎，俄罗斯提议，在安曼成立一个俄罗斯—美国—约旦联合小组，在贝鲁特也成立一个类似的小组，用于监督项目执行过程。

本文的第二节已经考察过，绝大多数叙利亚难民拒绝在不久的将来重返叙利亚，这使得俄罗斯的乐观态度落空。那些真正已经返回或者是打算这么做的少数难民，并不用等待俄罗斯的计划。显然，俄罗斯的计划没有取得成功。其失败的原因可以归咎于潜在资助者对重建一事的态度，这将在接下来的最后一节加以考察。

四　重建

关于在叙利亚开展重建的开支，各种看法有着极大的偏差。联合国估算这些花费将达到2500亿美元。大马士革当局估计重建要花费4000亿美元，甚至还有将花费1.2万亿美元的说法。②

重建应该创造一个能让难民准备好重返叙利亚的环境。在卡萨利诺提出的重返过程概念中，准备状态是决定性阶段。从约旦和黎巴嫩到叙利亚的路途短暂，这会提升难民的准备状态。再者，观察到叙利亚国内重建事宜取得实质性进展，难民们也能够更好地准备重返祖国。

重建将代表着承认军事胜利；除此之外，在胜利这一阵营里不同各方所追求的特定目标也不一定是一样的。因为即便这一派的所有各方都结合起来，也不具备满足重建开销的资源，他们呼吁或者希望其他的地区和国际参与者会挺身而出提供资金。在军事获胜者之间，也存在着对于哪些参与者应该资助重建的分歧。

而这些潜在资助者并不认同军事胜利就是叙利亚冲突的最后阶段，

---

① Nisan Ahmado, "Extremism Watch", Voice of America, 21 August 2018, https://www.voanews.com/a/syrian-refugees-russia-involvement/4537372.html.

② 关于重建开销的估价，参见 Diana Hodali, "Who Should Foot the Bill for Assad", Qantara.de, January 7, 2019, https://en.qantara.de/content/rebuilding-syria-who-should-foot-the-bill-for-assad; and Taylor Luck, "Rebuilding Syria: Why Arabs and the West are on a Collision course", The Christian Science Monitor, January 29, 2019, https://www.csmonitor.com/World/Middle-East/2019/0129/Rebuilding-Syria-Why-Arabs-and-the-West-are-on-a-collision-course.

这一事实使得情况变得更加复杂。通过潜在地参与资助重建，他们力图扭转因其对手获得军事胜利而造成的政治局势。欧洲参与者的态度尤为如此。2019年4月，七国集团（G7）宣布，如果没有可信的政权交接，该集团不会参与资助重建。① 鉴于美国对叙利亚重建一事尚未表现出任何特别的兴趣，可以合理推测，七国集团的这一态度，本质上就是其中四个欧洲成员国的态度。反过来，欧洲的立场，可能是出于两种相互关联的地缘政治层面上的考虑，包括建立一个新的区域秩序。本文将稍后讨论这些考虑。

接下来的讨论，将考察军事冲突中获胜方成员对重建持有的态度，随后考察有望资助重建的地区和国际参与者的态度。关于只能从重建中获利而不进行资助的地区参与者，他们的消极态度也会被简要提及。

（一）大马士革当局对重建的态度

多份报告显示，大马士革当局对重建的态度模棱两可。早在2012年，当局就成立了一个重建委员会，但直到2017年秋季才召开第一次会议。2018年10月，重建委员会在大马士革组织了一场重建博览会。当局没有将叙利亚难民纳入重建计划，这与他们要求难民返回叙利亚互相矛盾。据说，当局设想的叙利亚有1700万人口，更容易管理并且将反对团体排除在外。② 2011年，叙利亚人口达到了2080万人。③ 在2017年大马士革博览会开幕式上，叙利亚总统说，经过这场冲突，叙利亚已经"失去了它最好的青年和基础设施"，但却"赢得了更为健康和团结的社会"。④

大马士革当局显然意识到，对于他们的对手而言，重建是一种渠道，

---

① 参见"G7 Taormina Leaders' Communiqué", Italian G7 Presidency 2017, n. d., http://www.g7italy.it/en/the-taormina-g7-summit/.

② 关于大马士革当局对重建的这一态度，参见 Leila Vignal, "Perspectives on the Return of Syrian Refugees", *Forced Migration Review*, No. 57, February 2018。

③ United Nations, *World Population Prospects: The 2010 Revision: Volume 1: Comprehensive Tables*, New York: United Nations, 2011, p. 83, https://www.un.org/en/development/desa/population/publications/pdf/trends/WPP2010/WPP2010_Volume-I_Comprehensive-Tables.pdf.

④ Steven Heydemann, "Rules for Reconstruction", Brookings Markaz, August 24, 2019, https://www.brookings.edu/blog/markaz/2017/08/24/rules-for-reconstruction-in-syria/.

可以减弱当局在军事对抗中获得胜利后形成的政治力量。为了防止这种事发生，当局反复声明，他们将在重建项目中偏袒自己的同盟。确实，他们已经将合同给了他们的俄罗斯和伊朗朋友。他们甚至表现出优先考虑诸如阿拉伯联合酋长国在内的地区参与者，尽管这些参与者在冲突初期对于他们采取了敌对的态度，以至于叙利亚被阿拉伯国家联盟排除在外。对大马士革当局而言，地区参与者应该承认他们的军事胜利是决定性的，且不应插手他们的内部事务。

（二）俄罗斯对重建的态度

像伊朗一样，当重建开始时，俄罗斯占据了最有利的地位。通过重建，两国似乎都试图得到为了支持大马士革当局而进行干预的代价的补偿。早在2015年，俄罗斯便认为本国企业将引领叙利亚的战后重建工作。双方签署了预计10亿美元的合同。据称，俄罗斯在矿产资源、交通基础设施和化肥这些特定领域寻求合约。① 2017年，据报道，俄罗斯私人安全承包商因他们在战斗行动中发挥的作用，获得了利润丰厚的石油和天然气合同。② 俄罗斯面临的问题是，大马士革当局不具备资助这些合同以及更普遍意义上的重建工作所必需的资源。俄罗斯自身也没有这些资源。

鉴于普京总统已经将难民重返叙利亚作为刺激德国资助重建的手段，俄罗斯外交部长敦促欧洲各国也提供资金。在给美国的一份备忘录中，俄罗斯总参谋长也敦促美国投资叙利亚的重建。通过叙利亚重建，俄罗斯试图巩固大马士革当局已经掌控的权力。但俄罗斯的另一重要目标，是将国外资本引入叙利亚经济，然后利用其资助俄罗斯公司实施的行动。③

---

① Igor A. Matveev, "Can Russia, Iran, China Agree on Division of Roles in Syrian Reconstruction", *Al – Monitor*, April 16, 2019, https：//www.al－monitor.com/pulse/originals/2019/04/russia－iran－china－syria－reconstruction.html.

② Steven Heydemann, "Rules for Reconstruction", Brookings Markaz, August 24, 2019, https：//www.brookings.edu/blog/markaz/2017/08/24/rules－for－reconstruction－in－syria/.

③ Samuel Ramani, "Russia's Eye on Syrian Reconstruction", Carnegie Endowment for International Peace – Sada, January 31, 2019, https：//carnegieendowment.org/sada/78261.

(三)伊朗对重建的态度

在叙利亚重建一事上,伊朗与俄罗斯持相同态度。伊朗希望从其在当地实际存在的势力以及保证大马士革当局获得军事胜利这两方面获益。通过稳固大马士革当局的权力,允许伊朗势力在叙利亚进入和平时代后继续存在,伊朗的利益得到了很好的满足。这一势力的存在,确保了伊朗在中东和任何新地区秩序中都有一席之地。经济方面,伊朗也希望获得补偿,来弥补它因参与冲突和这些年来向大马士革当局提供资源而造成的损失。伊朗已经和叙利亚签署了贸易协定,而且似乎对包括房地产、农业和建造业在内的领域尤为感兴趣。① 但伊朗并没有参与叙利亚重建所必需的资源。美国对其推行的制裁耗尽了该国的经济潜力。若制裁继续延续,这甚至会阻碍伊朗从其他参与国资助的重建中获取任何收益。

(四)土耳其对重建的态度

对土耳其而言,在结束叙利亚境内冲突的过程中,两个目标愈加凸显。第一个目标是,在前文中提到过的终结库尔德人在叙利亚北部的实际自治,这可以被认为是土耳其直接干预叙利亚军事冲突的最高目标。第二个目标是在叙利亚重建中分得一杯羹。

鉴于土耳其支持的武装组织对于叙利亚政府的极端敌对态度,大马士革当局认为土耳其是破坏他们国家的元凶之一。因此,大马士革当局希望将土耳其排除在重建项目之外。但是,土耳其拥有的资产,也许能帮助它扭转叙利亚当局的拒绝态度。首先,土耳其明显得到了俄罗斯的支持,而且两国间有着很长的共享边界和重要的贸易关系,这些在冲突持续期间一直存在。其次,土耳其控制的叙利亚北部领土,可能在冲突后开展重建的任何直接或间接交易中发挥决定性的施压作用。最后,土耳其建筑业的庞大生产力和专业能力,也是有利于土耳其的重要资产。

---

① 参见 Steven Heydemann, "Rules for Reconstruction", Brookings Markaz, August 24, 2019, https://www.brookings.edu/blog/markaz/2017/08/24/rules-for-reconstruction-in-syria/.; Leila Vignal, "Perspectives on the Return of Syrian Refugees", *Forced Migration Review*, No. 57, February 2018。

这些公司已经在土耳其控制的叙利亚领土上参与建设项目。对于这些在土耳其经济危机中遭受重创的公司来说，叙利亚重建或许就是其急需的救命稻草。[①]

经济危机也意味着，与俄罗斯和伊朗相似，土耳其也没有重建必需的资源。土耳其也许占据有利地位，能从叙利亚重建中获得极大利益，但要实现这些潜在利益，则取决于其他各方提供的资源。

（五）欧盟对重建的态度

不论是财力还是技术方面，欧盟都在参与叙利亚重建一事上处于极其有利的地位。欧洲与中东地缘接近，为参与重建提供了坚实的基础。

在俄罗斯看来，欧盟，尤其是德国参与资助叙利亚重建的动机，是将他们收容的难民送回叙利亚。但是，难民重返叙利亚并不是德国国内所有各方都关心的首要问题。德国绿党的一位发言人拒绝了德国应尽其所能将难民送回叙利亚的想法。他意识到且明确表示，能迫使德国向叙利亚推行政治要求和条件的唯一手段，就是为重建提供潜在的援助。德国国防部部长表示，只有政治进程令相关各方都感到满意时，德国才会对叙利亚投资。德国总理默克尔本人宣布，在达成解决冲突的政治方案前，她的国家不会参与重建。法国也表达了类似态度。[②]

欧盟对参与叙利亚重建的态度十分明确，且以两个互相关联的因素为条件。欧盟明确表示："只有当冲突中的叙利亚各方在联合国安理会决议2254（2015）和2012年的日内瓦会议公报的基础上，谈判得出的全

---

① 关于土耳其对叙利亚境内重建的态度，参见 Fehim Tastekin,"Turkey Wants Its Share of Syria's Reconstruction", *Al - Monitor*, August 15, 2015, https：//www. al - monitor. com/pulse/originals/2018/08/turkey - syria - ankara - wants - its - share - in - reconstruction. html and Dorian Jones,"Ankara Eyes Syria Reconstruction to Boost Crisis - hit Economy", *Voice of America*, October 8, 2018, https：//www. voanews. com/a/ankara - eyes - syria - reconstruction - to - boost - crisis - hit - economy/4604747. html。

② 关于一些德国和法国参与方的态度，参见"Who Should Foot the Bill for Assad", Qantara. de, 7 January 2019, https：//en. qantara. de/content/rebuilding - syria - who - should - foot - the - bill - for - assad; Samuel Ramani,"Russia's Eye on Syrian Reconstruction", Carnegie Endowment for International Peace - Sada, January 31, 2019, https：//carnegieendowment. org/sada/78261。

面、真实且包容的政治过渡进程已得到落实,才会为叙利亚重建提供援助。"① 欧盟认为大马士革当局从一开始就对冲突负有责任,对当局的态度也构成了考虑参与叙利亚重建条件的首要因素。第二个因素是欧盟与俄罗斯的竞争关系,鉴于俄罗斯与中东也地缘相近。欧盟,尤其是德国,可能还有其他一些在该地区长期存在的势力,并不希望他们在参与叙利亚重建时助力俄罗斯增强其在中东的地位。一旦俄罗斯的地位得以巩固,可能正好会间接冲击俄罗斯与欧盟之间的关系。欧盟尚且没有公开表明这第二个因素。

(六) 中国对重建的态度

中国此前没有参与中东政治的历史,中国参与叙利亚重建的目标是经济性质的。大马士革当局欢迎中国的参与。

2017年8月,中国主办了第一届"叙利亚重建项目洽谈会",为建设叙利亚工业园投入20亿美元。据报道,除了一些制造业,中国还对电力产业抱有浓厚兴趣。过去,中国已经与叙利亚政府在石油、天然气和电力生产方面有所合作。大马士革当局希望能被纳入中国的"一带一路"倡议。他们已经邀请中国投资者参与建立海洋产业,开发国际运输路线和铁路项目。

中国似乎在促进叙利亚重建一事上,比俄罗斯、伊朗和欧盟占据更有利地位。中国有俄、伊两国缺乏的资源,也不像欧盟与大马士革当局维持着敌对关系。但是,如果叙利亚冲突的最终和解造成该国执政当局有变,中国与大马士革当局目前的关系可能会成为一个弱点。② 中国与叙利亚的地理距离以及在历史上与叙利亚缺乏联系的事实,无法支持中国在叙利亚重建中成为潜在的重要行为体。

---

① "EU Strategy for Syria/ After 2016 – 9", *Legislative Train*, April 2019, http://www.europarl.europa.eu/legislative – train/theme – europe – as – a – stronger – global – actor/file – eu – strategy – for – syria.

② 关于中国和重建,参见 Steven Heydemann, "Rules for Reconstruction", Brookings Markaz, August 24, 2019, https://www.brookings.edu/blog/markaz/2017/08/24/rules – for – reconstruction – in – syria/.; Leila Vignal, "Perspectives on the Return of Syrian Refugees", *Forced Migration Review*, No. 57, February 2018。

(七) 海湾国家对重建的态度

最关注叙利亚重建事宜的海湾国家是沙特阿拉伯和阿拉伯联合酋长国。沙特阿拉伯在排挤大马士革当局并将他们赶出阿拉伯国家联盟一事上，扮演了主要角色。在叙利亚军事对峙期间，它还支持了武装组织反对大马士革当局。阿拉伯联合酋长国已经在叙利亚重新开放使馆，这标志着沙特阿拉伯对大马士革当局的态度会在未来变得相对温和。阿拉伯联合酋长国还举办了一次叙利亚贸易和商业论坛，并邀请与大马士革当局关系亲近的商业圈成员参加。①

阿拉伯联合酋长国已经清楚地表达了自己的政治倾向。通过参与叙利亚重建，阿拉伯联合酋长国和沙特阿拉伯可能追求的一个地缘政治目标是和伊朗在叙利亚的影响力保持平衡。然而，在沙特阿拉伯支配的经济资源方面仍存在争议。也门战争的开支极有可能影响涉及的各方的立场。此外，如果没有能够保全面子的政治和解，沙特阿拉伯对大马士革当局的态度也很难彻底扭转。

(八) 收容难民的阿拉伯国家对重建的态度

收容叙利亚难民的阿拉伯国家能从重建中获益，但不具备资助重建的资格。2017年7月，约旦组织了第一次国际重建会议，约旦的建筑工程承包商协会也与其叙利亚同行进行了交流访问，以便商讨参与重建道路、桥梁、给水系统和居民住宅区。埃及建筑公司可以沿着约旦同行的路走下去。此外，据说黎巴嫩为了能容纳预计到来的大批建筑材料，扩

---

① 参见 Taylor Luck, "Rebuilding Syria: Why Arabs and the West Are on a Collision Course", *The Christian Science Monitor*, 29 January 2019, https://www.csmonitor.com/World/Middle-East/2019/0129/Rebuilding-Syria-Why-Arabs-and-the-West-are-on-a-collision-course; Samuel Ramani, "Russia's eye on Syrian reconstruction", Carnegie Endowment for International Peace-Sada, January 31, 2019, https://carnegieendowment.org/sada/78261; Bilge Nesibe Kotan, "Why is Saudi Arabia funding Reconstruction in Syria instead of the US", *The Christian Science Monitor*, 26 December 2018, https://www.trtworld.com/mea/why-is-saudi-arabia-funding-reconstruction-in-syria-instead-of-the-us-22837。

大了的黎波里的港口。①

值得一提的是，约旦和黎巴嫩准备参与叙利亚重建的举动，并没有提及冲突的政治和解。事实上，正如本文第三节已经指出的那样，黎巴嫩总统甚至没有将这种和解作为难民重返叙利亚的前提。但不管怎样，要想这两个国家公开表态参与叙利亚重建，完全取决于他们是否有资源资助重建，但这是他们没有的。

五　结论

自从大马士革当局在叙利亚的军事对抗中获得胜利，叙利亚难民重返家乡就变成了数个相关事件参与者所关心的首要问题。这些参与者包括当前收容叙利亚难民的国家以及帮助确保大马士革当局获胜的政治力量。对于收容国而言，重返将减轻它们收容难民的财政开支和潜在政治代价。对俄罗斯和伊朗这样帮助确保大马士革当局获胜的政治力量而言，难民重返叙利亚将标志着认可当局对叙利亚领土的有效控制，进而巩固当局的合法地位。大马士革当局自身对于难民重返一事也给出了混杂多样的信号。尽管当局欢迎难民重返叙利亚，同时他们也采取了严重阻碍其重返的措施和审批流程。

迄今为止，难民重返叙利亚的实际情况不容乐观。事实上，为了能有大批难民重返，叙利亚需要大重建。目前，叙利亚无力容纳自2011年起离开该国的数百万名民众，也无法向其提供住所、基础设施、教育、医疗、服务和就业。将难民重返视为首要问题的参与者们并不具备资助

---

① 参见 Taylor Luck, "Rebuilding Syria: Why Arabs and the West Are on a Collision Course", *The Christian Science Monitor*, January 29, 2019, https://www.csmonitor.com/World/Middle-East/2019/0129/Rebuilding-Syria-Why-Arabs-and-the-West-are-on-a-collision-course; Samuel Ramani, "Russia's Eye on Syrian Reconstruction", Carnegie Endowment for International Peace - Sada, January 31, 2019, https://carnegieendowment.org/sada/78261; Bilge Nesibe Kotan, "Why is Saudi Arabia Funding Reconstruction in Syria Instead of the US", *The Christian Science Monitor*, December 26, 2018, https://www.trtworld.com/mea/why-is-saudi-arabia-funding-reconstruction-in-syria-instead-of-the-us-22837; Steven Heydemann, "Rules for Reconstruction", Brookings Markaz, August 24, 2019, https://www.brookings.edu/blog/markaz/2017/08/24/rules-for-reconstruction-in-syria/.

叙利亚重建所必需的资源。而确实拥有这些必需资源、能资助叙利亚重建的参与者们，例如欧盟，提出了不同的优先考虑事项：叙利亚冲突的政治和解。对于这些潜在的资助者而言，大马士革当局在军事对峙中的普遍胜利，并不标志着叙利亚冲突的终结。在他们看来，只有参与冲突的各方达成政治和解，才能终结这一冲突。通过运用他们资助叙利亚重建事宜的能力加以施压，这些潜在资助者们意图修改由大马士革当局取得军事胜利而造成的叙利亚国内权力分布。

关于重返、政治和解和重建间关系的种种态度陷入了僵局。要打破这一僵局，就必须重新思考各参与者的优先考虑事项。考虑到境内现实情况，以及相关国家、地区和国际行为体的立场、愿望和利益，由此精心部署一个政治重建进程，也有可能实现进展。本文没有解决叙利亚的政治和解和重建问题。但是，它们似乎对该国的主要物质重建至关重要，而各方都能从主要物质重建中获益。

参考文献

Ahmado, Nisan, "Extremism Watch", Voice of America, August 21, 2018, https://www.voanews.com/a/syrian-refugees-russia-involvement/4537372.html.

Al Sharif, Osama, "Jordan's Syrian Refugees Are Not Going Home Anytime Soon", *Al-Monitor*, March 13, 2019, https://www.al-monitor.com/pulse/originals/2019/03/jordan-syrian-refugees-return-home-costs.html#ixzz5nQeb0f00.

Cassarino, Jean-Pierre, "Theorising Return Migration: The Conceptual Approach to Return Migrants Revisited", *International Journal on Multicultural Societies*, Vol. 6, No. 2, 2004.

El Gamal, Jasmine M., *The Displacement Dilemma: Should Europe Help Syrian Refugees Return Home?*, European Council on Foreign Relations, Policy Brief, 2019, https://www.ecfr.eu/publications/summary/the_displacement_dilemma_should_europe_help_syrian_refugees_return_home.

El Shathly, Mortada, "Al qanun raqam 10 fo Sorya: musadarat al amlak am i'adat al I'mar" [Law No. 10 in Syria: confiscation of property or Reconstruction], *Noonpost*, May 30, https://www.noonpost.com/content/23519, 2018.

Erdogan, M. Murat, "Syrians – Barometer – 2017: A Framework for Achieving Social Cohesion With Syrians in Turkey", in Alan Makovsky, ed., *Turkey's Refugee Dilemma: Tiptoeing Towards Integration*, Washington, DC: Center for American Progress, 2019, https://cdn.americanprogress.org/content/uploads/2019/03/12093721/Turkeys – Refugee – Dilemma1.pdf.

"EU Strategy for Syria/ After 2016 – 9", *Legislative Train*, 2019, http://www.europarl.europa.eu/legislative – train/theme – europe – as – a – stronger – global – actor/file – eu – strategy – for – syria.

Heydemann, Steven, "Rules for Reconstruction", Brookings Markaz, August 24, 2019, https://www.brookings.edu/blog/markaz/2017/08/24/rules – for – reconstruction – in – syria/.

Hodali, Diana, "Who Should Foot the Bill for Assad", *Qantara.de*, January 7, 2019, https://en.qantara.de/content/rebuilding – syria – who – should – foot – the – bill – for – assad.

Jones, Dorian, "Ankara Eyes Syria Reconstruction to Boost Crisis – hit Economy", Voice of America, October 8, 2018, https://www.voanews.com/a/ankara – eyes – syria – reconstruction – to – boost – crisis – hit – economy/4604747.html.

Luck, Taylor, "Rebuilding Syria: why Arabs and the West Are on a Collision Course", *The Christian Science Monitor*, January 29, 2019, https://www.csmonitor.com/World/Middle – East/2019/0129/Rebuilding – Syria – Why – Arabs – and – the – West – are – on – a – collision – course.

Macaron, Joe, "Syrian Refugees in Jordan and Lebanon: The Politics of Their Return", Washington, DC: Arab Center, June 28, 2018, http://arab-centerdc.org/policy_analyses/syrian – refugees – in – jordan – and – lebanon – the – politics – of – their – return/.

Matveev, Igor A., "Can Russia, Iran, China Agree on Division of Roles in Syrian Reconstruction", *Al – Monitor*, April 16, 2019, https://www.al – monitor.com/pulse/originals/2019/04/russia – iran – china – syria – reconstruction. html.

Maya Yahya, Jean Kassir, and Khalil el – Haririr, *Unheard Voice*: *What Syrian Refugees Need to Return Home*, Beirut: Carnegie Middle East Center, 2018.

Nesibe Kotan, Bilge, "Why is Saudi Arabia Funding Reconstruction in Syria Instead of the US", *The Christian Science Monitor*, December 26, 2018, https://www.trtworld.com/mea/why – is – saudi – arabia – funding – reconstruction – in – syria – instead – of – the – us – 22837.

"Politics and the Plight of Syrian Refugees in Lebanon", American University of Beirut (AUB), 2018.

Ramani, Samuel, "Russia's Eye on Syrian Reconstruction", Carnegie Endowment for International Peace – Sada, January 31, https://carnegieendowment.org/sada/78261, 2019.

Tastekin, Fehim, "Turkey wants its share of Syria's reconstruction", *Al – Monitor*, August 15, 2015, https://www.al – monitor.com/pulse/originals/2018/08/turkey – syria – ankara – wants – its – share – in – reconstruction. html.

The World Bank and UNHCR, *The Mobility of Displaced Syrians*: *an Economic and Social Analysis*, Washington, DC: The International Bank for Reconstruction and Development/The World Bank, 2019.

UNHCR, *Fifth Regional Survey on Syrian Refugees' Perceptions and Intentions on Return to Syria*: *Egypt, Iraq, Lebanon, Jordan*, UNHCR Director's Office in Amman, 2019.

UNHCR, n. d., "Operational Portal: Refugee Situations", https://data2.unhcr.org/en/situations/syria_durable_solutions.

Vignal, Leila, "Perspectives on the Return of Syrian Refugees", *Forced Migration Review*, No. 57, 2018.

第九章

南非经济特区评估：历史、表现与挑战

杨崇圣　王　勇
安东尼·布莱克（Anthony Black）　陈美瑛[*]

摘　要：南非的殖民史和种族隔离史导致其出现了显著的区域发展不平衡问题。自1994年以来，新南非政府一直尝试通过不同的经济干预政策和空间再规划战略，来解决种族隔离时期遗留下来的各种问题，比如深度贫穷、失业以及空间发展不平衡问题。这些措施包括空间开发项目、工业开发区、"国家空间发展展望""国家基础设施计划"和经济特区等。在南非的区域发展计划中，经济特区项目被寄予厚望。南非政府认为，基于过去经济特区的前身——工业开发区的发展经验，新的经济

---

[*] 杨崇圣目前在清华大学攻读博士学位。他的研究区域是撒哈拉以南非洲，研究国别是南非。他的主要研究兴趣包括园区经济、非洲经济史、管理理论和实践以及语言学。
　　王勇，清华大学社会科学学院经济研究所副教授。他的主要研究领域包括博弈论、信息经济学、资产证券化、产业经济学、产业理论、多边市场理论、园区经济等。
　　安东尼·布莱克是南非开普敦大学经济学院的教授。他的主要研究领域是发展经济学、贸易和工业政策，特别是汽车制造业。他曾担任南非贸易和工业部特别顾问，并在制订和执行汽车工业发展计划中发挥了关键作用。
　　陈美瑛，现任首都经济贸易大学工商管理学院创业学讲师。她拥有英国埃克塞特大学管理学博士学位，清华大学博士后。她的研究重点是企业家精神，研究兴趣包括园区经济、民族创业精神和商业生态系统等。
　　译者：杨崇圣，清华大学国际与地区研究院博士研究生。

特区能促进经济增长和创造就业机会，而且能帮助解决南非空间不平等和区域发展不平衡等问题。学习和借鉴国外经济特区的经验，有助于南非探索重振经济的道路，也有利于为经济欠发达的地区以及第三世界国家提供一定的发展路径借鉴。

关键词：南非；经济特区；空间不平等；区域发展不均衡；政策干预

一　导言

南非有着悠久的通过空间和经济干预来改善区域不平等问题和促进经济发展的历史。殖民主义和种族隔离制度造成南非各地区发展水平存在巨大差异，尤其是历史上的"黑人家园"所处地区①，至今依然基本为欠发达区域。南非前种族隔离政府在其制定的"分别发展"（separate development）政策框架下②，企图将这些区域建设成自治区，前白人政府通过实施工业地方分散计划，试图在这些贫困的黑人和有色人种聚集的区域中，人为制造一种经济的可持续发展表象。③ 该计划的具体目的是在黑人家园或指定区域及其周边地区为工业发展创造必要条件，并带来更多的就业机会。

1994年新南非成立后，新政府必须面对空间不平等和区域发展不平衡等历史遗留难题。有学者指出，新南非政府不愿意继续推行以往的空间和区域发展干预政策，因为这些政策可能被视为支持白人政府的"分

---

① "黑人家园"，英文 Bantusta 或者 Homeland，又被译为班图斯坦、班图家园等，是南非政府推行其种族隔离政策的重要部分，旨在对南非和西南非（现纳米比亚）黑人实行政治分离并永久占有保留地以外土地。在此政策下，南非人按种族分类聚集在不同区域且流动受到极严格的管制，因此各族人民不能共享公共空间和社会服务，这是一种种族歧视行为。

② 种族隔离时期，为掩盖这一政策的丑恶本质，南非出现了大量和"种族隔离（apartheid）"类似的表达，常见的有"separate development"（分别发展）、"parallel development"（并行发展）、"independent development"（独立发展）、"self-determination"（民族自决）等。

③ Paul Wellings and Anthony Black, "Industrial Decentralisation under Apartheid: The Relocation of Industry to the South African Periphery", *World Development*, Vol. 14 (1), 1986, pp. 1-38.

别发展"计划,且带有明显的种族主义色彩。① 尽管如此,为了解决根深蒂固的区域发展不均衡问题,新南非政府也提出了一系列新的计划和项目,这些计划或多或少都带有空间和区域发展干预的特质。其中,经济特区(Special Economic Zones,SEZs)是其中较为关键的计划之一。② 其它的计划或项目还有工业开发区(Industrial Development Zones,IDZs)、空间开发项目(Spatial Development Initiatives,SDIs)、国家空间发展展望计划(the National Spatial Development Perspective,NSDP)以及国家基础设施计划(the National Infrastructure Plan,NIP)等。

南非政府于 2012 年启动了经济特区建设计划,并于 2014 年通过了《经济特区法》,以便将经济特区作为助力和支持《产业政策行动规划》(the Industrial Policy Action Plan,IPAP)落地以及加速工业发展的有效手段。③ 由于 2000 年开始的工业开发区项目表现未达到政府的期望,南非政府期望新的经济特区计划能吸引更多国内外直接投资来刺激区域经济发展和加速工业化进程。经济特区项目既是一种空间干预手段,也是政府针对三个问题——历史遗留的结构性劣势、社会不平等以及居高不下的失业率所作出的综合考量。当今,园区在全球各国有不同的模态,整体数量也不断增加。为确保园区良性发展,多个国家都出台并制定了相应政策乃至法律法规,可见对其重视度之高。同时,这也意味着在园区经济全球化语境下,南非的经济特区将和其他国家的园区共同竞争,其中自然包括了园区发展态势最为迅猛的国家——中国。

本章对千禧年以来南非经济特区发展的历史和表现进行了分析,并讨论南非园区发展所面临的挑战,同时尝试提出一些切实可行的解决方

---

① Etienne L. Nel and Christian M. Rogerson, "Re‑spatializing Development: Reflections from South Africa's Recent Re‑engagement with Planning for Special Economic Zones", *Urbani Izziv*, Vol. 25 (supplement), 2014, pp. 24–35.

② "经济特区"为集合名词,本文使用的"经济特区"翻译来源于南非库哈工业区发表的信息手册中文版。世界银行的经济学家也是用同一英文表述,但是其内涵更丰富,包含了各种不同类型的"园"与"区"概念,如出口加工区、保税区、经济技术开发区(经开区)、高新区、开发区、产业园、科技园等。本文中,为了更符合中文语境中经济特区的概念表达,会交替使用中国学者常用的"园区"和南非官方翻译使用的"经济特区"两个表达。

③ Department of Trade and Industry, *Policy on the Development of Special Economic Zones in South Africa, 2012*, Pretoria: Department of Trade and Industry, 2012, p. 15.

案，让南非经济特区能更好地发展。本文除了着眼于南非经济特区发展的实际情况，也建议从中国等园区模态较为成熟、园区发展和运营经验丰富的国家吸取经验，为南非政府、园区运营商和园区企业制定更高效的发展策略，来推动南非经济特区可持续发展，并改变长期以来空间干预的固有轨迹。当然，我们希望，这些建议和经验对其他撒哈拉以南国家也会有所帮助。

本章由四个主要部分组成：第一部分为本文的研究方法，文章主要采用了"三角校正法（Triangulation）"[1]，即使用多种方法来研究南非经济特区这一主题。第二部分首先对南非的空间不平等、空间干预与空间发展进行了讨论，目的在于阐述南非经济特区发展的宏观背景；然后集中讨论了南非新政府成立后推行的几个主要空间干预措施；接下来对南非经济特区的发展概况进行了梳理。在第三部分，对可能阻碍南非经济特区发展的系列挑战进行了讨论，这些挑战对于南非经济特区本身和南非政府来说都不容轻视。最后一个部分，基于不同国家的园区发展经验和教训，南非应尽快明确其经济特区的定位，并致力于提升在全球化语境下的园区核心竞争力。

二 研究方法

本文采用了"三角校正法"作为研究方法。这种方法论包括定量和定性分析、案例研究和实证分析。"三角校正法"可以被解读为一种结合使用各类研究理论、相关资料和不同方法，对同一问题展开研究分析的方法。[2]"三角校正法"的灵活使用，可以为研究话题提供更全面的观察、更丰富的数据和信息来源，以及产生相对来说更全面、客观的研究结果。[3]

本文通过对采集到的现有信息和数据进行分析，对南非经济特区的

---

[1] 中文翻译常为"三角校正法"或"三角交叉研究法"。
[2] 沈晖：《三角校正法的意义及其在社会研究中的应用》，《华中师范大学学报》（人文社会科学版）2010年第49期，第47—51页。
[3] Jick, Todd D., "Mixing Qualitative and Quantitative Methods: Triangulation in Action", *Administrative Science Quarterly*, Vol. 24, No. 4, 1979, pp. 602–611.

发展、挑战进行探讨，并尝试给出一些可行性建议。作者从田野调查、个案研究、跨学科研究和调查中收集一手数据和资料，以支持本文的观点。此外，一些在库哈经济特区的工作人员和相关政府部门的受访者，为本文提供了基于他们视角的关于南非经济特区的宝贵经验和见解。

三 南非经济特区的前世今生

自1994年以来，新南非政府一直尝试通过不同经济干预政策和空间再规划战略，来解决种族隔离时期遗留下来的各种问题，比如深度贫穷、失业以及空间发展不平衡等问题。南非的各种经济发展政策和项目，都或多或少带有一些空间干预的影子，其目的在于解决南非根深蒂固的"空间不平等"问题。南非政府看到了其他第三世界国家园区经济的蓬勃发展，以及园区经济带来的显著区域发展红利，从2000年开始决定发展自身的园区经济；因此，经济特区和其前身工业开发区项目也就应运而生。可以说，南非的园区从建立初始就带有鲜明的解决历史遗留问题的使命——消除空间发展不平等。

（一）种族隔离的遗产：空间不平等

坎普尔（Kanbur）和维纳布斯（Venables）提出，"空间不平等"指的是一个国家内不同地理单元间经济和社会福祉指标的不平等，属于整体不平等的一部分。但当空间和区域的割裂，与政治和种族紧张关系结合起来，并破坏社会和政治稳定时，这种不平等就变得更为显著。[1]拉尔（Lall）和查克拉伯蒂（Chakravorty）也指出，"空间不平等"指的是"不同的空间或地理单元处于某种利益变量的不同水平，通常是（平均）收入"。[2] 他们还指出，历史、自然资源、人力资本、地方政治经济和文化等要素都可能导致空间不平等。

---

[1] Ravi Kanbur and Anthony J. Venables, "Spatial Disparities and Economic Development", in David Held and Ayse Kaya, eds. *Global Inequality: Patterns and Explanations*, Cambridge and Malden: Polity Press, 2007, p. 204.

[2] Somik V. Lall, Sanjoy Chakravorty, "Industrial Location and Spatial Inequality: Theory and Evidence from India", *Review of Development Economics*, Vol. 9 (1), 2005, p. 47.

空间不平等和区域差异是发展中国家和经济转型期国家政策讨论的重要关注点。① 世界银行从地方、国家和国际三个层面讨论了经济的"不平衡"发展，并在其《2009 年世界发展报告》中指出，不平衡的经济增长将继续存在，为了减小空间差距的过度且非针对性补偿政策可能会阻碍区域经济增长，这些政策反而会对脱贫造成负面影响。②

殖民史、土地掠夺史和种族隔离史导致了南非现存显著的区域不平等：留给黑人的自治区只占南非国土面积的 13%，且都为严重欠发达的区域。虽然黑人是劳动力的储备军，但黑人自治区得到的社会和物质基础设施上的经费非常有限，其经济基础主要是小面积、低生产率的自给农业。自治区留存黑人的主要收入来源是迁徙到"白人区域"谋生工人们的汇款，这些工人往往是南非白人的矿山、农场和新兴产业的劳动力。内尔（Nel）和罗杰森（Rogerson）认为，南非的空间发展不均衡是几代人有意识边缘化黑人家园所属区域的产物，这造成了这些区域不可避免的结构性劣势。③ 南非的空间不平等是种族隔离的遗产，种族隔离的后续影响也加剧了城市隔离和城市分散发展。④

自 1948 年南非政府强制推行种族隔离政策后，政府试图限制黑人移民到白人城镇。这最终演变成"大种族隔离"（grand apartheid），"黑人居留区"（black reserves）成为自治区，成为名义上的"独立"国家。对于白人政府而言，为了让种族隔离政策看上去"合法"且"有效"，必须设法让这些自治区具备实体经济基础。因而，从 20 世纪 50 年代末开始，

---

① Somik V. Lall, Sanjoy Chakravorty, "Industrial Location and Spatial Inequality: Theory and Evidence from India", *Review of Development Economics*, Vol. 9 (1), 2005, p. 47; Ravi Kanbur and Anthony J. Venables, "Spatial Disparities and Economic Development", in David Held and Ayse Kaya, eds. *Global Inequality: Patterns and Explanations*, Cambridge and Malden: Polity Press, 2007, p. 204; Etienne L. Nel and Christian M. Rogerson, "Re – thinking Spatial Inequalities in South Africa: Lessons from International Experience", *Urban Forum*, Vol. 20 (2), 2009, p. 141.

② World Bank, "Reshaping Economic Geography: World Development Report 2009", Washington, DC: World Bank, 2009; Etienne L. Nel and Christian M. Rogerson, "Re – thinking Spatial Inequalities in South Africa: Lessons from International Experience", *Urban Forum*, Vol. 20 (2), 2009, p. 141.

③ Etienne L. Nel and Christian M. Rogerson, "Re – thinking Spatial Inequalities in South Africa: Lessons from International Experience", *Urban Forum*, Vol. 20 (2), 2009, p. 141.

④ Ivan Turok, "Spatial Economic Disparities in South Africa: Towards a New Research and Policy Agenda", Cape Town: Human Sciences Research Council, 2011.

政府采取了自上而下的区域发展干预措施，以补贴位于经济增长点外围辐射区域的制造业企业。① 在这一系列举措中，比较有代表性的是1982年提出的"区域工业发展项目"（Regional Industrial Development Programme）。该项目在南非全国范围内划定了80个增长点，并以这些增长点为中心进行发展，在这些增长点内，政府为吸引劳动密集型企业，专门修建了基础设施和提供激励性的奖励措施。② 需要指出的是，大多数这些增长点的地理位置都处于"黑人家园"范围内或附近。内尔和罗杰森对这个项目的评价是："事实上，这一政策是基于对空间的种族化概念制定的，导致投资几乎不可能催化区域经济的增长。"③ 该项目显然未能让这些边缘化区域实现可持续增长，1991年该项目被叫停。

（二）新南非政府的主要空间干预措施

南非的空间经济呈现出发展不平衡和二元化特征。南非领土上存在两套不同的空间安排和定居模式：一是经济增长率高、人口密度高和贫困程度高的集中地区；二是经济增长率低、人口密度高和贫困程度高的地区（特别是黑人家园区域）。④ 由于长期的空间不平等，南非政府的政策重心更多地集中在促进农村地区的发展。1994年南非大选后，后种族隔离政府认为迫切需要解决前任政府留下的不断加剧的区域不平衡问题，同时还必须创造更多的就业机会和减少社会不平等。为了改变现状，新政府采取一系列空间干预措施，比较典型的有1995年的空间开发项目、2000年的工业开发区、2006年的"国家空间发展展望"、2012年的"国

---

① Paul Wellings and Anthony Black, "Industrial Decentralisation Under Apartheid: The Relocation of Industry to the South African Periphery", *World Development*, Vol. 14 (1), 1986, pp. 1 – 38.

② Richard Tomlinson and Mark Addleson, *Regional Restructuring under Apartheid: Urban and Regional Policies in Contemporary South Africa*, Johannesburg: Ravan Press, 1987.

③ Etienne L. Nel and Christian M. Rogerson, "Re – spatializing Development: Reflections from South Africa's Recent Re – engagement with Planning for Special Economic Zones", *Urbani Izziv*, Vol. 25 (Supplement), 2004, p. 24.

④ The Presidency, *National Spatial Development Perspective*, Pretoria: The Presidency, 2007, p. 6.

家基础设施计划"和经济特区。①

1995年启动的空间开发项目以"走廊式"发展为基础,被视为促进有增长潜力的欠发达地区投资的综合规划工具。② 但若要充分发挥空间开发项目的潜力,有一个前提——政府必须竭力促进投资,并释放由于历史和政治原因而造成的欠发达地区的经济潜力,这些行动可以为相关区域创造更多就业机会和财富。③ 空间开发项目颇有成效,例如马普托走廊(the Maputo Corridor)改善了位于莫桑比克马普托主要港口城市的运输网络。④

2000年起,南非政府开始在几大交通枢纽附近建立工业开发区,包括2001年建立的库哈工业开发区(Coega IDZ)、2002年的东伦敦工业开发区(East London IDZ)、理查兹湾工业开发区(Richards Bay IDZ)和约翰内斯堡外的奥坦博国际机场工业开发区(O. R. Tambo International Airport IDZ)。2013年,南非在西开普省建立了萨尔达尼亚湾工业开发区(Saldanha Bay IDZ)。2014年,南非在夸祖鲁-纳塔尔省建立了杜贝贸易港工业开发区(Dube TradePort IDZ)。政府建立这些开发区的主要目的是促进以出口为导向的制造业的发展和吸引外国直接投资。⑤

然而,南非贸易和工业部(Department of Trade and Industry,简称DTI,下文统称为贸工部)于2012年对以往建立的四个工业区——库哈、

---

① Tony Binns, Alan Lester, and Etienne Nel, *South Africa: Past, Present and Future*, Harlow: Pearson, 2000.

② Ibid.

③ Paul Jourdan, "Spatial Development Initiatives (SDIs) —The Official View", *Development Southern Africa*, Vol. 15 (5), 1998, pp. 717 – 725.

④ Christian M. Rogerson, "Spatial Development Initiatives in Southern Africa: the Maputo development corridor", *Tijdschrift Voor Economische en Sociale Geografie*, Vol. 92 (3), 2001, pp. 324 – 46.

⑤ Ann Bernstein, Antony Altbeker, and Katie McKeown, *Special Economic Zones: Lessons for South Africa from International Evidence and Local Experience*, Johannesburg: The Centre for Development and Enterprise, 2012; Department of Trade and Industry, "2014/15 SEZ Performance Analysis Bulletin", August 2014, https://www.thedti.gov.za/industrial_development/docs/IDZ_Performance_report.pdf; Department of Trade and Industry, *South African Special Economic and Industrial Development Zones*, Pretoria: Department of Trade and Industry, 2016; Christian M. Rogerson, "Spatial Development Initiatives in Southern Africa: The Maputo Development Corridor", *Tijdschrift Voor Economische en Sociale Geografie*, Vol. 92 (3), 2001, pp. 324 – 46; Department of Trade and Industry, *Policy on the Development of Special Economic Zones in South Africa, 2012*, Pretoria: Department of Trade and Industry, 2012, p. 15.

东伦敦、理查兹湾和奥坦博国际机场进行评估,指出这些既有工业开发区的发展和表现并未达到既定期望,原因主要包括特别激励措施不当、政府规划安排指导不足、园区过度依赖政府供资、缺乏营销和融资战略以及股东间协调不力等。① 此外,路易斯(Luiz)质疑库哈工业开发区和东伦敦工业开发区的选址,因为两个园区在地理位置上过于接近。② 由于工业开发区表现不佳,2012 年南非政府提出了开发区转型战略——从工业开发区转型为经济特区。

前文提及,南非的各类经济增长措施和国家战略项目都带有空间干预的色彩,其中最关键的一项空间干预计划是 2006 年南非政府发布的"国家空间发展展望"。该计划的主要内容有:第一,对南非各地制定了不同等级的发展潜力;第二,为国家空间经济未来的演变趋势提供可能的指导方针和干预措施;第三,明确讨论空间不平等和区域发展不均衡问题。③ 该计划指出,南非近 80% 的经济产出来自 4 个核心地区:豪登省、开普敦、德班-彼得马里茨堡、伊丽莎白港及它们的邻近区域。这意味着其他地区的经济产出相较于这 4 个地区是失衡的。

2012 年的国家基础设施计划是综合性的市政基础设施项目,其目的是帮助提升国家能力,以最少的资源帮助有 1900 万人口的 23 个县解决基础设施维护积压问题,并按规定升级供水、电力和卫生基础设施。例如,公路网的有效维护能提高交通运输和承载能力。这些积压的基础设施问题的解决以及基础设施系统的升级,能施惠于民。④ 但是,通过对比该计划覆盖区域地图,可以发现,这些计划实施的区域与前黑人家园区域存在高度重叠。这样的设计反映了南非在解决欠发达地区问题上的失败,因为政府再次回到了一个惯性的思维轨迹:使用经济干预政策来解决长

---

① Ann Bernstein, Antony Altbeker, and Katie McKeown, *Special Economic Zones: Lessons for South Africa from International Evidence and Local Experience*, Johannesburg: The Centre for Development and Enterprise, 2012; Department of Trade and Industry, *Policy on the Development of Special Economic Zones in South Africa, 2012*, Pretoria: Department of Trade and Industry, 2012, p. 15.

② John M. Luiz, "The Relevance, Practicality and Viability of Spatial Development Initiatives: A South African Case Study", Public Administration & Development, Vol. 23 (5), 2003, p. 433.

③ The Presidency, *National Spatial Development Perspective*, Pretoria: The Presidency, 2007.

④ "23 Poorest Districts to be Upgraded – Zuma", News 24, January 12, 2013; South African Government, National Infrastructure Plan, 2012.

期存在的深度结构发展不平等。①

表9—1　　　　　　新南非政府采取的主要空间干预政策

政策名称	年份	目标	消除空间不平等和区域发展不平衡
空间开发项目	1995	吸引以出口为导向的产业和相关服务业的新投资	是
工业开发区	2000	促进对有增长潜力的欠发达地区的投资	是
国家空间发展展望计划	2006	以国家空间经济未来演变趋势为框架提供指导方针和干预措施明确讨论和应对空间不平等、区域不平衡问题	是
国家基础设施计划	2012	建设新的并升级的基础设施,包括医疗、学校、供水系统和卫生设施以及国家电网,同时还投资建设港口、公路和铁路	是
经济特区	2012	利用激励措施促进国家经济增长和出口,有针对性地吸引外国和国内投资和技术入股	是

1994年以来,南非政府一直在努力解决根深蒂固的社会、地区和经济不平等问题。表9—1中列出的这些主要的空间干预措施表明,政府认识到应该在实际推行中审查不同机制在缓解国家的空间不平衡的效用。当然,南非政府也在不断摸索新的方法来加强空间干预和帮助经济转型,其中经济特区就是一个新的尝试。

(三) 南非经济特区:转型和探索

南非贸工部在2012年评估了工业开发区的整体运营表现,并出台了

---

① Etienne L. Nel and Christian M. Rogerson, "Re-spatializing Development: Reflections from South Africa's Recent Re-engagement with Planning for Special Economic Zones", *Urbani Izziv*, Vol. 25 (Supplement), 2004, p. 24.

研究报告。① 该报告指出，工业开发区的重点是建立在与国际空港、海港等国际运输枢纽相连的特定区域，并吸引出口导向产业和有关服务的新投资。因此，只有少数经济领域能受惠于这一方案。同时，现有运营的工业开发区的整体表现并未达到预期目标。② 此外，报告指出，工业开发区的设计理念主要聚焦于园区内的活动和入驻企业，较少关注园区外经济活动和外部关联性。与中国、新加坡和坦桑尼亚等国的园区相比，南非工业开发区对潜在投资者而言，缺乏特别的吸引力。③ 这些限制导致该方案未能为外国投资创造有吸引力的投资环境，从而导致工业开发区的整体表现不尽如人意。

为了改善这种状况，提升南非园区的发展效率，南非政府于2011年起草了《经济特区法案》（Special Economic Zone Bill），规划了10个存在发展潜力的区域成为经济特区。该法案于2014年正式通过。④ 南非贸工部2012年发布的"经济特区发展政策"（Policy on the Development of Special Economic Zones）对经济特区作出如下定义：

> 经济特区是一个国家为特定目标的经济活动而划定的地理区域，并且通过特别措施（可能包括法律）和扶持制度支持其发展，而这些措施和制度往往不同于该国其它地区的制度。该定义包含以下三个重要因素：第一，指定的地区；第二，有针对性的工业活动，能为经济带来额外效益；第三，一个适当的支持体系，以满足所在地区、目标行业和投资以及其他关键角色的需求。⑤

---

① Department of Trade and Industry, *Policy on the Development of Special Economic Zones in South Africa, 2012*, Pretoria: Department of Trade and Industry, 2012, p. 15.

② Ann Bernstein, Antony Altbeker, and Katie McKeown, *Special Economic Zones: Lessons for South Africa from International Evidence and Local Experience*, Johannesburg: The Centre for Development and Enterprise, 2012; Jamie K. McCallum, "Export Processing Zones: Comparative Data from China, Honduras, Nicaragua, and South Africa", Geneva: International Labour Office, 2011.

③ Wendy Nyakabawo, "The Geographic Designation of Special Economic Zones", TIPS, November 2014, http://www.tips.org.za/files/special_economic_zones_november_2014.pdf.

④ Department of Trade and Industry, Industrial Policy Action Plan (IPAP) 2012/13 – 2014/15, Pretoria: Department of Trade and Industry, 2010.

⑤ Department of Trade and Industry, *Policy on the Development of Special Economic Zones in South Africa, 2012*, Pretoria: Department of Trade and Industry, 2012, p. 8.

南非政府 2014 年 5 月通过的第 16 号法令——《经济特区法案》(the Special Economic Zones Act) 对经济特区作出进一步定义,指出经济特区是"一种利用扶持措施促进国民经济增长和出口的经济发展工具,以吸引来自国内外的经济投资和技术支持"。①

表 9—2　　　　南非工业开发区和经济特区预期目标的比较

工业开发区目标	经济特区目标
促进建立工业联合体,具有战略经济优势	促进建立工业综合体,在制造部门和可交易服务部门的有针对性的投资和工业方面具有国家经济战略优势
战略投资对象	目标投资对象
促进开发资源密集型产业	选矿和自然资源进行筛选
利用现有产业能力,促进与当地产业的融合,增加增值生产	利用现有的工业和技术能力,促进与当地工业的融合,增加增值生产
在其所在地区创造就业机会和其他经济及社会福祉	在其所在区域创造就业机会及其他经济和社会效应,包括通过促进中小微型企业和合作社扩大经济参与,以及促进技能和技术转让
通过适当的环境、经济和技术分析,与任何可适用的国家政策和法律保持一致	促进区域发展
	创造新的和创新的经济活动
	完善必要的基础设施,以支持目标工业活动的发展
	吸引国内外直接投资

资料来源:The Manufacturing Development Act (Act No. 187 of 1993, p. 5) and Special Economic Zones Bill (Act No. 16 of 2014, pp. 9 - 10)。为了方便比较,笔者对一些内容进行了顺序调整。

从表 9—2 可以看出,1993 年南非的《制造业法》对工业开发区的定位,和 2014 年正式通过的《经济特区法案》中对经济特区的定位,两者所制定的大多数目标内容是重叠的。这表明政府已经有意识地将以往的"不成功的"工业开发区转型为新的经济特区。但新的经济特区被赋予了新的职能,即促进区域发展和探索新的经济增长点。南非贸工部表示,经济特区有望被用作促进产业转型、区域发展以及吸引国内外

---

① Republic of South Africa, Special Economic Zones Act 16 of 2014, May 19, 2014, p. 9.

投资的工具。① 经济特区方案与南非贸工部 2013 年出台的《2013/14—2015/16 产业政策行动规划》直接关联，该规划报告阐述了南非的产业政策和方向，包括消除空间不平等等目标。到 2019 年为止，每一年更新的《产业政策行动规划》中，经济特区方案都被认为有望给南非的产业振兴带来各种机会，包括吸引国内外投资、增加出口、创造就业、发展技术、和供应商建立经济联系以及促进区域发展。② 除列举的几个潜在的经济特区外，2014 年的《经济特区法案》指出："国家政府、省级政府、市级政府、公共实体、市政单位或者公私合营的伙伴关系，无论单独或联合行动，均可以在规定的形式和方式下，申请划定一个特定区域为经济特区。"③ 这表明，经济特区预计会通过不同主体间的混合合作模式，来支助中小型企业的发展。这种公私合作模式实质是采取"构建—运营—转移"的模式（a build – operate – transfer approach）来创建目标集群和价值链。正如前南非贸工部部长罗伯·戴维斯（Rob Davies）所说："政府计划扶持中小企业，比如通过产业孵化（和）供应商发展计划，最大限度地扩大经济特区在全国范围内对中小企业的影响。"④

表9—3　　　　　　　　　　全世界园区的主要分类

类别	功能/目的/特点	典型配置	典型地点	活动	市场	案例
自由贸易区	贸易支持	小于50公顷	入境口岸	转口贸易和贸易相关活动	内销、转口	科隆自由区，巴拿马
过境区	包装存储和重新包装		沿海国家的入境港口	不允许制造	内销、转口	卡拉奇，巴基斯坦
保税区	货物管理设有海关总署		在港口、机场内或附近	为清关而储存外国货物	内销、转口	北京天竺保税区

---

① Republic of South Africa, Special Economic Zones Act 16 of 2014, May 19, 2014, p. 9.
② Department of Trade and Industry, Industrial Policy Action Plan（IPAP）2012/13 – 2014/15, Pretoria：Department of Trade and Industry, 2010.
③ Republic of South Africa, Special Economic Zones Act 16 of 2014, May 19, 2014, p. 20.
④ Mark Allix, "Special Economic Zones：Proof of Pudding", *Financial Mail*, 2015, pp. 16 – 22.

续表

类别	功能/目的/特点	典型配置	典型地点	活动	市场	案例
出口加工区	出口制造		没有		主要是出口	
传统的出口加工区	整个出口制造指定区域	小于100公顷	没有	制造或其他加工	主要是出口	巴基斯坦卡拉奇出口加工区
混合型出口加工区	只有一部分用于出口制造		没有		出口和国内市场	泰国拉特拉邦工业区
单一出口工厂加工区	出口制造	没有最低限制	全国范围	制造业或其他处理过程	出口市场	毛里求斯、墨西哥、马达加斯加
科学为主的工业区	出口制造业科技创新	大于100公顷	在研究机构或大学附近	研究和发展高新技术产业	本地及海外	日本筑波科技园
综合经济特区	贸易支持出口制造其他业务活动	大于100公顷	一国的发达地区,尤指沿海地区	多用途	本地及海外	新加坡裕廊工业区
企业区	活化市区	小于50公顷	贫困市区	多用途	国内市场	授权区,芝加哥
自由港	综合发展	大于1000公顷	没有	多用途	国内、国外和出口市场	约旦亚喀巴经济特区

资料来源:笔者综合了 Farole, T. & Akinci, G. (eds.), *Special Economic Zones: Progress, Emerging Challenges and Future Directions*, Washington D. C.: World Bank Group, 2011 中表 1.1,以及 FIAS, *Special Economic Zones: Performance, Lessons, and Implications for Zone Development*, Washington D. C., World Bank Group, 2008 中表 2 的相关内容,并添加了一些其他信息,以便展示目前世界各地常见的经济特区类型。

南非贸工部 2012 年发布的关于经济特区和工业开发区的报告——《2012 年南非经济特区发展政策》和 2014 年通过的《经济特区法案》确定了四种不同类型的经济特区:自由港、自由贸易区、工业开发区和产业开发区。贸工部认为，这四种类型的经济特区"相辅相成，可以整合到一个框架性的区域计划中"。① 经济特区的分类视情况而定。根据贸工部 2016 年的《南非经济特区和工业开发区》报告，南非园区的分类方法主要是基于经济特区的职能，尽管这些职能可能有一定程度的重叠。② 与表 9—3 总结的九个不同园区类型及职能相比，南非选择以上四类园区的目的非常明确：吸引国内外投资、建设更多的工业枢纽、增强战略性工业能力、增加直接投资存量、促进经济增长、增加出口附加值、创造就业机会和实现区域多样化。③ 作为园区经济的研究者，我们不应将园区进行严格的分类，或者将园区分析独立化和分离化，而应根据其背景信息和具体情况来因地制宜地研究。园区不是一座座孤岛，而是和其所在区域以及国家内其他的地理单元相互依存的区域单位。

上述提及，经济特区方案是南非每年发布的《产业政策行动规划》主要内容之一，南非政府对经济特区的期望是解决空间不平等、农村欠发达地区的发展滞后、区域经济增长缓慢等问题。④ 到 2019 年，南非共有十个运营中的经济特区，分别是西开普省的亚特兰蒂斯经济特区（Atlantis SEZ, Western Cape）、普马兰加省的恩科马齐经济特区（Nkomazi SEZ, Mpumalanga）、东开普省的库哈经济特区（Coega SEZ, Eastern Cape）、夸祖鲁－纳塔尔省的理查兹湾经济特区（Richards Bay SEZ, KwaZulu－Natal）、东开普省的东伦敦经济特区（East London SEZ, Eastern Cape）、西开普省的萨尔达尼亚湾经济特区（Saldanha Bay SEZ, Western Cape）、夸祖鲁－纳塔尔省的杜贝贸易港经济特区（Dube Trade Port SEZ, KwaZulu－Natal）、自由州省的马卢蒂经济特区（Maluti－A－Phofung SEZ, Free State）、豪登省的奥坦博经济特区（OR Tambo SEZ, Gauteng）以及林波波省的穆西纳—马可哈多经济特区（Musina/Makhado SEZ, Lim-

---

① Department of Trade and Industry, *South African Special Economic and Industrial Development Zones*, Pretoria: Department of Trade and Industry, 2016, p. 13.

② Ibid.

③ Department of Trade and Industry, "Special Economic Zones Implementation: Briefing to Portfolio Committee on Trade and Industry", October 25, 2016, https://www.thedti.gov.za/parliament/2016/SEZ_Programme_Implementation.pdf.

④ Department of Trade and Industry, Industrial Policy Action Plan (IPAP) 2012/13 – 2014/15, Pretoria: Department of Trade and Industry, 2010.

popo)。另外还有三个提上议程但未最终决定的经济特区：西北省的博亚纳拉经济特区（Bojanala SEZ, North West）、林波波省的图巴策经济特区（Tubatse SEZ, Limpopo）以及北开普省的乌平通经济特区（Upington SEZ, Northern Cape）。一些历史较悠久的经济特区，例如库哈经济特区和东伦敦经济特区都毗邻国际交通运输枢纽[1]，而2014年后建立的新经济特区则分散在全国各地——每个省至少有一个，其中有一些在目前欠发达的贫困地区。此外，南非政府还确定了每个经济特区的侧重发展产业，如表9—4所示。[2]

表9—4　南非现有和拟议的经济特区：选址和重点产业（2019年）

经济特区	省份	重点产业
现有经济特区		
亚特兰蒂斯经济特区	西开普省	可再生能源/绿色科技中心
恩科马齐经济特区	普马兰加省	农产品加工和贸易中心
库哈经济特区	东开普省	制造业部门包括农产品加工、汽车、水产养殖、能源、金属物流和商业流程服务部门
理查兹湾经济特区	夸祖鲁-纳塔尔省	矿物及其产品的制造和储存
东伦敦经济特区	东开普省	汽车、农产品加工和水产养殖
萨尔达尼亚湾经济特区	西开普省	石油、天然气和海洋维修工程以及后勤服务综合体
杜贝贸易港经济特区	夸祖鲁-纳塔尔省	主要为汽车、电子产品、时尚服装、高价值产品、利基农业和园艺产品制造业
马卢蒂经济特区	自由洲省	农产品的集聚、储存和物流点
奥坦博经济特区	豪登省	金属和矿产部门，重点是轻型、高利润、出口导向的南非贵金属和半贵金属制造业

[1] Department of Trade and Industry, "Special Economic Zone" and "Special Economic Zone Fact Sheet 2019", https://www.thedti.gov.za/industrial_development/sez.jsp.

[2] Etienne L. Nel and Christian M. Rogerson, "Re-spatializing Development: Reflections from South Africa's Recent Re-engagement with Planning for Special Economic Zones", *Urbani Izziv*, Vol. 25 (Supplement), 2004.

续表

经济特区	省份	重点产业
现有经济特区		
穆西纳-马可哈多能源冶金经济特区	林波波省	穆西纳：轻工业和农产品加工集群 马可哈多：冶金／矿物选矿综合企业 第三个选址一定，重点产业是石化工业
拟议经济特区		
博亚纳拉经济特区	西北部	PGM 选矿和采矿投入供应商园区
图巴策经济特区	林波波省	PGM 选矿和采矿投入供应商园区
乌平通经济特区	北开普省	太阳能制造中心

资料来源：http：//www.thedti.gov.za/industrial_development/sez.jsp。

通过比照南非经开区的分布和前"黑人家园"区域分布，我们发现除去西开普省的亚特兰蒂斯和萨尔达尼亚湾以及北开普省的乌平通3个经济特区外，其余10个经济特区都处于或邻近以往的"黑人家园"区域以及最贫穷的23个地区，这进一步表明南非政府对利用经济特区解决区域发展不平衡问题这一策略寄予厚望。然而，内尔和罗杰森认为，在进行实践推演时，必须考虑到一些结构性缺陷问题，包括劳工的技能水平低、区域基础设施差以及经济联系薄弱和发展潜力不足。[1]例如，亚特兰蒂斯经济特区所属城镇是20世纪70年代由种族隔离政府在开普敦附近为有色人种建立的，虽然该城镇曾经是一个工业中心，但自80年代以来其制造业活动大幅减少。[2]经济特区的设计目的就是为了重振经济，解决高失业率问题，但如果在一个已经失去活力的、以往白人政府为隔离人种建立的且毫无经济活力的地区通过行政干预设立一个经济特区，这种做法是否可行依然值得深究。

---

[1] Etienne L. Nel and Christian M. Rogerson, "Re-spatializing Development: Reflections from South Africa's Recent Re-engagement with Planning for Special Economic Zones", *Urbani Izziv*, Vol. 25 (Supplement), 2004, p. 30.

[2] Anthony J. Venables and Ravi Kanbur, Spatial Inequality and Development: Overview of the UNU-WIDER Project, New York: Oxford University Press, 2005.

税收减免或其他激励措施是为特区吸引高质量企业和投资的常用策略。南非政府出台了一系列税收减免措施，包括：如果符合资质的园区企业位于海关监管区域（Customs-Controlled Area，CCA），则可享有增值税和关税减免；就业税优惠（the Employment Tax Incentive，ETI）、建筑免税额和企业所得税（Corporate Income Tax，CIT）优惠。[①] 企业必须满足政府制定的园区企业"资格标准"中列出的要求，才有资格享受税收减免优惠。就就业税优惠而言，如果雇佣低薪雇员（年薪低于6万兰特），任何雇主都可以申请减税。与国家青年就业补贴相比，雇员没有年龄限制。然而，企业是否愿意放弃在已建立的工业地区获得训练有素的半熟练工人或熟练工人，而投资在雇用当地经验较少的工人，且为其制定期前培训方案，这让人有所怀疑。根据贸工部出台的《经济特区税收激励指南》（The DTI's Special Economic Zones Tax Incentive Guide），相较目前的28%的整体税率，2014—2024年，园区企业可享受15%的企业所得税减免。[②] 这种激励措施可能对潜在投资者具有吸引力；但是，如果放眼全球园区，可以发现相当数量的园区都采取了类似税收减免和优惠政策，因此，南非的税收减免优惠政策在全球语境下是否具有高竞争力，应予以再评估。

总体而言，工业开发区项目没能达到预期目标，基于该前车之鉴，自2012年南非政府启动经济特区项目以来，各界一直处于观望状态。根据目前经济特区的进展情况和南非大环境下经济特区激励措施的设计理念，可以看出，制定经济特区战略是为了刺激工业化和解决区域之间的经济发展不平衡问题，同时对让经济特区助力解决空间不平等问题寄予厚望。南非贸工部确定了南非经济特区发展的四个关键指标，即区域划定、投资、出口和就业[③]，以促进建立南非经济特区的系统和战略规划框架。但南非经济特区仍然面临一系列挑战，难以有效发挥其制定的机制作用来促进经济发展。

---

① Department of Trade and Industry, The DTI's Special Economic Zones Tax Incentive Guide, Pretoria: Department of Trade and Industry, 2015.

② Ibid.

③ Department of Trade and Industry, "Special Economic Zones Implementation: Briefing to Portfolio Committee on Trade and Industry", October 25, 2016, https://www.thedti.gov.za/parliament/2016/SEZ_Programme_Implementation.pdf.

四 南非经济特区面临的挑战

经历过工业开发区的表现不尽如人意,而同期世界上其他国家的园区经济蓬勃发展,南非政府意识到园区转型的重要性,但是在转型的过程中,能否吸收工业开发区失败的经验,并制定合理的发展策略,以及园区经济在全世界范围内的快速发展大环境下能否抢占非洲园区领头羊的地位,是南非政府和其下属的园区运营方必须要慎重思考的问题。结合在南非长达两年的实地调研和以往对不同国家园区研究的经验,我们尝试列出几个南非政府在现阶段园区发展中所面临的挑战和亟须解决的问题供参考。

(一) 园区过度依赖政府拨款

纵观世界各地发展体系较为成熟的园区商业模式可以发现,政府并不会直接参与园区的各项事务,而是聘请有丰富园区管理和运营经验的高资质企业来主导园区的管理。园区经营者通过出租土地和设施,例如仓库和产品测试线,甚至安保和维护等服务赚取利润。中国就有一批企业专注于不同类型园区的开发和管理,比如泰达、启迪和华夏幸福等。这背后隐藏的经济学原理是,园区运营者不是一味地协助政府,而应该是直面市场的角色。园区运营者可定期行使一些政府职能,比如土地使用定价和对园区生产安全进行监管等,这能极大提升园区管理的灵活性和便利性。

反观南非,所有现存的经济特区项目都由政府主导,包括前期的规划、开发和中后期的运营。政府在前期投入大量资金建设园区,以满足进一步业务开展的需要,包括土地开发、基础设施建设、市场营销战略等。如果政府在园区的整个发展路径中,一味用行政手段主导,这可能会导致园区对政府资金的过度依赖,使园区丧失实现可盈利化的动力。现阶段,除库哈经济特区外,所有南非的经济特区仍然严重依赖财政支持。① 此外,税收优惠也可能会对政府的周期内财政收入产生负面影响。

(二) 结构性缺陷挫败投资热情

根深蒂固的结构性缺陷是南非园区经济发展的另一阻碍。这种结构性缺陷表现为民生设施上的缺失和滞后,以及在意识形态领域的瞻前性不足。前文提及,现有和拟定的经济特区中有10个在前"黑人家园"和23个最贫困地区或其附近。这些地区的特点是基础设施落后、技术能力不足、距离市场遥远以及经济联系薄弱。② 这些问题与《2019年全球竞争力报告》对南非的分析是一致的,该报告指出缺乏适当的公用基础设施 (Utility Infrastructure) 和高质量劳工,以及信息通讯普及度 (ICT adoption) 较低,是南非在各个维度的竞争力与世界其他国家相比较为薄弱的几项。③

对于园区发展来说,配套的基础设施和足够的娴熟劳工是园区建立和发展的基本前提。如果没有足够的可预见的盈利,园区企业不可能出资来建立起生产经营所需的基础设施,这些基础设施在很多国家都应该是政府或者园区经营者在企业入驻之前就准备好的。比如在中国,其园区的基础设施要求从最初的"三通一平"到后来的"五通一平",再到现在的"九通一平",就极大保障了入驻企业的经济活动顺利平稳地开展。而在高素质劳工技能储备方面,如果入驻企业还需要重新培养一批当地劳工来进行生产,那么前期的巨大投入可能会挫败其投资热情。

---

① Department of Trade and Industry, "2015/16 SEZ Performance Analysis Bulletin", July 2015, https://www.thedti.gov.za/industrial_development/docs/SEZ_Bulletin2015_16.pdf; Department of Trade and Industry, "Special Economic Zones Implementation: Briefing to Portfolio Committee on Trade and Industry", October 25, 2016, https://www.thedti.gov.za/parliament/2016/SEZ_Programme_Implementation.pdf.

② Mark Allix, "Special Economic Zones: Proof of Pudding", *Financial Mail*, 2015, pp. 16 – 22; Etienne L. Nel and Christian M. Rogerson, "Re - spatializing Development: Reflections from South Africa's Recent Re - engagement with Planning for Special Economic Zones", *Urbani Izziv*, Vol. 25 (Supplement), 2004, p. 30; Thomas Farole and Matthew Sharp, *Spatial Industrial Policy, Special Economic Zones, and Cities in South Africa*, 2017, Pretoria: National Treasury, pp. 1 – 32.

③ Klaus Schwab, ed., *The Global Competitiveness Report*, 2019, Geneva: World Economic Forum, 2019.

为了应对这一问题，南非政府于 2012 年启动了"国家基础设施计划"，该计划的目标是建设新的并升级的基础设施，包括医疗、学校、供水系统和卫生设施以及国家电网，同时还投资建设港口、公路和铁路。[1]"国家基础设施计划"整合确定了十八个战略性综合项目，包含七大类基础设施，即地理、空间、能源、社会基础设施、知识、区域一体化以及水和环境卫生。[2]数据显示，1998—1999 年度到 2014—2015 年度，南非公共部门在基础设施建设、发展和升级方面的支出超过 2.2 万亿兰特。[3]但是，南非这一计划的推进也并非顺畅，阻碍其实施的问题包括机构规划不当、项目审批缓慢和中止以及项目推迟启动等。[4]

（三）经济特区的"特"如何体现

另一个有争议的问题是，经济特区到底应该有多"特别"，才能获得投资者青睐走上园区经济可持续发展之路。不仅南非政府及其园区发展主导部门——贸工部，全世界所有园区运营商和政府都应认真思考这个问题。在全球化背景下，如何明晰园区定位和其核心竞争力，突出比较优势和建立竞争壁垒，都体现在如何在全世界目前超过 3000 个园区中凸显园区的"独特性"来吸引潜在投资者。南非目前园区设计机制的相对优势并不明显。例如，在海关监管区域，企业将获得 15% 的企业所得税税率，并将获得"一流"的基础设施。[5] 如果仅仅在南非国内看，这种减税或者免税的做法很诱人；然而，大部分国家的园区为了吸引投资者和潜力企业，都会采取类似的激励政策，并且提供更优越的基础设施和配套服务。仅在非洲范围内，南非与埃及、摩洛哥、尼日利亚和埃塞尔比

---

[1] South African Government, National Infrastructwe Plan, 2012.

[2] Presidential Infrastructure Coordinating Commission, "A Summary of the South African National Infrastructure Plan", 2012, https://www.gov.za/sites/default/files/PICC_Final.pdf; Development Bank of Southern Africa and the Presidency, The State of South Africa's Economic Infrastructure: Opportunities and Challenges 2012, South Africa: Development Bank of Southern Africa, 2012.

[3] National Treasury, Public - sector Infrastructure Update 2016, 2016, http://www.treasury.gov.za/documents/national%20budget/2016/review/Annexure%20b.pdf.

[4] Presidential Infrastructure Coordinating Commission, "A Summary of the South African National Infrastructure Plan", 2012, https://www.gov.za/sites/default/files/PICC_Final.pdf.

[5] Mark Allix, "Special Economic Zones: Proof of Pudding", *Financial Mail*, 2015, pp. 16 – 22.

亚等国家的园区相比,其激励措施也并不具有相当的比较优势。从表9—5可以看出,所有的国家都有针对园区入驻企业的税收激励。南非、埃及、摩洛哥和尼日利亚都可以为投资于特定行业的企业提供各种税收优惠和政府机构的现金补贴。但是,南非、尼日利亚、博茨瓦纳和塞拉利昂是非洲拥有园区项目的37个国家中,需要园区企业提供额外的就业机会和技能培训的国家。[①]

表9—5　　　　　　部分非洲国家园区激励比较

国家	税收激励	现金补助	预先审批要求	经济特区/出口自由区	企业所得税税率	减免的企业所得税税率（经济特区/自由贸易区）	就业创造需求	培训激励
南非	有	有	有	有	28%	15%	有	有
埃及	有	有	无	无	22.5%	-	无	无
摩洛哥	有	有	有	有	31%	税收限免期（Tax Holiday Period）	无	有
尼日利亚	有	有	有	有	30%	0%	有	有
埃塞俄比亚	有	无	有	有	30%	税收限免期	无	无

资料来源：KPMG, Africa Incentive Survey 2018, https://home.kpmg/content/dam/kpmg/za/pdf/2018/November/Africa_Incentive_Survey_2017_2018_2nd%20Edition.pdf。

通过对比毕马威（KPMG）2018年的《非洲激励调研》报告数据分析可以发现,南非在园区激励的各项指标中,在非洲地区并非占有绝对优势,其激励政策相比世界上大部分园区也可谓大同小异。投资者如何

[①] KPMG, Africa Incentive Survey 2018, December 2018, https://home.kpmg/content/dam/kpmg/za/pdf/2018/November/Africa_Incentive_Survey_2017_2018_2nd%20Edition.pdf.

快速判别南非园区的"独特性",成为南非园区需要深思的问题。

(四)园区选址的科学性

另一个问题是,拟建的经济特区并不总是与主要交通节点相连或相近。这一问题凸显了政府在推动经开区项目时面临的两难境地。经济特区内外的基础设施一直是影响投资者决策的两个关键因素。南非政府希望利用经济特区开发较贫困地区,但这些欠发达地区对潜在投资者不具备足够的吸引力。

南非园区规划初期,主要着眼于筹备和实地考察园区项目,因而并无实体项目落地。2000年,南非政府开始引入其他国家大力推行的园区模式,并先后在国际交通中心、枢纽港口或邻近地区建立了第一批共计四个工业开发区——库哈、东伦敦、理查兹湾和坦博国际机场,之后十年间再无新的园区建立。直到2013年,南非政府在西开普省建立萨拉丹哈湾经开区,2014年于夸祖鲁—纳塔尔省设立杜博贸易港。这些园区的建立主要是服务于出口制造业,鼓励出口行业和吸引外商直接投资。[1]

前文提及,新南非政府成立以来,一直致力于实现种族和解,解决社会、地区和经济不平等等深层次问题。政府已经认识到应该采取各种机制尤其是空间干预来缓解空间不平等现象。因此,经济特区在此背景下所承载的功能更加多样化,而且具有强烈的种族色彩。南非园区的分布除了早期的园区选址在交通枢纽或其附延外,后续的选址更像是先侧重于缓解历史遗留问题,同时再发展区域经济。因此,南非政府需要回答一个问题——园区选址的侧重是什么:是为了让园区入驻企业能使用周边已然成型配套的设施和服务,还是等待园区企业和政府一起开发园区配套设施,来普惠周围人民?

---

[1] Centre for Development and Enterprise 2012, "Special Economic Zones: Lessons for South Africa from International Evidence and Local Experience", Paper Presented to the CED Round Table Johannesburg, 19, June, 2012; Department of Trade and Industry, "2014/15 SEZ Performance Analysis Bulletin", August 2014, https://www.thedti.gov.za/industrial_development/docs/IDZ_Performance_report.pdf; Department of Trade and Industry, *South African Special Economic and Industrial Development Zones*, Pretoria: Department of Trade and Industry, 2016; Jourdan, P., "Spatial Development Initiatives (SDIs) —The Official View", *Development Southern Africa*, Vol. 15, No. 5, pp. 717–725, 1998.

经济特区被视为吸引外国投资、促进出口导向型增长和创造就业的关键政策工具。[1] 虽然世界很多发达国家和发展中国家都普遍推行经济特区战略，但该战略在发展中国家的应用更为广泛。对发达国家来说，园区是经济发展的动力和助力国际贸易的工具；对于发展中国家，园区可被视为政策孵化器，也被认为是基础设施建设的理论基础。[2]

南非政府和人民对于经济特区战略寄予厚望并赋予了园区多重职能：创造就业机会、减少空间不平等、刺激区域经济增长、吸引外国和国内投资、提升战略性工业能力等。这些目标大多与其他国家经济特区目标相同，但南非强调使用园区来解决（或帮助解决）空间不平等问题。南非历史遗留下来的独特和复杂的社会和结构问题，给新南非政府带来了空前挑战。然而，解决空间不平等可能不符合经济增长目标，因为欠发达地区的经济联系有限，当地供应链薄弱，基础设施和劳动力技能不足，所以将经开区设在欠发达地区可能会限制它们的表现，达不到既定的期望值。[3]

南非政府既需要吸取过往工业开发区发展中的失败经验，也需要从其他国家的园区发展史中吸取更多养分。通过深入了解不同国情下园区的发展，政府可以通过有效运用园区战略来改变经济发展不平衡的现状。

五　从经验中学习和实践

大量研究表明，中国和其他一些国家的园区被视为一种有效的工具。首先，它可以帮助一个国家提高产业竞争力和吸引国外直接投资，从而支持其总体经济发展战略。其次，经开区可以作为缓解失业和贫困的

---

[1] Thomas Farole, *Special Economic Zones in Africa*: Comparing Performance and Learning from Global Experiences, Washington, D. C. : World Bank Group, 2011.

[2] Connie Carter and Andrew Harding eds. , *Special Economic Zones in Asian Market Economies*, New York: Routledge, 2011.

[3] Thomas Farole and Matthew Sharp, *Spatial Industrial Policy, Special Economic Zones, and Cities in South Africa*, Pretoria: National Treasury, pp. 1 – 32, 2017.

"压力阀门"。此外，园区还扮演了应用新政策和新方法的试验田角色。①

园区主要分布在亚太国家（特别是中国）、拉丁美洲、中欧、东欧和中亚。园区企业大都是劳动密集型和装配型企业，主要生产服装、纺织品、各类机械零部件和电气电子产品。而产品专业化程度取决于该国的工业发展水平。② 最近的发展趋势是传统的园区模式正处于转型阶段，新模式侧重于在园区与"外部世界（地方经济）"之间建立物质、战略和金融联系与合作。③ 中国提出了"产城融合"的概念，园区作为整个城市群落的一个子模块，不但能在园区内发展其核心产业和进行各类经济活动，也能与城市其他功能模块链接且相互渗透，与整个城市环境相互呼应、彼此依存。④

（一）中国的园区发展经验

在成功实施园区政策、推动经济转型方面，中国是无可争议的领导者。自20世纪80年代末以来，园区经济的蓬勃发展对中国的快速崛起作出了重大贡献。此外，园区在印度和一些东亚国家和地区（包括新加坡、韩国、中国的台湾和香港）同样有较长历史。⑤ 中国的经济特区分为国家级、省级和市级，主要以经济增长、技术创新、集约用地、节水节能、生态环境保护和企业社会责任作为评估指标。

我们可以从中国的园区发展中获取不少经验。曾智华指出，在园区

---

① Connie Carter and Andrew Harding eds., *Special Economic Zones in Asian Market Economies*, New York: Routledge, 2011; Thomas Farole and Gokhan Akinci, "Special Economic Zones: Progress, Emerging Challenges and Future Directions", Washington, D. C.: World Bank Group, 2011.

② FIAS, "Special Economic Zones: Performance, Lessons, and Implications for Zone Development", Washington, D. C.: World Bank Group, 2008.

③ This new model did not appear suddenly, but rather is the result of regular improvement. The relevant policies and industrial structures within zones vary across different nations. However, strengthening links to the host country's economic growth is a common goal for SEZs.

④ 刘瑾、耿谦、王艳：《产城融合型高新区发展模式及其规划策略——以济南高新区东区为例》，《规划师》2012年第28（04）期，第58—64页；王凯、袁中金、王子强：《工业园区产城融合的空间形态演化过程研究——以苏州工业园区为例》，《现代城市研究》2016年第12期，第84—91页。

⑤ Chee Kian Leong, "Special economic zones and growth in China and India: an empirical investigation", International Economics and Economic Policy, Vol. 10 (4), 2013, pp. 549 – 567.

发展中需要重视"务实和实验性的方法；拥有改革为导向的思维；国家的坚定承诺和积极推动；广泛吸纳外来投资；健全的基础设施；有效的市场推广和投资推广；以及持续的技术学习和升级"。① 赖洪毅认为，中国园区的成功是"选址、领导、政策和制度安排"以及有效改革战略等多种因素综合作用的结果。②但是，南非政府也需要在园区发展上吸收中国的教训，进而避免走弯路。首先，不建议经营者在底层人员身上使用"蘑菇管理"方法，因为之后往往会出现高层人力资源重合造成巨大的资源浪费。③ 其次，必须减轻对环境的破坏。世界银行估计，环境恶化带来的损失占中国 GDP 的 8%。④ 如果一味把 GDP 增长当作首要任务，而忽视环境和资源压力，则会直接影响到园区的有效产出，并增加严重的后续治理压力。最后，政府需要确保社会领域的发展速度与工业发展的速度相匹配，因为缺乏社会进步可能导致工业发展速度不如预期。⑤

深圳是中国园区发展史上一个经典且成功的例子，它很好地阐释了"产城融合"这一园区转型理念。深圳是中国内地和香港之间的桥梁，也是中国学习和探索如何运作资本主义市场和经营大都市经济发展模式的试验点。⑥ 它最初被认为是"通向世界的窗口"和改革开放的试验田。一些研究分析了深圳如何从一个小村庄发展成为经济特区，再进一步发展成为一个现代化城市，主要结论包括：深圳经济特区有有效的城市乡村发展战略、地理优势、良好的商业和投资环境、与周边地区的紧密联系、

---

① Douglas Zhihua Zeng, "Global Experiences with Special Economic Zones: Focus on China and Africa", Policy Research Working Paper, WPS 7240, Washington, D. C.: World Bank Group, 2015, p. 4.

② Hongyi Harry Lai, "SEZs and Foreign Investment in China: Experience and lessons for North Korean Development", *Asian Perspective*, Vol. 30, No. 3, 2006, p. 71.

③ "蘑菇管理法"在管理学中，是组织对待新进人员的一种管理方法。新人好像蘑菇一样成长在阴暗角落，得不到充足的阳光，也就是不受重视和被边缘化，得不到必要的指导和提携，组织任其自生自灭。采用这种方法的主要目的是让新员工在压力中快速成长。

④ Douglas Zhihua Zeng, "Global Experiences with Special Economic Zones: Focus on China and Africa", Policy Research Working Paper, WPS 7240, Washington, D. C.: World Bank Group, 2015, p. 4.

⑤ Ibid.

⑥ Yue-man Yeung, Joanna Lee, and Gordon Kee, "China's Special Economic Zones at 30", *Eurasian Geography and Economics*, Vol. 50 (2), 2009, pp. 222 – 240.

大量的技术创新和知识溢出。① 这些研究重点关注了机构改革、决策分权、整体的相应优惠政策和对投资者的激励计划等方面。杨汝万等在其研究中也列举了深圳面临的一些挑战，包括资源限制、环境恶化和文化冲突。② 尽管在表9—3中我们对经济特区进行了分类，但要弄清楚深圳属于哪一类并不容易。深圳是由经济特区到城市转型的最佳案例。虽然深圳的成功难以效仿，因为其相关政策和法规的设计必须与所在国家的政策和法规相一致，但它的一些经验仍然是值得借鉴的。

(二) 日本和新加坡园区经验

其他一些亚洲国家不同形式的经济特区都颇有成效，比如日本和新加坡。日本的筑波科技园（Tsukuba Science Park）成立于1963年，是一个成功的科技型工业区。③ 这个项目最初是没有取得成功的，其中一个原因是，筑波科技园内的研究机构和组织专注于他们的研究，但忽略了与工业应用的联系，这意味着他们的研究成果与相关行业相隔绝。再者，由于工业化和商业化水平低，这个开发区对私人投资者和公司没有吸引力。基于此，筑波科技园在这一时期并没有获利。④ 1974年，日本政府将43个研究机构（约6万人）迁移到筑波，并制定了一系列政策和法规来促进该项目的发展。⑤ 筑波科技园最初是为了促进科学发现而建立的，后

---

① Yue‑man Yeung, Joanna Lee, and Gordon Kee, "China's Special Economic Zones at 30", *Eurasian Geography and Economics*, Vol. 50 (2), 2009, pp. 222–240; Zai Liang, "Foreign Investment, Economic Growth, and Temporary Migration: The Case of Shenzhen Special Economic Zone, China", *Development and Society*, Vol. 28, No. 1, July 1999, pp. 115–137; De Tong, Chang‑chun Feng, and Jin‑jie Deng, "Spatial Evolution and Cause Analysis of Urban Villages: A Case Study of Shenzhen Special Economic Zone", *Geographical Research*, Vol. 3, 2011, pp. 437–446; Xie Wei, "Acquisition of Technological Capability Through Special Economic Zones (SEZs): The Case of Shenzhen SEZ", *Industry and Innovation*, Vol. 7 (2), 2000, pp. 199–221.

② Yue‑man Yeung, Joanna Lee, and Gordon Kee, "China's Special Economic Zones at 30", *Eurasian Geography and Economics*, Vol. 50 (2), 2009, pp. 222–240.

③ Qian Sheng Jin, *Development Zones: Innovation and Progress*, Beijing: Economic Science Press, 2013.

④ 于铭、杨鹏飞：《市场主导与政府主导创新模式的比较研究——以硅谷与筑波为例》，《当代经济》2014年第13期，第82—83页。

⑤ 王海芸：《日本筑波科学城发展的启示研究》，《科技中国》2019年第3期，第20—27页。

来发展成为一个"三元参与"的平台，进而发展成为一个城市。该"三元参与"模式（a ternary-element participation model）着眼于政府、企业和科研机构之间的良性互动与协作。① 目前，已有200多家研究机构落户筑波科学城。日本政府主导整个筑波科技园的发展，包括选址、人力资源和筹资等。这个例子也表明政府主导经营的经济特区也可以持续地积极发展。

另一个例子是新加坡的裕廊工业园，这是一个综合性很高的园区。它结合了自贸区和出口加工区的主要特点和功能，主要侧重于开发房地产，开展商业和工业活动。裕廊工业园的出口加工区内有900多家企业入驻，也是一个拥有大型港口设施的中转枢纽。同时，裕廊也是有名的旅游景点，以区域内的裕廊飞禽公园、中式和日式花园以及占地80公顷的湖泊闻名。② 裕廊工业园的核心建设理念是综合地而非单一地发展经开区和工业区，将这些从事经济活动的功能区域作为整个园区发展的一个有机单位。这种设计理念其实和中国提出的"产城融合"思路有异曲同工之妙。

（三）南非园区发展的反思

目前，许多非洲国家启动了各种园区项目，通过提供一系列优惠税收政策，促进本国制造业和其他工业的发展。一些工业化相对发达的国家开始为当地的金融服务业提供激励措施。显然，非洲各国正在积极探索实现经济多样化的机会，采取激励措施吸引外国直接投资和国内投资，

---

① "三元参与"理论是在1993年第九届"国际科技产业园区协会世界会议"（the 9th World Conference of the International Association of Sci-Tech Industrial Parks）上提出的，它关注的是企业与科研机构之间的良性互动与协作。这一理论指出，当政府、企业和科研机构三个单位不能解决科技产业园区的发展问题时，应重新统一协调。在这一理论模型中，政府被定义为一个"协调者"，其目标是通过制定开发政策、规划土地利用、分配资源，为其他联合单元提供良好的合作环境。参见庄宁《大学科技园作为一种社会建制在区域创新体系中的作用》，《科技进步与对策》2004年第8期，第78—80页。这种理论框架集中在讨论如何孵化一个创新的环境系统的参与者，如硅谷，但不能广泛应用于各种类型的园区。

② JTC, "About JTC: Overview", 2013, http://www.jtc.gov.sg/About-JTC/Pages/default.aspx.

而不是依赖制造业或增值服务等行业。① 于是经济特区在非洲国家如雨后春笋般出现，以刺激经济和改善工业化绩效。然而，这种策略却反而导致了大多数地区的经济停滞，主要是基础设施和创业能力的不足、经济体制带来的挑战、政治因素和投资者的信息匮乏等原因。② 毛里求斯出口加工区是非洲经开区较为成功的案例之一，它在旅游业、离岸金融、纺织品和服装制造业创造了新的增长动力。布拉提格马（Brautigam）和唐晓阳认为，毛里求斯出口加工区的运作模式很难被模仿的原因是，毛里求斯对于外籍工人持较为开放的态度，允许外籍劳工在该国工作，尤其对中国更是如此。对于投资者而言，他们可以在毛里求斯聘请其他国家的工程师和技术人员，而不必拘泥在当地。③ 相较南非经开区的相关规定，毛里求斯对于园区雇员的来源有更大的灵活性，也意味着其对于劳工质量有更多选择。

同样值得一提的是，在中国，不断上升的劳动力成本正迫使企业转移到其他国家。林毅夫指出，随着低价值制造业从中国转移到其他国家，其他国家将获得多达 8500 万个就业机会。④ 这些劳动力岗位大部分已经转移到亚洲低收入大国，如越南和缅甸。移民企业也开始专注于撒哈拉以南的非洲国家，如埃塞俄比亚。这种情况下，南非即使是获得这些转移工作岗位总数中的一小部分，对其也有巨大利好。然而，现实情况是，由于技术进步，出口导向型制造业不再为非熟练工人提供机会，这意味着通过制造业创造就业的"黄金时代"可能已经过去。另一个事实是，尽管三星、微软和丰田等跨国公司将生产线转移到了东南亚国家，这些企业仍然以中国为中心完善物流网络并加强区域供应链合作。⑤ 此外，根

---

① KPMG, Africa Incentive Survey 2018, December 2018, https://home.kpmg/content/dam/kpmg/za/pdf/2018/November/Africa_Incentive_Survey_2017_2018_2nd%20Edition.pdf.

② Samuel Kofi Ampah and Nelly Nyagah, "Africa's Export Zones Failing", *The Ghanaian Journal*, May 27, 2010, https://www.modernghana.com/news/277437/africas-export-zones-failing.html.

③ Brautigam D., Tang X., "African Shenzhen: China's Special Economic Zones in Africa", *The Journal of Modern African Studies*, 2011, Vol. 49（1）, pp. 27 – 54.

④ Justin Yifu Lin, "How to Seize the 85 Million Jobs Bonanza", World Bank Blogs, July 27, 2011, http://blogs.worldbank.org/developmenttalk/how-to-seize-the-85-million-jobs-bonanza.

⑤ The Economist, "Made in China?", March 12, 2015.

据施瓦布(Schwab)和萨拉-伊-马丁(Sala-i-Martin)的研究,大多数在南非的投资者甚是关切该国的限制性劳动法规,因为这些法规是影响其经济收益的重要因素之一。[1]因此,园区投资者和园区企业会感到束缚,因为其在最低工资和工时方面可以与南非雇员谈判的空间非常有限。

六 结论

(一)调查结果

在本章,我们结合南非区域不平等和空间干预的历史,概述了南非经济特区的发展进程。我们还分析了其面临的挑战和需要吸收和借鉴的国际经验教训。南非政府不仅仅希望通过经济特区政策实现传统经济目标——吸引国内外投资、促进工业化和增加就业机会,还希望通过经济特区这一空间干预措施来解决空间不平等问题。[2] 对经济特区更高的希冀致使决策者面临一个棘手的两难问题:他们必须决定,经济特区是应该帮助建立强大的集群,与已经显示出潜力的成熟工业区建立联系,还是在不发达地区充当"增长极"。

政策干预,例如划分班图斯坦地区,大大加剧了社会和地区的不平等。这些"黑人家园"的地理位置覆盖了南非最不发达的区域,成为后种族隔离政府最难处理的遗留问题,同时与这些问题伴生的经济发展不平衡,对南非政府而言也是一大考验。为了改变原有的经济模式,实现更好的发展,南非政府采取了一系列政策干预措施,使农村地区与原来的"黑人家园"在地理位置上重叠。这些项目和方案包括 1995 年的空间开发项目、2000 年的工业开发区、2006 年的"国家空间发展展望"、2012 年的"国家基础设施计划"和经济特区等。这些不同政策干预的共

---

[1] Klaus Schwab, ed., *The Global Competitiveness Report*, 2019, Geneva: World Economic Forum, 2019.

[2] Harry Zarenda, "Special Missing Zones in South Africa's Policy on Special Economic Zones", Stellenbosch: Tralac Trade Brief S12TB04, October 10, 2012, https://www.tralac.org/publications/article/4608 - special - missing - zones - in - south - africa - s - policy - on - special - economic - zones.html; Thomas Farole and Matthew Sharp, *Spatial Industrial Policy*, *Special Economic Zones*, *and Cities in South Africa*, Pretoria: National Treasury, pp. 1 - 32, 2017.

同目标是解决根深蒂固的社会、空间和经济不平等问题。

南非启动的第一个区域项目——工业开发区项目的表现没有达到预期。虽然一些亚洲国家，如中国、新加坡和泰国已经从经济特区中受益，而包括肯尼亚、毛里求斯和加纳在内的许多非洲国家也启动了类似的园区项目，为了确认和其他非洲国家相比南非的园区有更强的比较优势，南非必须重新审视并评估其经济特区项目的有效性和可持续性。南非新建立的经济特区有以下特点：第一，其遍布南非全国，每个省至少有一个园区；第二，政府鼓励中小企业参与到园区的建立、发展、运营之中；第三，必须再次指出，南非设立经济特区的目的之一是通过创造更多的就业机会，协助减少空间不平等。迄今为止，南非境内已有十个经济特区和三个拟定经济特区。南非政府为这些经济区提供税收优惠，但这些优惠必须以国际竞争对手的税收优惠为基准。

我们同样分析了南非经济特区发展和运营面临的一些挑战和障碍。首先，经济特区可能难以在财政上自给自足。南非政府在经济特区的建立和运营上已投入了大量资金，但经济特区仍处于初级阶段，这意味着经济特区仍然非常依赖政府的财政支持。其次，政府被迫投资改善不足的基础设施，因为总体基础设施和配套服务是影响投资者决策的两个关键因素。然而，除集中精力建设经济特区外，政府还需投资经济特区以外的配套基础设施，这是一个巨大的财政负担。政府和经济特区运营商（委员会）面临着一个艰难的没有完全正确答案的问题：是培养和雇佣本地受过教育或熟练的专业工人，利用完善的基础设施，还是等待经济特区产生的税收收入为教育、基础设施和其他设施等提供资金支持。再者，南非政府必须仔细评估经济特区的"特殊性"，因为其他国家类似或更好的激励措施可能会使南非的经济特区对海外投资者没有吸引力。最后一个挑战是，政府需要确定经济特区战略是否能够同时帮助实现多个目标，如创造就业机会和减小空间不平等。后一个目标似乎与其他目标不相容。因为国际经验表明，位于欠发达地区的经济特区一般表现平平。

（二）进一步研究

与南非园区相关的研究论文数量相对较少，没有多少学者持续关注南非经济特区发展或专门研究这一领域。阅读已有的相关文献之后，我们发现大多数都是描述性的分析和概括性建议。因此，对南非经济特区的深入研究有望扩大现有研究的范围，进一步深化当前的学术研究体系。

（三）建议

为了优化南非的经济特区战略，我们可以从国际经验中吸取教训，尽管有些人可能认为，由于政治、经济和历史的差异，其他国家的战略很难复制，但还是有一些标准规则可以参考。首先，政府必须有一个明确的战略，将经济特区充分纳入国家或区域产业政策和经济增长战略。对南非和其他南部非洲国家来说，在经济特区的设计过程中保持刺激经济增长和消除区域不平等之间的适当平衡，将有助于实现经济特区的发展目标。其次，政府需要提供一个全面的法律和监管框架以说明不同园区建设参与者的作用和责任，并为潜在投资者提供保护。最后，经济特区通过与其他国家的比较分析重新评价目前的激励措施，将有助于确保投资者迅速接受这些措施。

我们希望，我们的分析研究，包括对各种问题和挑战的梳理以及对其他国家经验教训的讨论，将为那些旨在发展经济特区的国家提供一些帮助。

参考文献

"23 Poorest Districts to be Upgraded – Zuma", News 24, January 12, 2013.

Allix, Mark, "Special Economic Zones: Proof of Pudding", *Financial Mail*, 2015.

Samuel Kofi Ampah and Nelly Nyagah, "Africa's Export Zones Failing", *The Ghanaian Journal*, May 27, 2010, https://www.modernghana.com/news/277437/africas-export-zones-failing.html.

Bekazela Phakathi, "Special zone for Atlantis on the cards", BusinessDay, November 6, 2014.

Bernstein, Ann, Antony Altbeker, and Katie McKeown, *Special Economic Zones: Lessons for South Africa from International Evidence and Local Experience*, Johannesburg: The Centre for Development and Enterprise, 2012.

Binns, Tony, Alan Lester, and Etienne Nel, *South Africa: Past, Present and*

Future, Harlow: Pearson, 2000.

Brautigam D., Tang X. "African Shenzhen: China's Special Economic Zones in Africa", *The Journal of Modern African Studies*, 2011, Vol. 49 (1).

Carter, Connie and Andrew Harding eds., *Special Economic Zones in Asian Market Economies*, New York: Routledge, 2011.

Department of Trade and Industry, "2014/15 SEZ Performance Analysis Bulletin", August 2014, https://www.thedti.gov.za/industrial_development/docs/IDZ_Performance_report.pdf.

Department of Trade and Industry, "2015/16 SEZ Performance Analysis Bulletin", July 2015, https://www.thedti.gov.za/industrial_development/docs/SEZ_Bulletin2015_16.pdf.

Department of Trade and Industry, "2017/18 SEZ Performance Analysis Bulletin", July 2018, https://www.thedti.gov.za/industrial_development/docs/SEZ_Annual_Report.pdf.

Department of Trade and Industry, *The DTI's Special Economic Zones Tax Incentive Guide*, Pretoria: Department of Trade and Industry, 2015.

Department of Trade and Industry, *Industrial Policy Action Plan (IPAP) 2012/13 – 2014/15*, Pretoria: Department of Trade and Industry, 2010.

Department of Trade and Industry, *Policy on the Development of Special Economic Zones in South Africa, 2012*, Pretoria: Department of Trade and Industry, 2012.

Department of Trade and Industry, *South African Special Economic and Industrial Development Zones*, Pretoria: Department of Trade and Industry, 2016.

Department of Trade and Industry, "Special Economic Zones Implementation: Briefing to Portfolio Committee on Trade and Industry", October 25, 2016, https://www.thedti.gov.za/parliament/2016/SEZ_Programme_Implementation.pdf.

Development Bank of Southern Africa and the Presidency, *The State of South Africa's Economic Infrastructure: Opportunities and Challenges 2012*, South Africa: Development Bank of Southern Africa, 2012.

Farole, Thomas, *Special Economic Zones in Africa: Comparing Performance* and Learning from Global Experiences, Washington, D. C. : World Bank Group, 2011.

Farole, Thomas and Gokhan Akinci, Special Economic Zones: Progress, Emerging Challenges and Future Directions, Washington, D. C. : World Bank Group, 2011.

Farole, Thomas and Matthew Sharp, Spatial Industrial Policy, Special Economic Zones, and Cities in South Africa, Pretoria: National Treasury, pp. 1 – 32, 2017.

FIAS, Special Economic Zones: Performance, Lessons, and Implications for Zone Development, Washington, D. C. : World Bank Group, 2008.

Fin24, "Unemployment because of SA labour laws – Neasa", August 20, 2014, https://www.fin24.com/Economy/Labour/News/Unemployment-because-of-SA-labour-laws-Neasa-20140820.

Jin, Qian Sheng, Development Zones: Innovation and Progress, Beijing: Economic Science Press, 2013.

Jourdan, Paul, "Spatial Development Initiatives (SDIs) The Official View", Development Southern Africa, Vol. 15 (5), 1998.

JTC, "About JTC: Overview", 2013, http://www.jtc.gov.sg/About-JTC/Pages/default.aspx.

Kanbur, Ravi and Anthony J. Venables, "Spatial Disparities and Economic Development", in David Held and Ayse Kaya, eds. Global Inequality: Patterns and Explanations, Cambridge and Malden: Polity Press, 2007.

KPMG, Africa Incentive Survey 2016, March 2016, https://home.kpmg/content/dam/kpmg/pdf/2016/05/africa-incentive-survey-2016.pdf.

Lai, Hongyi Harry, "SEZs and Foreign Investment in China: Experience and lessons for North Korean development", Asian Perspective, Vol. 30, No. 3, 2006.

Lall, Somik V. , Sanjoy Chakravorty, "Industrial Location and Spatial Inequality: Theory and Evidence from India", Review of Development Economics, Vol. 9 (1), 2005.

Leong, Chee Kian, "Special economic Zones and growth in China and India:

an empirical investigation", *International Economics and Economic Policy*, Vol. 10 (4), 2013.

Liang, Zai, "Foreign investment, economic growth, and temporary migration: The case of Shenzhen Special Economic Zone, China", *Development and Society*, Vol. 28, No. 1, July 1999.

Lin, Justin Yifu, "How to Seize the 85 million Jobs Bonanza", World Bank Blogs, July 27, 2011, http://blogs.worldbank.org/developmenttalk/how-to-seize-the-85-million-jobs-bonanza.

Luiz, John M., "The Relevance, Practicality and Viability of Spatial Development Initiatives: A South African Case Study", *Public Administration & Development*, Vol. 23 (5), 2003.

McCallum, Jamie K., "Export Processing Zones: Comparative Data from China, Honduras, Nicaragua, and South Africa", Geneva: International Labour Office, 2011.

Nel, Etienne L. and Christian M. Rogerson, "Re-spatializing Development: Reflections from South Africa's Recent Re-engagement with Planning for Special Economic Zones", *Urbani Izziv*, Vol. 25 (supplement), 2014.

Nel, Etienne L. and Christian M. Rogerson, "Re-thinking Spatial Inequalities in South Africa: Lessons from International Experience", *Urban Forum*, Vol. 20 (2), May 2009.

Nel, Etienne L. and Christian M. Rogerson, "Special Economic Zones in South Africa: Reflections from international debates", *Urban Forum*, Issue 2, 2013.

Nyakabawo, Wendy, "The Geographic Designation of Special Economic Zones", TIPS, November 2014, http://www.tips.org.za/files/special_economic_zones_november_2014.pdf.

Phakathi, Bekazela, "Special zone for Atlantis on the cards", *BusinessDay*, November 6, 2014.

The Presidency, *National Spatial Development Perspective*, Pretoria: The Presidency, 2007.

Presidential Infrastructure Coordinating Commission, "A Summary of the South

African National Infrastructure Plan", 2012, https://www.gov.za/sites/default/files/PICC_Final.pdf.

Republic of South Africa, Special Economic Zones Act 16 of 2014, May 19, 2014.

Rogerson, Christian M., "Spatial Development Initiatives in Southern Africa: The Maputo Development Corridor", *Tijdschrift Voor Economische en Sociale Geografie*, Vol. 92 (3), 2001.

Schwab, Klaus, ed., *The Global Competitiveness Report, 2019*, Geneva: World Economic Forum, 2019.

South African Government, National Infrastructure Plan, 2012.

Tomlinson, Richard and Mark Addleson, *Regional Restructuring under Apartheid: Urban and Regional Policies in Contemporary South Africa*, Johannesburg: Ravan Press, 1987.

Tong, De, Chang-chun Feng, and Jin-jie Deng, "Spatial Evolution and Cause Analysis of Urban Villages: A Case Study of Shenzhen Special Economic Zone", *Geographical Research*, Vol. 3, 2011.

Turok, Ivan, "Spatial Economic Disparities in South Africa: Towards a New Research and Policy Agenda", 2019.

Venables, Anthony J. and Ravi Kanbur, *Spatial Inequality and Development: Overview of the UNU-WIDER Project*, New York: Oxford University Press, 2005.

Wei, Xie, "Acquisition of technological capability through special economic zones (SEZs): the case of Shenzhen SEZ", *Industry and Innovation*, Vol. 7 (2), 2000.

Wellings, Paul and Anthony Black, "Industrial Decentralisation Under Apartheid: The Relocation of Industry to the South African Periphery", *World Development*, Vol. 14 (1), 1986.

World Bank, *Reshaping Economic Geography: World Development Report 2009*, Washington, DC: World Bank, 2009.

Yeung, Yue-man, Joanna Lee, and Gordon Kee, "China's Special Economic Zones at 30", *Eurasian Geography and Economics*, Vol. 50 (2), 2009.

Zarenda, Harry, "Special Missing Zones in South Africa's Policy on Special Economic Zones", Stellenbosch: Tralac Trade Brief S12TB04, October 10, 2012, https://www.tralac.org/publications/article/4608 – special – missing – zones – in – south – africa – s – policy – on – special – economic – zones.html.

Zeng, Douglas Zhihua, "*Global Experiences with Special Economic Zones: focus on China and Africa*", Policy Research Working Paper, WPS 7240, Washington, D.C.: World Bank Group, 2015.

庄宁:《大学科技园作为一种社会建制在区域创新体系中的作用》,《科技进步与对策》2004年第8期。